PHILOSOPHIE DES SCIENCES

I

T0163930

COMITÉ ÉDITORIAL

*La liste des volumes publiés dans la même collection
se trouve en fin de volume.*

TEXTES CLÉS

PHILOSOPHIE DES SCIENCES

Expériences, théories et méthodes

Textes réunis par
Sandra Laugier et Pierre Wagner

PARIS
LIBRAIRIE PHILOSOPHIQUE J. VRIN
6, place de la Sorbonne, V^e
2012

R. CARNAP, *Die Aufgabe der Wissenschaftslogik*,
Gerold & Co, 1934 © Carus Publishing Company

Ph. FRANK, « Philosophische Deutungen und Missdeutungen der
Quantentheorie » in *Erkenntnis* 6, Felix Meiner, 1936
© Philipp Frank

K. POPPER, « Grundprobleme der Erkenntnislogik », in *Logik der
Forschung*, Mohr und Siebeck, 1934 © The Estate of Sir Karl Popper

H. REICHENBACH, « The three tasks of epistemology »,
in *Experience and Prediction*, The University of Chicago Press, 1938
© Maria Reichenbach

B. RUSSELL, « The relation of sense-data to physics »
in *Mysticism and Logic*, 1914,
© Routledge and the Bertrand Russell Peace Foundation

M. SCHLICK, « Die Wende der Philosophie » in *Erkenntnis* 1,
1930-1931 © G. M. H. van de Velde and Vienna Circle Foundation

F. WAISMANN, « Verifiability » in *Proceedings of the Aristotelian
Society*, Supplementary volume 19, 1945 © Friedrich Waismann

© *Librairie Philosophique J. VRIN*, 2004
Imprimé en France
ISBN 2-7116-1625-8

www.vrin.fr

PRÉFACE

La philosophie des sciences n'est pas une discipline qu'on pourrait caractériser de manière simple. Ses objets, ses méthodes, les problèmes qu'elle soulève, tout comme les approches ou les styles des différents auteurs qui la pratiquent sont multiples. Le présent ouvrage a pour ambition d'illustrer cette diversité bien qu'il ne puisse évidemment prétendre, à cet égard, à une quelconque exhaustivité. Du point de vue chronologique également, la période couverte a des limites puisque la sélection de textes-clés offerte ici ne remonte pas au-delà du début du XXᵉ siècle. Voici quelques exemples de questions dont traitent les textes que nous avons choisis : que peut-on espérer apprendre d'une théorie physique ? Nous fait-elle connaître les régularités de la nature ou recherche-t-elle également leurs causes ? Les lois scientifiques sont-elles immuables ou évoluent-elles au cours du temps ? Quel rôle les mathématiques jouent-elles dans la connaissance de la nature ? Comment les connaissances se rapportent-elles à ce qui nous est donné, ou à ce que nous éprouvons dans une expérience vécue ? Comment concevoir la possibilité d'une vérification des connaissances scientifiques ? Qu'est-ce que l'interprétation d'une théorie ? Les entités théoriques sont-elles réelles ou ne sont-elles que des fictions commodes ? Comment les

théories peuvent-elles être comparées les unes aux autres? La
philosophie des sciences produit-elle elle-même des connaissances ou a-t-elle pour but d'analyser le sens des énoncés de
la science?

Aussi différents les uns des autres que puissent être
ces quelques exemples de problèmes, ils sont encore loin de
représenter l'ensemble des questions dont traite la philosophie des sciences; en sorte qu'il n'existe probablement pas,
entre toutes ces questions, de rapport plus étroit que ce que
Wittgenstein appelle «un air de famille».

Pourtant, malgré cette grande diversité des approches
possibles, tout discours philosophique sur la science ne relève
pas *ipso facto* de ce qu'on nomme aujourd'hui «philosophie
des sciences». Car bien que les philosophes aient abondam-
ment traité de la science depuis l'Antiquité, la philosophie des
sciences proprement dite ne s'est pas constituée avant le XIXe
siècle, c'est-à-dire avant une époque où la distinction entre
science et philosophie devint beaucoup plus affirmée qu'elle
ne l'avait été auparavant. Jusqu'au XVIIIe siècle, ces deux
mots étaient en effet souvent considérés comme ayant des sens
voisins, parfois même comme étant synonymes, et des expressions telles que «philosophie des sciences», «théorie de la
connaissance» ou «épistémologie» n'étaient tout simplement
pas en usage [1]. C'est au cours du XIXe siècle que commença à se
constituer un ensemble de réflexions d'un caractère suffisamment différent de celles que les philosophes des siècles précédents avaient menées sur la science pour qu'il méritât une
appellation spécifique, celle, précisément, de «philosophie
des sciences». Ces réflexions furent favorisées par la

---

1. Pour d'autres précisions sur ces questions et celles qui suivent, qui ne
peuvent être que rapidement évoquées dans ce paragraphe, on pourra se
reporter à l'introduction générale de l'ouvrage suivant: P. Wagner (dir.),
Les philosophes et la science, «Folio-Essais», Paris, Gallimard, 2002, ainsi
qu'aux références qui y sont indiquées.

réunion de plusieurs conditions, au nombre desquelles figure
le développement rapide des sciences particulières, ainsi que
les révolutions techniques et industrielles qu'elles rendaient
possibles ; ces facteurs contribuèrent à mettre sérieusement en
question les conceptions générales de la science qui s'étaient
forgées au cours des siècles précédents. Les développements
des sciences et des techniques contrastaient parfois vivement
avec le sentiment – largement partagé – que sur la plupart des
grandes questions philosophiques on ne parvenait pas à de
réels progrès, alors même que certaines écoles affirmaient
haut et fort que la philosophie permettait d'atteindre une forme
de connaissance inaccessible aux sciences particulières.
Devant ce genre d'écart ou de tension perceptible entre science
et philosophie, bien des penseurs – qu'ils soient philosophes
ou savants – comprirent qu'il était nécessaire de consacrer une
partie de leur réflexion à la science, à ses méthodes, ses objets,
ses énoncés, son unité, son avenir et ses effets. L'une des
autres conditions qui furent propices au développement de la
philosophie des sciences se trouve dans la conscience de plus
en plus aiguë qu'une compréhension de la connaissance en
général et de ses conditions de possibilité ne pouvait faire
l'économie d'une étude précise des disciplines scientifiques
proprement dites.

Dans la seconde moitié du XIXᵉ siècle, plusieurs
philosophes appelèrent de leurs vœux une forme de retour à
Kant ; car l'auteur de la *Critique de la raison pure* avait
reconnu la nécessité de s'appuyer sur une analyse des sciences
particulières – les mathématiques et la physique notamment –
afin de répondre à la question générale : « que puis-je
connaître ? »[1].

Ces quelques remarques d'ordre historique permettent
d'apporter une précision au plan conceptuel. D'un côté, en

1. Sur ce point, *cf.* Ch. Bonnet, « Kant et les limites de la science », *in*
P. Wagner (dir.), *Les philosophes et la science.*

effet, les questions que soulève la philosophie des sciences concernent souvent de manière spécifique certaines disciplines scientifiques particulières (qu'est-ce qu'une théorie physique? quelle est la valeur cognitive des énoncés du calcul des probabilités? quelles sont les méthodes de la psychologie? etc.) et elles se distinguent à cet égard des problèmes généraux qui font l'objet des traités classiques de philosophie de la connaissance (ceux de Locke, Leibniz, Hume, Kant, etc.); d'un autre côté, ce n'est certainement pas en rupture avec les problèmes généraux de philosophie de la connaissance que la philosophie des sciences s'est elle-même constituée comme un domaine particulier au cours des deux derniers siècles. Car l'attention portée aux contenus scientifiques spécifiques n'a que rarement pour corrélat le renoncement à l'objectif d'une philosophie générale de la connaissance. Du reste, on estime à juste titre aujourd'hui qu'un tel objectif exige des analyses plus fines et plus minutieuses des disciplines scientifiques particulières, et une enquête menée sur un terrain beaucoup plus large qu'on ne le pensait généralement auparavant.

Le choix de textes que nous présentons ici atteste que la plupart des travaux de philosophie des sciences au XXᵉ siècle, y compris ceux de Duhem et de Meyerson, se comprennent comme des réponses à la question de Kant. À cet égard, l'épistémologie naturalisée de Quine et de ses successeurs est moins une rupture qu'une systématisation de la tendance qui consiste à s'appuyer sur une étude précise de la science elle-même afin de répondre aux questions d'épistémologie. Il s'agit là de l'un des fils conducteurs que nous avons suivis dans notre choix de textes.

On peut remarquer que l'usage ambigu qui est fait du mot «épistémologie» est un reflet direct du point qui vient d'être souligné. Car en français, ce mot est usité tantôt comme synonyme de «philosophie des sciences», tantôt comme traduction de l'anglais «*epistemology*», vocable qui sert à désigner l'étude philosophique de la connaissance, de sa portée et de sa justification.

Il serait donc illusoire et vain de chercher à établir une ligne de démarcation stricte entre la philosophie des sciences et la philosophie de la connaissance. Certes, la majorité des vingt textes qui composent les deux volumes de cet ouvrage relèvent sans aucune ambiguïté de ce qu'on a coutume d'appeler la « philosophie des sciences » ; certains, cependant, trouveraient aussi bien leur place dans une anthologie de philosophie de la connaissance. Si nous n'avons pas cherché à tracer une frontière précise entre ces deux domaines, c'est parce que celle-ci eût été nécessairement arbitraire et qu'elle nous aurait contraints à éliminer plusieurs des approches de la science que nous souhaitions pouvoir présenter.

La lecture des textes que nous avons retenus montre qu'il est également souvent difficile, et pas nécessairement souhaitable, d'établir d'autres séparations du même genre, par exemple entre la philosophie des sciences d'un côté et la philosophie du langage de l'autre (nous allons y revenir) ou entre la philosophie des sciences et la philosophie de l'esprit. Certes aucun des textes présentés ici ne pose directement la question de savoir quelles sont les structures de l'esprit qui nous permettent de connaître. Ils se situent en amont, en quelque sorte, des *Textes-clés de la philosophie de l'esprit* publiés dans la même collection. Mais certains textes se situent à l'intersection de plusieurs champs de la philosophie et auraient eu leur place dans les deux ensembles : c'est notamment le cas du texte de Wilfrid Sellars, « La philosophie et l'image scientifique de l'homme » (qu'on trouvera dans les *Textes-clés de la philosophie de l'esprit*) et des textes de Hilary Putnam publiés dans l'une ou l'autre des deux séries.

S'il est possible de donner quelques repères chronologiques permettant de situer la philosophie des sciences dans le cours de l'histoire, il est donc beaucoup plus difficile d'en

donner une définition précise, et probablement vain de
chercher à en fixer les limites au plan conceptuel. La philosophie des sciences est plutôt marquée par la multiplicité des
approches effectives et par celle des types de questionnement
possibles. Vise-t-elle à examiner l'intelligibilité que la science
en général nous donne du monde ? À étudier la façon dont la
science se constitue à partir de notre expérience, à partir de ce
qu'on appelle « le donné » (*evidence*, en anglais) ? À faire un
examen critique des sciences particulières, de leurs méthodes
et de leurs énoncés ? À déterminer la place de la science au sein
des activités humaines ? Le choix de textes que nous propo-
sons permet d'illustrer ces différentes possibilités, ainsi que
d'autres, même si elles le sont inévitablement de manière
inégale. Que de multiples approches de la science soient à
la fois possibles et éclairantes constitue certainement l'une
des grandes leçons de la philosophie des sciences et de son
histoire au XXᵉ siècle. Une autre grande leçon qui se dégage de
cette histoire est la fécondité des études philosophiques qui
prennent *la* ou *les* sciences pour objet, études qui ont parfois un
caractère technique mais qui ne s'enferment jamais dans cette
technicité : encore une fois, leur portée épistémologique
touche incontestablement à notre compréhension générale de
ce qu'est la connaissance. Ce point est parfaitement illustré par
les travaux de philosophie des sciences effectués au début du
siècle par Duhem, Poincaré, Meyerson (ou encore par ceux de
Hélène Metzger, Abel Rey, Gaston Bachelard, qui auraient
également pu être représentés dans le premier volume de
l'ouvrage). C'est aussi le cas des recherches menées dans le
cadre de ce qu'on a pu appeler la « conception scientifique du
monde », dont le cercle de Vienne des années vingt et trente a
produit les formulations les plus philosophiquement stimu-
lantes, et fourni les plus grands représentants. Les textes de
Moritz Schlick, Rudolf Carnap, Hans Reichenbach et Philipp
Frank illustrent ici de diverses façons le « tournant de la

philosophie » (pour reprendre la belle expression de Schlick) qui a mené à un âge d'or épistémologique, et à la constitution du paradigme de la « philosophie analytique », notamment aux États-Unis, où ont émigré à la fin des années trente et durant les années quarante tous ces auteurs, à l'exception de Schlick qui fut assassiné en 1936. Une fois la philosophie analytique passée de l'autre côté de l'Atlantique, un fort courant de philosophie des sciences se développa aux États-Unis et les années soixante virent la publication de plusieurs classiques, dont *The Structure of science* d'Ernest Nagel et les remarquables ouvrages de Carl Hempel[1].

C'est dans la philosophie analytique qu'apparaît l'une des ambiguïtés de la philosophie des sciences, bien visible dans les textes de Russell, Carnap, Waismann, Putnam et Bouveresse présentés ici et qui aurait aussi bien pu être illustrée par le fameux texte de Quine de 1951, « Deux dogmes de l'empirisme »[2]. Cette ambiguïté réside dans la réunion de deux problématiques, celle de la philosophie du langage (et de la logique) et celle de la philosophie des sciences, sans qu'on puisse décider ce qui est premier : la science, modèle de rationalité, ou le langage, dont la signification (par exemple la signification empirique) détermine les critères d'acceptation de la connaissance. Les débats sur le vérificationnisme (voir les textes de Carnap, Popper, Waismann) sont particulièrement révélateurs de cette difficulté, qui ressemble à un dilemme : soit on risque de faire de la philosophie du langage une philosophie première (contre l'esprit même de ses promoteurs, Frege et Wittgenstein) soit on risque de réduire l'épistémologie à la méthodologie ou à un examen ancillaire des

1. *Fundamentals of concept formation in empirical science*, 1952; *Philosophy of natural science*, 1966 (trad. fr. B. Saint-Sernin, *Éléments d'épistémologie*, 1972); *Aspects of scientific explanation*, 1968.

2. Quine, *From a logical point of view*, Cambridge (Mass.), Harvard University Press, 1953; trad. fr. S. Laugier (dir.), *Du point de vue logique*, Paris, Vrin, 2003.

sciences, et de la fondre dans (au lieu de lui faire fonder)
la science.

C'est précisément le débat sur les méthodes qui, un temps,
a contribué à la constitution de la philosophie des sciences en
domaine propre : on y trouve non seulement la controverse
classique entre vérification et falsification (cf. les textes de
Duhem et Popper), mais aussi la question du rôle de l'expérience dans la connaissance, et celle de la différence entre
contexte de la découverte et contexte de la justification (cf. le
texte de Reichenbach qui introduit cette différence). Une date
tout à fait importante dans l'histoire de la philosophie des
sciences est celle de la publication en 1962, dans la collection
de l'*Encyclopédie internationale de la science unifiée*, du livre
de Thomas S. Kuhn, *La Structure des révolutions scientifiques*. Kuhn attirait l'attention, de façon nouvelle, sur la pratique effective de la science : en se focalisant sur les méthodes
et la rationalité de la science, la philosophie des sciences avait
certes acquis une autonomie à l'égard de la philosophie du
langage, mais elle avait, comme dit Ian Hacking, fait de la
science une « momie », figée non dans ses contenus (l'idéo-
logie du progrès scientifique est une constante de la philosophie des sciences jusqu'aux années soixante) mais dans ses
procédures et critères[1]. Avec le recul, on peut constater que la
rupture entre Kuhn et ses prédécesseurs, notamment Carnap et
Quine, était moins radicale qu'elle n'apparut à l'époque :
Kuhn (ainsi que les post-poppériens qu'on lui associe souvent,
Paul Feyerabend et Imre Lakatos) reprenait le débat sur le rôle
de l'expérience, l'imprégnation théorique (la « *theoryladen-
ness* »). Simplement, en choisissant une approche wittgensteinienne (centrée sur le voir-comme et l'exemplarité) contre
l'approche rationaliste ou conceptuelle, il ouvrait à nouveau
deux champs d'investigation épistémologique : celui de la

---

1. Sur ce point, *cf.* S. Laugier, « De la logique de la science aux révolutions
scientifiques », *in* P. Wagner (dir.), *Les philosophes et la science*.

théorie de la signification (et de la philosophie du langage), et celui de la réalité du monde (ou de la pluralité des mondes) que décrit la science (ou *les* sciences). Les textes publiés entre les années soixante et la fin du siècle illustrent de différentes façons cette réouverture voire cette explosion du champ de la philosophie des sciences, qui a recours à de multiples outils théoriques (ontologie, philosophie du langage, de la perception, de l'esprit) et pratiques (informatique, sciences de l'ingénieur, révolutions scientifiques apportées par le nouveau paradigme de la biologie) : outre la naturalisation épistémologique proposée par Quine[1], elle connaît des débats nouveaux sur le réalisme scientifique et ses variétés (réalisme robuste avec Quine, réalisme interne avec Putnam, réalisme structural avec Elie Zahar, réalisme naturel avec Arthur Fine), sur la portée et la dimension ontologique des théories et des lois (Nancy Cartwright, Bas Van Fraassen).

C'est cette évolution qui met en évidence deux périodes centrales bien distinctes (le cercle de Vienne des années trente, et les conséquences de la rupture des années soixante), que nous avons voulu retracer dans notre choix de textes, pour la plupart classiques et repris dans de nombreuses anthologies de langue anglaise[2]. Nous avons cependant dû, comme pour toute sélection de ce type, opérer des choix.

Les dimensions de l'ouvrage ne permettaient d'illustrer ni les travaux consacrés à des champs scientifiques particuliers (mathématiques, biologie, sciences sociales, etc.) ni l'histoire des sciences, qu'elle soit étudiée pour elle-même ou dans

---

1. Sur le naturalisme de Quine, *cf.* S. Laugier, « Quine, la science et le naturalisme », *in* P. Wagner (dir.), *Les philosophes et la science.*

2. *Cf.* par exemple le très classique H. Feigl, M. Broadbeck, *Readings in the philosophy of science*, 1953 ; ou, plus récemment, R. Boyd (ed.), *The Philosophy of Science*, 1992 ; D. Papineau (éd.), *The philosophy of science*, 1996 ; Y. Balashov, A. Rosenberg (eds.), *Philosophy of science. Contemporary readings*, 2002.

son articulation à la philosophie des sciences[1]. Nous avons privilégié les approches dites « analytiques » de la philosophie des sciences afin de mettre en évidence leur diversité (qui reste mal connue en France au point de vue historique), ce qui nous a conduit à n'offrir qu'une illustration limitée du « style français[2] » en épistémologie ; ce dernier aspect de la philosophie des sciences sera mieux représenté dans le volume de *Textes-clés d'histoire des sciences*. Un autre but que nous nous sommes donné dans ces deux volumes, et peut-être le principal, est de commencer à mettre à la disposition du public français un certain nombre de textes d'une tradition que ses héritiers eux-mêmes ont tendance à oublier, et à vouloir surmonter. La grande majorité des textes publiés ici sont inédits ou peu facilement accessibles en français. Nous avons évité de répéter inutilement des textes bien connus et déjà traduits : par exemple les écrits récents de Popper qui sont aisément accessibles au public ou les œuvres des membres du cercle de Vienne déjà disponibles dans le volume intitulé *Manifeste du cercle de Vienne et autres essais*[3].

Nous avons pu bénéficier par ailleurs d'un texte inédit d'Elie Zahar, qui a également contribué à l'ouvrage en rédigeant la présentation de son auteur de prédilection, Poincaré. Christian Bonnet a également apporté un soutien décisif et constant, par ses contributions, ses relectures et ses conseils, à l'ensemble de notre entreprise. Qu'ils trouvent ici l'expression de notre reconnaissance.

Nous ne saurions conclure cette présentation sans remercier tous ceux qui ont très généreusement travaillé à cette entreprise collective qui a été menée dans le cadre de l'Institut d'Histoire et de Philosophie des Sciences et des

---

1. Un volume de textes-clés d'histoire des sciences est en préparation.

2. Sur ce point, *cf.* J.-Fr. Braunstein, « Bachelard, Canguilhem, Foucault. Le "style français" en épistémologie », *in* P. Wagner (dir.), *Les philosophes et la science, op. cit.*

3. Édité par A. Soulez, Paris, P.U.F., 1985 ; Vrin, 2010.

Techniques (IHPST), et notamment les jeunes chercheurs qui ont non seulement traduit des textes difficiles, mais se sont aussi suffisamment impliqués scientifiquement dans cette tâche pour en rédiger des présentations, indispensables à la lecture et à la compréhension de ces textes-clés de la philosophie des sciences.

Sandra Laugier
Pierre Wagner

Indications bibliographiques

ANDLER Daniel, FAGOT-LARGEAULT Anne, SAINT-SERNIN Bertrand, *Philosophie des sciences*, t. 1 et 2, Paris, Gallimard, 2002.

BALASHOV Yuri, ROSENBERG Alexander (eds.), *Philosophy of science. Contemporary readings*, New York, Routledge, 2002.

BARBEROUSSE Anouk, BONNAY Denis, COZIC Mikaël (éd.), *Précis de philosophie des sciences*, Paris, Vuibert, 2011.

BONNET Christian, WAGNER Pierre (éd.), *L'Âge d'or de l'empirisme logique. Vienne – Berlin – Prague, 1929-1936. Textes de philosophie des sciences*, Paris, Gallimard, 2006.

BRODBECK May, FEIGL Herbert, *Readings in the philosophy of science*, New York, Appleton-Century-Crofts, 1953.

CARNAP Rudolf, *An introduction to the philosophy of science*, M. Gardner (éd.), Londres, New York, Basic Books, 1972; trad. fr. J.-M. Luccioni et A. Soulez, *Les fondements philosophiques de la physique*, Paris, Armand Colin, 1973.

CHANGEUX Jean-Pierre (dir.), *La vérité dans les sciences*, Paris, Éditions Odile Jacob, 2002.

CHATELET François (dir.), *Histoire de la philosophie*, t. VIII, *Épistémologie*, Paris, Hachette, 1973.

CURD Martin, COVER Jan A. (eds.), *Philosophy of science. The central issues*, New York, Norton, 1998.

GABBAY Dov, THAGARD Paul, WOODS John (eds.), *Handbook of the Philosophy of Science*, Elsevier, 16 vol. prévus.

GODFREY-SMITH Peter, *Theory and Reality: an introduction to the philosophy of science*, Chicago, University of Chicago Press, 2003.

HACKING Ian (éd.), *Scientific revolutions*, Oxford, Oxford University Press, 1981.

HAMBURGER Jean (dir.), *La philosophie des sciences aujourd'hui*, Paris, Gauthier-Vilars, 1986.

HEIDELBERGER Michael, STADLER Friedrich (eds.), *History of Philosophy of Science. New Trends and Perspectives*, Dordrecht-Boston-Londres, Kluwer, Vienna Circle Institute Yearbook, 2002.

HEMPEL Carl, *Philosophy of natural science*, Englewoof Cliffs, Prentice-Hall, 1966; trad. fr. B. Saint-Sernin, *Éléments d'épistémologie*, Paris, Armand Colin, 1972.

JACOB Pierre (éd.), *De Vienne à Cambridge. L'héritage de l'empirisme logique*, Paris, Gallimard, 1980.

KOCKELMANS Joseph, *Philosophy of science : the historical background*, New York, Free Press, 1968; New Brunswick, N.J., Transaction Publishers, 1999.

LADYMAN James, *Understanding philosophy of science*, Londres, New York, Routledge, 2001.

LECOURT Dominique (dir.), *Dictionnaire d'histoire et philosophie des sciences*, Paris, P.U.F., 1999.

– *La Philosophie des sciences*, Paris, P.U.F., 2001.

LOSEE John, *A historical introduction to the philosophy of science*, Londres, New York, Oxford University Press, 1972, 4ᵉ éd., 2001.

NADEAU Robert, *Vocabulaire technique et analytique de l'épistémologie*, Paris, P.U.F., 1999.

PAPINEAU David (éd.), *The philosophy of science*, Oxford, Oxford University Press, 1996.

SALMON Merrilee et al., *Introduction to the philosophy of science*, Englewood Cliffs, N. J., Prentice Hall, 1992.

SARKAR Sahotra (éd.), *Science and philosophy in the twentieth century : basic works of logical empiricism*, New York, Londres, Garland, 1996, 6 vol.

– *The philosophy of science. An encyclopedia*, New York, Londres, Garland, 2002.

WAGNER Pierre (dir.), *Les Philosophes et la science*, Paris, Gallimard, 2002.

SOMMAIRE DES VOLUMES I ET II

VOLUME I
EXPÉRIENCES, THÉORIES ET MÉTHODES

Ce volume présente neuf textes de philosophie des sciences qui appartiennent à la première moitié du XXᵉ siècle. L'un des traits les plus marquants de cette période est le suivant : maintes idées sur la base desquelles les philosophes espéraient jusqu'alors pouvoir construire une conception du monde (on pense par exemple à la philosophie kantienne de la connaissance) semblaient être profondément remises en question par certains développements de la science comme la logique mathématique, la théorie de la relativité, la mécanique quantique ou la psychologie de l'inconscient. Dans le même temps, la multiplication des nouvelles conceptions scientifiques apparues depuis le milieu du XIXᵉ siècle exigeait des savants eux-mêmes une réflexion renouvelée sur la nature, l'unité et les méthodes de la science, ou encore sur l'objet des théories, leur rapport à l'expérience ou la réalité des entités théoriques dont elles parlent. Aussi n'est-il pas surprenant que ce soit à partir d'une solide formation scientifique initiale – parfois même une œuvre scientifique de premier plan – que les auteurs des textes ici présentés ont perçu la nécessité d'une réflexion philosophique permettant de clarifier la nature et le sens des connaissances scientifiques.

Quel type de connaissance, se demande Duhem, peut nous apporter une théorie physique qui s'appuie à la fois sur des faits de l'expérience et sur l'outil mathématique ? Poincaré, connu pour avoir mis en évidence le caractère conventionnel de certaines parties de nos théories, pose ici le problème de l'évolution des lois. Russell interroge le rapport entre les données des sens et les connaissances physiques. Dans d'autres textes, les auteurs soulèvent des questions de méthodologie de la science empirique ; ainsi, l'une des grandes questions de la philosophie des sciences de l'époque porte sur la possibilité de *vérifier* nos connaissances (cf. les textes de Popper et de Waismann). Les philosophes s'interrogent également sur la nature de la réflexion épistémologique elle-même : Reichenbach distingue trois tâches de l'épistémologie et introduit la célèbre distinction entre contexte de la découverte et contexte de la justification ; Frank considère l'exemple de la mécanique quantique pour mettre en garde contre les interprétations erronées des théories scientifiques censées étayer certaines conceptions philosophiques du monde ; Carnap introduit une méthode générale d'analyse des propositions, qu'il nomme « syntaxe logique du langage ».

Nombreux sont ceux qui à la suite de Wittgenstein, dont le *Tractatus logico-philosophicus* exerça une forte influence dès sa publication en 1922, estiment que les nouvelles méthodes d'analyse du langage (qu'elles s'appliquent aux propositions de la science, à celles de la philosophie ou à celles du langage ordinaire) permettent de clarifier la nature même des problèmes. Car ceux-ci s'avèrent souvent, à la lumière de cette analyse, avoir un sens très différent de celui qu'on pensait pouvoir leur donner, ou se révèlent même être dénués de toute espèce de signification (cf. sur ce point le texte de Carnap). C'est l'une des raisons pour lesquelles Schlick n'hésite pas à parler d'un véritable « tournant de la philosophie ». L'usage de ces nouvelles méthodes a été particulièrement bien illustré par les travaux des empiristes logiques (Carnap, Frank,

Reichenbach, Schlick, Waismann) ou, avant eux, par Russell, qui les appliquèrent à l'analyse des fondements des mathématiques, des énoncés de probabilités, de notre connaissance du monde extérieur, des propositions de la science en général, mais également des propositions philosophiques (théorie de la connaissance, éthique, métaphysique, etc.).

L'œuvre de tous les penseurs que nous présentons ici a profondément marqué la plupart des philosophes des sciences de la seconde moitié du XXᵉ siècle (notamment ceux dont on trouvera des textes dans le second volume du présent ouvrage). Leur pensée s'est souvent constituée dans leur prolongement, mais également dans une opposition marquée à leur égard. Quine est un exemple typique de cette ambivalence entre un héritage clairement assumé et une attitude délibérément critique, mais on la retrouve également chez des auteurs comme Putnam, van Fraassen, et même chez Thomas Kuhn.

Cette influence multiforme s'explique par l'extraordinaire richesse de la pensée de ces philosophes, qui reste néanmoins, aujourd'hui encore, mal connue du public francophone. Pour prendre l'exemple des empiristes logiques, on a trop souvent tendance à assimiler les pensées de Carnap, Frank, Neurath, Reichenbach ou Schlick à quelques formules stéréotypées, ce dont on ne s'étonne pas outre mesure lorsqu'on sait que la plupart des œuvres de ces auteurs sont encore inédites en français. En réalité, l'intérêt de leurs écrits doit beaucoup plus qu'on ne le croit habituellement à la diversité des positions qu'ils défendaient : de fait, ils se sont opposés – parfois durement – sur la plupart des questions qui faisaient l'objet de leurs réflexions. Les neuf textes qui suivent ont également été choisis afin que le lecteur puisse se faire une idée de cette diversité.

Textes de P. Duhem, É. Meyerson, H. Poincaré, B. Russell, M. Schlick, R. Carnap, K. Popper, H. Reichenbach, P. Frank, F. Waismann.

Pierre Duhem

THÉORIE PHYSIQUE, DÉDUCTION MATHÉMATIQUE, EXPÉRIENCE

PRÉSENTATION

Sandra Laugier et Pierre Wagner

Les extraits de *La théorie physique* que nous présentons ici permettent de comprendre comment Pierre Duhem (1861-1916), de philosophe de la physique méconnu, est devenu une référence importante de l'épistémologie contemporaine : il est à l'origine de la thèse dite de « Duhem-Quine » et donne une nouvelle formulation du rapport entre théorie et expérience. L'œuvre de Duhem est antérieure (historiquement et conceptuellement) au tournant du positivisme logique. Le retour à Duhem accompli depuis les années 1950, d'abord chez Quine, puis de manière différente chez Kuhn, Lakatos et Feyerabend, a coïncidé avec une mise en question des « dogmes de l'empirisme », et notamment du vérificationnisme (associé au cercle de Vienne[1]) et du falsificationnisme (associé à Popper[2]). Comme le note Lakatos dans sa « méthodologie

1. Voir *infra*, p. 325, le texte de Waismann.
2. Voir *infra*, p. 237, le texte de Popper.

des programmes de recherche », Duhem a compris avant tout
le monde que « nous ne pouvons ni prouver les théories ni les
réfuter »[1]. La critique de l'expérience cruciale et la thèse du
holisme – l'idée de Duhem, reprise et généralisée par Quine,
que notre connaissance affronte l'expérience non par éléments
individuels mais comme un corps organisé[2] – ont conduit à
voir dans les arguments de *La théorie physique* une arme
contre toute délimitation du contenu empirique d'une hypothèse (et d'une théorie) scientifique, et toute délimitation nette
entre théorie et expérience : l'expérience et l'observation sont
« *theory-laden* », le donné toujours conceptualisé.

Cet usage et ce succès posthume de Duhem ont paradoxalement empêché qu'on apprécie la subtilité de ses conceptions.
Or l'originalité de Duhem, dans les chapitres III et VI de la
seconde partie de la *Théorie physique*, présentés ici, se trouve
1) dans son approche de la déduction mathématique et de la
« traduction » de la théorie en expérience, 2) dans sa conception du « donné » empirique. C'est dans cette perspective qu'il
faut situer sa formulation du holisme, et son traitement du rôle
de l'expérience cruciale.

« Une expérience de physique, dit Duhem au chapitre IV,
est tout autre chose que la simple constatation d'un fait »[3]. Les
faits sont dépendants de la théorie, imprégnés de théorie :
la frontière qui sépare observation et théorie est incertaine,
puisque « la certitude des énoncés observationnels demeure
subordonnée à la confiance qu'inspire tout un ensemble de
théories »[4]. Tous les énoncés sont théoriques, même un énoncé
aussi minimal que « le courant passe »[5] (exemple que donne
Duhem, reprenant ici Poincaré).

---

1. I. Lakatos, *Histoire et méthodologie des sciences*, Paris, P.U.F., p. 13.
2. *Cf.* dans le volume II les textes de Quine p. 36 et p. 114.
3. *La Théorie Physique*, dorénavant citée *T. P.*, p. 239.
4. *T. P.*, p. 246.
5. *T. P.*, p. 227.

Cette critique de la notion d'observation, qui vise aussi la « méthode expérimentale » de Claude Bernard, fournit à Duhem l'occasion d'introduire son concept de traduction :

> Le développement mathématique d'une théorie physique ne peut se souder aux faits observables que par une traduction. Pour introduire dans les calculs les circonstances d'une expérience, il faut faire une *version* qui remplace le langage de l'observation concrète par le langage des nombres ; pour rendre constatable le résultat que la théorie prédit à cette expérience, il faut qu'un *thème* transforme une valeur numérique en une indication formulée dans le langage de l'expérience (p. 39).

Il y a *deux* traductions opérées par le travail de la théorie : la version, qui fait passer de l'observation à sa traduction mathématique et le thème, qui à l'inverse, « fait correspondre à ce nombre un fait concret et observable ». Or chacune de ces traductions, mathématique ou concrète, est soumise à indétermination. Il ne s'agit pas d'une indétermination théorique à la Quine (de la multiplicité des théories possibles d'un même donné), mais d'une indétermination due à la traduction du réel en mathématique, puis à la soumission du réel à la mathématique.

Duhem note dans un passage célèbre : « Mais qui traduit, trahit ; *traduttore, traditore* ; il n'y a jamais adéquation complète entre les deux textes qu'une version fait correspondre l'un à l'autre » (p. 39). Il n'y a pas équivalence empirique des théories (à la Feyerabend) mais différence sémantique entre faits observés et symboles. C'est cette différence qui est à la base des arguments mieux connus du chapitre VI. Qu'une expérience ne puisse porter contre une hypothèse isolée se déduit naturellement du fait qu'entre le fait pratique et sa version théorique, il y a le travail de symbolisation opéré par la théorie, qui elle-même en retour traduit la valeur numérique en indication empirique. C'est parce que toute théorisation est traduction mathématique des faits que, selon

Duhem, « une infinité de faits théoriques peuvent être pris pour
traduction d'un même fait pratique » (p. 41).

Pour comprendre le sens de cette thèse, on peut se reporter
à la première partie de la *Théorie physique*, souvent négligée,
« L'objet de la théorie physique ». Duhem y affirme que la
théorie physique ne doit pas être une *explication,* mais « un
système de propositions mathématiques qui ont pour but de
représenter aussi simplement, aussi complètement et aussi
exactement que possible un ensemble de lois expérimentales »[1]. La théorie physique représente des propriétés
physiques simples par des symboles.

> Nous leur faisons correspondre, par des méthodes de mesure
> appropriées, autant de symboles mathématiques, de nombres,
> de grandeurs ; ces symboles mathématiques n'ont, avec les
> propriétés qu'ils représentent, aucune relation de nature ; ils ont
> simplement avec elles *une relation de signe à chose signifiée*[2].

De cette définition de la théorie physique comme
représentation symbolique, signe mathématique, Duhem tire
l'impossibilité d'une explication métaphysique par la théorie
et donc d'une portée ontologique de la théorie physique, qui
n'est que traduction des faits.

> Les grandeurs sur lesquelles portent ses calculs ne prétendent
> point être des réalités physiques ; les principes qu'il invoque
> dans ses déductions ne se donnent point pour l'énoncé de
> relations véritables entre ces réalités[3].

La traduction des données physiques (lois expérimentales)
en théorie aboutit à un système formel indépendant de son
point de départ empirique (conclusion de Schlick quelque
temps après dans sa *Théorie générale de la connaissance*[4]). À

---

1. *T. P.*, p. 24.
2. *Ibid.*
3. *T. P.*, p. 25.
4. M. Schlick, *Allgemeine Erkenntnislehre*, Berlin, J. Springer, 1918 ;
2ᵉ éd. revue et augmentée, 1925 ; trad. fr. Ch. Bonnet, *Théorie générale de la
connaissance*, Paris, Gallimard, 2009.

l'inverse, la symbolisation mathématique transforme les données : c'est le thème par opposition à la version, que décrit une formule remarquable de Duhem : « alors nous connaîtrons vraiment le résultat que la théorie assigne à notre expérience ».

Le concept de traduction se définit par ce couple indissoluble thème-version, qui résume pour Duhem le travail de la théorie à cause de la non-transparence du processus de traduction – *traduttore, traditore*, la traduction n'est ni symétrique ni transitive. C'est ce qui émergera chez Quine ensuite, dans sa thèse d'indétermination de la traduction puis dans son épistémologie.

La traduction revient au chapitre IV, « L'expérience de physique », où Duhem précise sa théorie du symbole et de son application à l'expérience. Le récit d'une expérience est « l'énoncé d'un jugement reliant entre elles certaines notions abstraites, symboliques, dont les théories seules établissent la correspondance avec les faits réellement observés ». La thèse duhémienne, banalisée dans l'épistémologie post-positiviste, du caractère théorique de l'expérience, est une théorie de la signification : les énoncés de la physique

> ne sont nullement l'exposition pure et simple de certains phénomènes ; ce sont des énoncés abstraits, auxquels vous ne pouvez attacher aucun *sens* si vous ne connaissez pas les théories physiques de leur auteur[1].

Duhem définit la signification des mots de la physique par leur usage institué dans le cadre d'une élaboration théorique, sans pour autant recourir à un conventionnalisme qu'il rejette[2]. Sur ce point Duhem critique Poincaré : croire que le savant choisit le langage dans lequel il exprime l'expérience, c'est croire qu'il y a une expérience qu'il resterait au langage à exprimer. La théorie n'est pas pour Duhem une simple façon conventionnelle d'exprimer un fait brut.

---

1. *T. P.*, p. 223.
2. *T. P.*, p. 225-226.

Le concept de traduction réémerge avec la critique faite au chapitre VI, § 4, de la méthode « newtonienne ». Les faits d'expérience sont déjà traduits dans le cadre d'une théorie, ce qui rend illusoire la voie purement inductive. Cette critique de l'induction ne saurait préfigurer celle, connue, de Popper, car elle se fonde sur les mêmes arguments que la critique de la réfutation opérée dans le § 2. Duhem prend pour exemple le passage des lois de Kepler à la théorie de la gravitation newtonienne, qui n'est pas une généralisation des lois de Kepler : au contraire, elle est incompatible avec ces lois. Si Newton a (pense avoir) effectué une généralisation à partir des lois de Kepler, c'est qu'il a *traduit* ces lois dans son langage. Les lois de Kepler acquièrent, une fois utilisées ou « traduites symboliquement » dans le cadre conceptuel de Newton, une nouvelle signification.

Cela suggère que dans un nouveau cadre conceptuel, les faits eux-mêmes changent de nature. Ce point sera repris chez N. Hanson, puis brillamment par T. S. Kuhn. Le monde vu dans une nouvelle théorie *est* un monde différent : la théorie n'est pas une traduction parmi d'autres d'une expérience donnée, mais elle fabrique l'expérience. Son usage du mot « traduction » permet ainsi à Duhem de formuler un rapport entre expérience et théorie qui influencera profondément l'ensemble de l'épistémologie du XXᵉ siècle.

Ce concept de traduction fonde aussi la critique de la notion d'expérience cruciale – *i. e.* d'une expérience décisive permettant de choisir entre deux hypothèses ou théories rivales. L'expérience cruciale a d'abord été un paradigme de la théorie de la science classique, jusqu'à l'épistémologie poppé-rienne : elle représente en effet un cas (le seul) où l'expérience possède un rôle décisif dans un choix théorique, par la possibi-lité de réfuter une hypothèse physique, et par conséquent d'en confirmer la contraire. Elle semble donc à l'abri des attaques de Popper contre l'inductivisme. Duhem critique d'ailleurs l'expérience cruciale avant de s'en prendre spécifiquement à la « méthode newtonienne » et à la connaissance inductive. Il examine la fameuse expérience de Léon Foucault, considérée alors comme cruciale pour décider de la nature (en l'occurrence, ondulatoire) de la lumière.

L'argument de Duhem est double. D'un côté il prolonge le holisme : une expérience négative ne permet pas de rejeter une hypothèse isolée, mais un système entier. « Ce n'est pas entre deux hypothèses que tranche l'expérience de Foucault ; c'est entre deux ensembles théoriques dont chacun doit être pris en bloc ». Mais d'un autre côté, l'argument vaut par lui seul, et révèle toute l'ingéniosité de Duhem. C'est un argument logique, qui répond à la structure déductive de l'*instantia crucis* baconienne. Même si l'on admet que « les faits, en condamnant l'un des deux systèmes, condamnent à coup sûr la seule supposition douteuse qu'il renferme », on ne peut en déduire que l'*experimentum crucis* « transforme en vérité démontrée l'une des deux hypothèses en présence, de même que la réduction à l'absurde d'une proposition géométrique confère la certitude à la proposition contradictoire ». En effet, deux hypothèses de physique rivales ne forment pas un dilemme comme deux propositions contradictoires. On n'a jamais *toutes* les hypothèses.

> La lumière peut être une rafale de projectiles ; elle peut être un mouvement vibratoire ; lui est-il interdit d'être quoi que ce soit d'autre ? (…) Le physicien n'est jamais sûr d'avoir épuisé toutes les suppositions imaginables ; la vérité d'une théorie physique ne se décide pas à croix ou pile (p. 67).

Est-ce la lucidité du « physicien théoricien » Duhem qui a fait la fortune de sa critique de l'*experimentum crucis*, ou est-ce la lecture et l'interprétation de ce chapitre par ses successeurs anglo-saxons ? Il semble en tout cas que la confusion soit souvent faite entre les arguments holistes et les démonstrations chez Duhem de la dépendance de l'expérimentation par rapport à la théorie d'une part, et la critique de l'*experimentum crucis* d'autre part : comme si le problème se confondait avec celui, devenu central dans l'épistémologie contemporaine, du poids de l'expérience dans l'évolution de la connaissance. C'est peut-être un malentendu qui a placé l'idée d'expérience cruciale – définie au départ, et jusqu'à Duhem et Popper, en termes d'*expérimentation* – au cœur des débats épistémologiques contemporains – centrés, depuis Carnap, sur le rapport de l'*expérience* à la construction théorique. On constatera *a posteriori* l'ambiguïté du mot *experimentum*, qui a permis un glissement vers « expérience ».

C'est Quine qui, dans son fameux article de 1951, « Deux dogmes de l'empirisme », a repris de manière remarquable mais peut-être fourvoyante le problème de Duhem[1]. Quine dénonce deux dogmes, la distinction entre énoncés analytiques et synthétiques, et le réductionnisme – la thèse selon laquelle on peut renvoyer tout énoncé à son contenu empirique – tout cela en s'appuyant sur Duhem : « Nos énoncés sur le monde extérieur affrontent le tribunal de l'expérience sensible non pas individuellement mais comme un corps organisé ». Quine généralise ainsi au schème conceptuel la thèse de Duhem sur la physique, et en dépasse l'argument initial, tant par sa portée que par sa radicalité. La critique de l'*experimentum crucis*, associée au holisme, fut ainsi largement reprise dans le cadre d'une mise en cause de « l'empirisme contemporain ». On la retrouve aussi bien chez Feyerabend que chez Lakatos, souvent pour rejeter le falsificationnisme, mais aussi pour contester la prétention de la science à la vérité. Quine, pas plus que Duhem, ne va jusque-là.

Le holisme et la critique de la notion d'expérience cruciale font partie des idées de Duhem qui sont les plus célèbres et les paragraphes du chapitre six que nous reproduisons ci-dessous sont des classiques de la philosophie des sciences. Le lecteur de *La théorie physique* aurait cependant tort de s'en tenir à ces

1. Voir dans le volume II, p. 114.

morceaux d'anthologie car l'ouvrage contient également de nombreux autres passages qui ne méritent pas moins d'être lus, relus et beaucoup mieux connus. Nous donnons, à titre d'exemple, les paragraphes trois et quatre du chapitre trois de la seconde partie, qui portent sur les limites de l'application à la physique des déductions mathématiques. Duhem fait ici usage de certaines découvertes récentes en mathématiques pour éclairer la question de l'ouvrage tout entier : qu'est-ce qu'une théorie physique ? Cette question générale avait déjà fait l'objet des réflexions de Rankine, Helmholtz, Mach, Boltzmann, Ostwald, Poincaré, Hertz, tous physiciens et savants qui comprirent que les développements de la science au cours du XIXe siècle exigeaient que soit révisée la conception classique qui avait été élaborée à partir de l'œuvre de Newton.

Selon cette conception, qui trouve une expression exemplaire chez Laplace, une intelligence supérieure (le démon de Laplace) qui connaîtrait à la fois les lois de la nature et l'état du monde à un instant précis pourrait calculer tous les états passés et futurs du monde. Dans ce cadre classique se posait le célèbre problème des trois corps : calculer la vitesse et la position futures de trois corps en interaction, connaissant leur vitesse et leur position à un instant donné (un des cas qui intéressaient notamment les astronomes était celui du Soleil, de la Terre et de la Lune). Or des travaux mathématiques comme ceux d'Hadamard, qui est cité par Duhem, montrent que quelle que soit la précision avec laquelle nous pouvons connaître l'état du monde à un certain moment, cette connaissance physique est comprise dans un intervalle à l'intérieur duquel la théorie laisse ouvertes des possibilités radicalement divergentes pour l'état du monde dans les moments futurs. Par exemple, même si le système solaire revient périodiquement depuis très longtemps à un état que l'on peut caractériser par des grandeurs physiques, rien ne permet d'affirmer que ce retour périodique se prolongera dans le futur, quelle que soit la finesse et la précision avec lesquelles cet état est caractérisé. Ce qui est en question, ici, ce n'est pas le problème de Hume, mais celui du rapport entre la précision d'un calcul mathématique et celle d'une mesure physique. Duhem illustre magnifiquement ce point en considérant des lignes géodésiques sur une surface particulière, représentée de manière imagée dans le chapitre trois par la forme d'une tête de taureau dont les cornes et les oreilles se prolongeraient à l'infini. Si petite que soit la tache sur laquelle on sait – par des mesures physiques – que se situe un point de cette surface, il est impossible de prévoir la forme d'une ligne géodésique passant par ce point si on ne peut le distinguer des autres points voisins. Les conséquences sont connues et discutées à l'époque : elles portent sur l'équilibre du système solaire, comme sur celui de tout autre système, et plus généralement sur la conception classique de la science et de la théorie physique. Tel est l'objet du livre dans son ensemble, si on le place dans le contexte de l'époque : prendre acte de la remise en question de la conception classique par les développements des sciences au cours du XIXe siècle et en tirer les conséquences philosophiques. En cherchant à répondre aux questions ainsi soulevées : qu'est-ce qu'une théorie physique ?, la théorie physique a-t-elle un caractère conventionnel ?, nous fait-elle connaître la réalité ?, quel est son rapport à l'expérience ? quel usage peut-elle faire des déductions mathématiques étant donné le caractère nécessairement limité de la précision des mesures physiques ? etc., les physiciens qu'on a cités plus haut ont largement contribué à la constitution de la philosophie des sciences et ils ont introduit un grand nombre des questions qui ont ensuite été débattues au cours du XXe siècle.

Indications bibliographiques

BACON Francis, *Novum Organum*, Londres, 1620, Spedding (éd.) et Heath, Londres, 1858, t. I, trad. fr. M. Malherbe et J.-M. Pousseur, Paris, P.U.F., 1986.

BOYER Alain, « Le problème de Duhem », *dans* Boyer, *Introduction à la lecture de Karl Popper*, Paris, PENS, 1994.

BRENNER Anastasios, *Duhem, science, réalité et apparence*, Paris, Vrin, 1990.

DUHEM Pierre, *Essai sur la notion de théorie physique de Platon à Galilée.* ΣΟΖΕΙΝ ΤΑ ΦΑΙΝΟΜΕΝΑ, Paris, Hermann, 1908 ; rééd. *Sauver les apparences*, Paris, Vrin, 2003.

HACKING Ian, *Representing and Intervening*, Cambridge, Cambridge University Press, 1983 ; trad. fr. B. Ducrest, *Concevoir et Expérimenter*, Paris, Christian Bourgois, 1989.

LAKATOS Imre, *The Methodology of Scientific Research Programmes*, Cambridge, Cambridge University Press, 1978 ; trad. fr. *in Histoire et méthodologie des sciences*, Paris, P.U.F., 1995.

POPPER Karl, *La connaissance objective*, Cambridge, Cambridge University Press, 1972 ; trad. fr. J.-J. Rosat, Paris, Flammarion, 1991.

QUINE W. V., « Two dogmas of empiricism », 1951 ; trad. fr. « Deux dogmes de l'empirisme » *in* Quine, *Du point de vue logique*, Paris, Vrin, 2003.

THÉORIE PHYSIQUE, DÉDUCTION MATHÉMATIQUE, EXPÉRIENCE [*]

I. LA DÉDUCTION MATHÉMATIQUE ET LA THÉORIE PHYSIQUE
(*La Théorie physique : son objet, sa structure,* 2e partie, chapitre 3)

1. *À-peu-près physique et précision mathématique*

Lorsqu'on se propose de construire une théorie physique, on a d'abord à choisir, parmi les propriétés que révèle l'observation, celles qu'on regardera comme des qualités premières, et à les représenter par des symboles algébriques ou géométriques.

Cette première opération, à l'étude de laquelle nous avons consacré les deux chapitres précédents[1], étant achevée, on en doit accomplir une seconde : entre les symboles algébriques ou géométriques qui représentent les propriétés premières, on

[*] Sous ce titre, nous réunissons ici les chapitres 3 et 6 (§ 1-4) de la seconde partie de l'ouvrage de Pierre Duhem, *La Théorie physique : son objet, sa structure*, Paris, Chevalier et Rivière, 1906 ; 2e éd. revue et augmentée, Paris, Rivière, 1914 ; Paris, Vrin, 1989.
1. [N.d.T.] chap. 1 : « Quantité et qualité » ; chap. 2 : « Les qualités premières ».

doit établir des relations ; ces relations serviront de principes
aux déductions par lesquelles la théorie se développera.

Il semblerait donc naturel d'analyser maintenant cette
seconde opération, l'*énoncé des hypothèses*. Mais avant de
tracer le plan des fondations qui porteront un édifice, de choisir
les matériaux avec lesquels on les bâtira, il est indispensable de
savoir quel sera l'édifice, et de connaître les pressions qu'il
exercera sur ses assises. C'est donc seulement à la fin de notre
étude que nous pourrons préciser les conditions qui s'imposent
au choix des hypothèses [1].

Nous allons, dès lors, aborder immédiatement l'examen
de la troisième opération constitutive de toute théorie, le
développement mathématique.

La déduction mathématique est un intermédiaire ; elle a
pour objet de nous enseigner qu'en vertu des hypothèses
fondamentales de la théorie, la réunion de telles circonstances
entraînera telles conséquences ; que tels faits se produisant, tel
autre fait se produira ; de nous annoncer, par exemple, en vertu
des hypothèses de la thermodynamique, que si nous soumet-
tons un bloc de glace à telle compression, ce bloc fondra
lorsque le thermomètre marquera tel degré.

La déduction mathématique introduit-elle directement
dans ses calculs les faits que nous nommons les *circonstances*
sous la forme concrète où nous les observons ? En tire-t-elle le
fait que nous nommons la *conséquence* sous la forme concrète
où nous le constaterons ? Assurément non. Un appareil de
compression, un bloc de glace, un thermomètre, sont des
choses que le physicien manipule dans son laboratoire ; ce ne
sont point des éléments sur lesquels le calcul algébrique ait
prise. Le calcul algébrique ne combine que des nombres.
Donc, pour que le mathématicien puisse introduire dans ses
formules les circonstances concrètes d'une expérience, il
faut que ces circonstances aient été, par l'intermédiaire de

1. [N.d.T.] cf. *La Théorie physique*, chap. 7 : « Le choix des hypothèses ».

mesures, traduites en nombres; que, par exemple, les mots:
une telle pression, aient été remplacés par un certain nombre
d'atmosphères, qu'il mettra dans son équation à la place de la
lettre P. De même, ce que le mathématicien obtiendra au bout
de son calcul, c'est un certain nombre; il faudra recourir aux
méthodes de mesures pour faire correspondre à ce nombre un
fait concret et observable; par exemple, pour faire correspondre une certaine indication du thermomètre à la valeur
numérique prise par la lettre T que contenait l'équation
algébrique.

Ainsi, à son point de départ comme à son point d'arrivée, le
développement mathématique d'une théorie physique ne peut
se souder aux faits observables que par une traduction. Pour
introduire dans les calculs les circonstances d'une expérience,
il faut faire une version qui remplace le langage de l'observation concrète par le langage des nombres; pour rendre
constatable le résultat que la théorie prédit à cette expérience,
il faut qu'un thème transforme une valeur numérique en une
indication formulée dans la langue de l'expérience. Les
méthodes de mesure sont, nous l'avons déjà dit, le vocabulaire
qui rend possibles ces deux traductions en sens inverse.

Mais qui traduit, trahit; *traduttore, traditore*; il n'y a
jamais adéquation complète entre les deux textes qu'une
version fait correspondre l'un à l'autre. Entre les faits concrets,
tels que le physicien les observe, et les symboles numériques
par lesquels ces faits sont représentés dans les calculs du
théoricien, la différence est extrême. Cette différence, nous
aurons, plus tard, occasion de l'analyser et d'en marquer les
principaux caractères. Pour le moment, un seul de ces caractères va retenir notre attention.

Considérons, tout d'abord, ce que nous nommerons un fait
théorique, c'est-à-dire cet ensemble de données mathématiques par lesquelles un fait concret est remplacé dans les raisonnements et les calculs du théoricien. Prenons, par exemple, ce
fait: la température est distribuée de telle manière sur tel corps.

Dans un tel *fait théorique*, il n'y a rien de vague, rien d'indécis; tout est déterminé d'une manière précise; le corps étudié est défini géométriquement; ses arêtes sont de véritables lignes sans épaisseur, ses pointes de véritables points sans dimensions; les diverses longueurs, les divers angles qui déterminent sa figure sont exactement connus; à chaque point de ce corps correspond une température, et cette température est, pour chaque point, un nombre qui ne se confond avec aucun autre nombre.

En face de ce *fait théorique*, plaçons le *fait pratique* dont il est la traduction. Ici, plus rien de la précision que nous constations il y a un instant. Le corps n'est plus un solide géométrique; c'est un bloc concret; si aiguës que soient ses arêtes, chacune d'elles n'est plus l'intersection géométrique de deux surfaces, mais une échine plus ou moins arrondie, plus ou moins dentelée; ses pointes sont plus ou moins écachées et émoussées; le thermomètre ne nous donne plus la température en chaque point, mais une sorte de température moyenne relative à un certain volume dont l'étendue même ne peut pas être très exactement fixée; nous ne saurions, d'ailleurs, affirmer que cette température est tel nombre, à l'exclusion de tout autre nombre; nous ne saurions déclarer, par exemple, que cette température est rigoureusement égale à 10°; nous pouvons seulement affirmer que la différence entre cette température et 10° ne surpasse pas une certaine fraction de degré dépendant de la précision de nos méthodes thermométriques.

Ainsi, tandis que les contours de l'image sont arrêtés par un trait d'une précise dureté, les contours de l'objet sont flous, enveloppés, estompés. Il est impossible de décrire le fait pratique sans atténuer par l'emploi des mots *à peu près*, ce que chaque proposition a de trop déterminé; au contraire, tous les éléments qui constituent le fait théorique sont définis avec une rigoureuse exactitude.

De là cette conséquence : *une infinité de faits théoriques différents peuvent être pris pour traduction d'un même fait pratique.*

Dire, par exemple, dans l'énoncé du fait théorique, que telle ligne a une longueur de 1 centimètre, ou de 0,999 cm, ou de 0,993 cm, ou de 1,002 cm, ou de 1,003 cm, c'est formuler des propositions qui, pour le mathématicien, sont essentiellement différentes ; mais c'est ne rien changer au fait pratique dont le fait théorique est la traduction, si nos moyens de mesure ne nous permettent pas d'apprécier les longueurs inférieures au dixième de millimètre. Dire que la température d'un corps est 10°, ou 9°99, ou 10°01, c'est formuler trois faits théoriques incompatibles ; mais ces trois faits théoriques incompatibles correspondent à un seul et même fait pratique, si la précision de notre thermomètre n'atteint pas au cinquantième degré.

Un fait pratique ne se traduit donc pas par un fait théorique unique, mais par une sorte de faisceau qui comprend une infinité de faits théoriques différents ; chacun des éléments mathématiques qui se réunissent pour constituer un de ces faits peut varier d'un fait à l'autre ; mais la variation dont chacun de ces éléments est susceptible ne peut excéder une certaine limite ; cette limite est celle de l'erreur qui peut entacher la mesure de cet élément ; plus les méthodes de mesure sont parfaites, plus l'approximation qu'elles comportent est grande, plus cette limite est étroite ; mais elle ne resserre jamais au point de s'évanouir.

2. *Déductions mathématiques physiquement utiles ou inutiles*

Ces remarques sont bien simples ; elles sont familières au physicien au point d'être banales ; elles n'en ont pas moins, pour le développement mathématique d'une théorie physique, de graves conséquences.

Lorsque les données numériques d'un calcul sont fixées d'une manière précise, ce calcul, si long et si compliqué soit-il, fait également connaître l'exacte valeur numérique du résultat. Si l'on change la valeur des données, on change, en général, la valeur du résultat. Partant, lorsqu'on aura représenté les conditions d'une expérience par un fait théorique nettement défini, le développement mathématique représentera, par un autre fait théorique nettement défini, le résultat que doit fournir cette expérience ; si l'on change le fait théorique qui traduit les conditions de l'expérience, le fait théorique qui en traduit le résultat changera également. Si, par exemple, dans la formule, déduite des hypothèses thermodynamiques, qui relie le point de fusion de la glace à la pression, nous remplaçons la lettre P, qui représente la pression, par un certain nombre, nous connaîtrons le nombre qu'il faut substituer à la lettre T, symbole de la température de fusion ; si nous changeons la valeur numérique attribuée à la pression, nous changerons aussi la valeur numérique du point de fusion.

Or, selon ce que nous avons vu au paragraphe l, si l'on se donne d'une manière concrète les conditions d'une expérience, on ne pourra pas les traduire par un fait théorique déterminé sans ambiguïté ; on devra leur faire correspondre tout un faisceau de faits théoriques, en nombre infini. Dès lors, les calculs du théoricien ne présageront pas le résultat de l'expérience sous forme d'un fait théorique unique, mais sous forme d'une infinité de faits théoriques différents.

Pour traduire, par exemple, les conditions de notre expérience sur la fusion de la glace, nous ne pourrons pas substituer au symbole P de la pression une seule et unique valeur numérique, la valeur 10 atmosphères, par exemple ; si l'erreur que comporte l'emploi de notre manomètre a pour limite le dixième d'atmosphère, nous devrons supposer que P puisse prendre toutes les valeurs comprises entre 9,95atm et 10,05atm. Naturellement, à chacune de ces valeurs de la

pression, notre formule fera correspondre une valeur différente du point de fusion de la glace.

Ainsi les conditions d'une expérience, données d'une
manière concrète, se traduisent par un faisceau de faits théoriques ; à ce premier faisceau de faits théoriques, le développement mathématique de la théorie en fait correspondre un
second, destiné à figurer le résultat de l'expérience.

Ces derniers faits théoriques ne pourront nous servir sous
la forme même où nous les obtenons ; il nous les faudra
traduire et mettre sous forme de faits pratiques ; alors seulement nous connaîtrons vraiment le résultat que la théorie
assigne à notre expérience. Nous ne devrons pas, par exemple,
nous arrêter lorsque nous aurons tiré de notre formule thermodynamique diverses valeurs numériques de la lettre T ; il nous
faudra chercher à quelles indications réellement observables,
lisibles sur l'échelle graduée de notre thermomètre, correspondent ces indications.

Or, lorsque nous aurons fait cette nouvelle traduction,
inverse de celle qui nous occupait tout à l'heure, ce *thème*,
destiné à transformer les faits théoriques en faits pratiques,
qu'aurons-nous obtenu ?

Il pourra se faire que le faisceau de faits théoriques, en
nombre infini, par lequel la déduction mathématique assigne à
notre expérience le résultat qu'elle doit produire, ne nous fournisse pas, après traduction, plusieurs faits pratiques différents,
mais un seul et unique fait pratique. Il pourra arriver, par exemple, que deux des valeurs numériques trouvées pour la lettre T
ne diffèrent jamais d'un centième de degré, et que le centième
degré marque la sensibilité limite de notre thermomètre, en
sorte que toutes ces valeurs théoriques différentes de T correspondent, pratiquement, à une seule et même lecture sur
l'échelle du thermomètre.

Dans un semblable cas, la déduction mathématique
aura atteint son but ; elle nous aura permis d'affirmer qu'en
vertu des hypothèses sur lesquelles repose la théorie, telle

expérience, faite dans telles conditions pratiquement données, doit fournir tel résultat concret et observable ; elle aura rendu possible la comparaison entre les conséquences de la théorie et les faits.

Mais il n'en sera pas toujours ainsi. À la suite de la déduction mathématique, une infinité de faits théoriques se présentent comme conséquences possibles de notre expérience ; en traduisant ces faits théoriques en langage concret, il pourra se faire que nous n'obtenions plus un fait pratique unique, mais plusieurs faits pratiques que la sensibilité de nos instruments nous permettra de distinguer les uns des autres. Il pourra se faire, par exemple, que les diverses valeurs numériques données par notre formule thermodynamique pour le point de fusion de la glace présentent, de l'une à l'autre, un écart atteignant un dixième de degré, ou même un degré, tandis que notre thermomètre nous permet d'apprécier le centième de degré. Dans ce cas, la déduction mathématique aura perdu son utilité ; les conditions d'une expérience étant pratiquement données, nous ne pourrons plus annoncer, d'une manière pratiquement déterminée, le résultat qui doit être observé.

Une déduction mathématique, issue des hypothèses sur lesquelles repose une théorie, peut donc être utile ou oiseuse selon que, des conditions *pratiquement données* d'une expérience, elle permet ou non de tirer la prévision *pratiquement déterminée* du résultat.

Cette appréciation de l'utilité d'une déduction mathématique n'est pas toujours absolue ; elle dépend du degré de sensibilité des appareils qui doivent servir à observer le résultat de l'expérience. Supposons, par exemple, qu'à une pression pratiquement donnée, notre formule thermodynamique fasse correspondre un faisceau de points de fusion de la glace ; qu'entre deux de ces points de fusion, la différence surpasse parfois un centième de degré, mais qu'elle n'atteigne jamais un dixième de degré ; la déduction mathématique qui a fourni cette formule sera réputée utile par le physicien dont le thermomètre apprécie seulement le dixième de degré, et inutile par le physicien dont l'instrument décide sûrement un écart de température d'un centième de degré. On voit par là combien le jugement porté sur l'utilité d'un développement mathématique pourra varier d'une époque à l'autre, d'un laboratoire à l'autre, d'un physicien à l'autre, selon l'habileté des constructeurs, selon la perfection de l'outillage, selon l'usage auquel on destine les résultats de l'expérience.

Cette appréciation peut dépendre aussi de la sensibilité des moyens de mesure qui servent à traduire en nombre les conditions pratiquement données de l'expérience.

Reprenons la formule de thermodynamique qui nous a constamment servi d'exemple. Nous sommes en possession d'un thermomètre qui distingue avec certitude une différence de température d'un centième de degré; pour que notre formule nous annonce, sans ambiguïté pratique, le point de fusion de la glace sous une pression donnée, il sera nécessaire et suffisant qu'elle nous fasse connaître au centième de degré près la valeur numérique de la lettre T.

Or, si nous employons un manomètre grossier, incapable de distinguer deux pressions lorsque leur différence n'atteint pas dix atmosphères, il peut arriver qu'une pression pratiquement donnée corresponde, dans la formule, à des points de fusion s'écartant les uns des autres de plus d'un centième de degré; tandis que si nous déterminions la pression avec un manomètre plus sensible, discernant sûrement deux pressions qui diffèrent d'une atmosphère, la formule ferait correspondre à une pression donnée un point de fusion connu avec une approximation supérieure au centième de degré. Inutile lorsqu'on fait usage du premier manomètre, la formule deviendrait utile si l'on se servait du second.

3. *Exemple de déduction mathématique à tout jamais inutilisable*

Dans le cas que nous venons de prendre pour exemple, nous avons augmenté la précision des procédés de mesure qui servaient à traduire en faits théoriques les conditions pratiquement données de l'expérience ; par là, nous avons resserré de plus en plus le faisceau de faits théoriques que cette traduction fait correspondre à un fait pratique unique ; en même temps, le faisceau de faits théoriques par lequel notre déduction mathématique représente le résultat annoncé de l'expérience s'est resserré, lui aussi ; il est devenu assez étroit pour que nos procédés de mesure lui fassent correspondre un fait pratique unique ; à ce moment, notre déduction mathématique est devenue utile.

Il semble qu'il en doive toujours être ainsi. Si, comme donnée, on prend un fait théorique unique, la déduction mathématique lui fait correspondre un autre fait théorique unique ; dès lors, on est naturellement porté à formuler cette conclusion : quelque délié que soit le faisceau de faits théoriques qu'on souhaite d'obtenir comme résultat, la déduction mathématique pourra toujours lui assurer cette minceur, pourvu qu'on resserre suffisamment le faisceau de faits théoriques qui représente les données.

Si cette intuition atteignait la vérité, une déduction mathématique issue des hypothèses sur lesquelles repose une théorie physique ne pourrait jamais être inutile que d'une manière relative et provisoire ; quelque délicats que soient les procédés destinés à mesurer les résultats d'une expérience, on pourrait toujours, en rendant assez précis et assez minutieux les moyens par lesquels on traduit en nombres les conditions de cette expérience, faire en sorte que, de conditions pratiquement déterminées, notre déduction tire un résultat pratiquement unique. Une déduction, aujourd'hui inutile, deviendrait utile le jour où l'on accroîtrait notablement la sensibilité des instruments qui servent à apprécier les conditions de l'expérience.

Le mathématicien moderne se tient fort en garde contre ces apparentes évidences qui, si souvent, ne sont que piperies. Celle que nous venons d'invoquer n'est qu'un leurre. On peut citer des cas où elle est en contradiction manifeste avec la vérité. Telle déduction, à un fait théorique unique, pris comme donnée, fait correspondre, à titre de résultat, un fait théorique unique. Si la donnée est un faisceau de faits théoriques, le résultat est un autre faisceau de faits théoriques. Mais on a beau resserrer indéfiniment le premier faisceau, le rendre aussi délié que possible, on n'est pas maître de diminuer autant qu'on le veut l'écartement du second faisceau; bien que le premier faisceau soit infiniment étroit, les brins qui forment le second faisceau divergent et se séparent les uns des autres, sans qu'on puisse réduire leurs mutuels écarts au-dessous d'une certaine limite. Une telle déduction mathématique est et restera toujours inutile au physicien; quelque précis et minutieux que soient les instruments par lesquels les conditions de l'expérience seront traduites en nombres, toujours, à des conditions expérimentales pratiquement déterminées, cette déduction fera correspondre une infinité de résultats pratiques différents; elle ne permettra plus d'annoncer d'avance ce qui doit arriver en des circonstances données.

D'une telle déduction, à tout jamais inutile, les recherches de M. J. Hadamard nous fournissent un exemple bien saisissant; il est emprunté à l'un des problèmes les plus simples qu'ait à traiter la moins compliquée des théories physiques, la mécanique.

Une masse matérielle glisse sur une surface; aucune pesanteur, aucune force ne la sollicite; aucun frottement ne gêne son mouvement. Si la surface sur laquelle elle doit demeurer est un plan, elle décrit une ligne droite avec une vitesse uniforme; si la surface est une sphère, elle décrit un arc de grand cercle, également avec une vitesse uniforme.

Si notre point matériel se meut sur une surface quelconque, il décrit une ligne que les géomètres nomment une *ligne géodésique* de la surface considérée. Lorsqu'on se donne la position initiale de notre point matériel et la direction de sa vitesse initiale, la géodésique qu'il doit décrire est bien déterminée.

Les recherches de M. Hadamard[1] ont porté, en particulier, sur les géodésiques des surfaces à courbures opposées, à connexions multiples, qui présentent des nappes infinies; sans nous attarder ici à définir géométriquement de semblables surfaces, bornons-nous à en donner un exemple.

Imaginons le front d'un taureau, avec les éminences d'où partent les cornes et les oreilles, et les cols qui se creusent entre ces éminences; mais allongeons sans limite ces cornes et ces oreilles, de telle façon qu'elles s'étendent à l'infini; nous aurons une des surfaces que nous voulons étudier.

Sur une telle surface, les géodésiques peuvent présenter bien des aspects différents.

Il est, d'abord, des géodésiques qui se ferment sur elles-mêmes. Il en est aussi qui, sans jamais repasser exactement par leur point de départ, ne s'en éloignent jamais infiniment; les unes tournent sans cesse autour de la corne droite, les autres autour de la corne gauche, ou de l'oreille droite, ou de l'oreille gauche; d'autres, plus compliquées, font alterner suivant certaines règles les tours qu'elles décrivent autour d'une corne avec les tours qu'elles décrivent autour de l'autre corne, ou de l'une des oreilles. Enfin, sur le front de notre taureau aux cornes et aux oreilles illimitées, il y aura des géodésiques qui s'en iront à l'infini, les unes en gravissant la corne droite, les autres en gravissant la corne gauche, d'autres encore en suivant l'oreille droite ou l'oreille gauche.

1. J. Hadamard, «Les surfaces à courbures opposées et leurs lignes géodésiques», *Journal de Mathématiques pures et appliquées*, 1898, 5e série, t. IV, p. 27.

Malgré cette complication, si l'on connaît avec une entière exactitude la position initiale d'un point matériel sur ce front de taureau et la direction de la vitesse initiale, la ligne géodésique que ce point suivra dans son mouvement sera déterminée sans aucune ambiguïté. On saura très certainement, en particulier, si le mobile doit demeurer toujours à distance finie ou s'il s'éloignera indéfiniment pour ne plus jamais revenir.

Il en sera tout autrement si les conditions initiales ne sont pas données mathématiquement, mais pratiquement ; la position initiale de notre point matériel ne sera plus un point déterminé sur la surface, mais un point quelconque pris à l'intérieur d'une petite tache ; la direction de la vitesse initiale ne sera plus une droite définie sans ambiguïté, mais une quelconque des droites que comprend un étroit faisceau dont le contour de la petite tache forme le lien ; à nos données initiales pratiquement déterminées correspondra, pour le géomètre, une infinie multiplicité de donnes initiales différentes.

Imaginons que certaines de ces données géométriques correspondent à une ligne géodésique qui ne s'éloigne pas à l'infini, par exemple, à une ligne géodésique qui tourne sans cesse autour de la corne droite. La géométrie nous permet d'affirmer ceci : parmi les données mathématiques innombrables qui correspondent aux mêmes données pratiques, il en est qui déterminent une géodésique s'éloignant indéfiniment de son point de départ ; après avoir tourné un certain nombre de fois autour de la corne droite, cette géodésique s'en ira à l'infini soit sur la corne droite, soit sur la corne gauche, soit sur l'oreille droite, soit sur l'oreille gauche. Il y a plus ; malgré les limites étroites qui resserrent les données géométriques capables de représenter nos données pratiques, on peut toujours prendre ces données géométriques de telle sorte que la géodésique s'éloigne sur celle des nappes infinies qu'on aura choisie d'avance.

On aura beau augmenter la précision avec laquelle sont déterminées les données pratiques, rendre plus petite la tache où se trouve la position initiale du point matériel, resserrer le faisceau qui comprend la direction initiale de la vitesse, jamais la géodésique qui demeure à distance finie en tournant sans cesse autour de la corne droite ne pourra être débarrassée de ces compagnes infidèles qui, après avoir tourné comme elle autour de la même corne, s'écarteront indéfiniment. Le seul effet de cette plus grande précision dans la fixation des données initiales sera d'obliger ces géodésiques à décrire un plus grand nombre de tours embrassant la corne droite avant de produire leur branche infinie; mais cette branche infinie ne pourra jamais être supprimée.

Si donc un point matériel est lancé sur la surface étudiée à partir d'une position géométriquement donnée, avec une vitesse géométriquement donnée, la déduction mathématique peut déterminer la trajectoire de ce point et dire si cette trajectoire s'éloigne ou non à l'infini. Mais, pour le physicien, cette déduction est à tout jamais inutilisable. Lorsqu'en effet les données ne sont plus connues géométriquement, mais sont déterminées par des procédés physiques, si précis qu'on les suppose, la question posée demeure et demeurera toujours sans réponse.

4. *Les mathématiques de l'à-peu-près*

L'exemple que nous venons d'analyser nous est fourni, avons-nous dit, par l'un des problèmes les plus simples qu'ait à traiter la mécanique, c'est-à-dire la moins complexe des théories physiques. Cette simplicité extrême a permis à M. Hadamard de pénétrer dans l'étude du problème assez avant pour mettre à nu l'inutilité physique absolue, irrémédiable, de certaines déductions mathématiques. Cette décevante conclusion ne se rencontrerait-elle pas dans une foule d'autres problèmes plus compliqués, s'il était possible d'en analyser d'assez près la solution? La réponse à cette question ne paraît guère douteuse; les progrès des sciences

mathématiques nous prouveront sans doute qu'une foule de
problèmes, bien définis pour le géomètre, perdent tout sens
pour le physicien.

En voici un[1] qui est bien célèbre, et dont le rapprochement
s'impose avec celui qu'a traité M. Hadamard.

Pour étudier les mouvements des astres qui composent
le système solaire, les géomètres remplacent tous ces astres :
Soleil, planètes grosses ou petites, satellites, par des points
matériels ; ils supposent que ces points s'attirent deux à deux
proportionnellement au produit des masses du couple et en
raison inverse du carré de la distance qui en sépare les deux
éléments. L'étude du mouvement d'un semblable système est
un problème beaucoup plus compliqué que celui dont nous
avons parlé aux pages précédentes ; il est célèbre dans la
science sous le nom de problème des n corps ; lors même que le
nombre des corps soumis à leurs actions mutuelles est réduit
à 3, le *problème des trois corps* demeure pour les géomètres
une redoutable énigme.

Néanmoins, si l'on connaît à un instant donné, avec une
précision mathématique, la position et la vitesse de chacun des
astres qui composent le système, on peut affirmer que chaque
astre suit, à partir de cet instant, une trajectoire parfaitement
définie ; la détermination effective de cette trajectoire peut
opposer aux efforts des géomètres des obstacles qui sont loin
d'être levés ; il est permis, toutefois, de supposer qu'un jour
viendra où ces obstacles seront renversés.

Dès lors, le géomètre peut se poser la question suivante :
les positions et les vitesses des astres qui composent le système
solaire étant ce qu'elles sont aujourd'hui, ces astres conti-
nueront-ils tous et indéfiniment à tourner autour du Soleil ?
N'arrivera-t-il pas, au contraire, qu'un de ces astres finisse par
s'écarter de l'essaim de ses compagnons pour aller se perdre

---

1. J. Hadamard, « Les surfaces à courbures opposées et leurs lignes
géodésiques », *op. cit.*, p. 71.

dans l'immensité ? Cette question constitue le problème de la *stabilité du système solaire*, que Laplace avait cru résoudre, dont les efforts des géomètres modernes et, en particulier, de M. Poincaré, ont surtout montré l'extrême difficulté.

Pour le mathématicien, le problème de la stabilité du système solaire a certainement un sens, car les positions initiales des astres et leurs vitesses initiales sont, pour lui, des éléments connus avec une précision mathématique. Mais, pour l'astronome, ces éléments ne sont déterminés que par des procédés physiques ; ces procédés comportent des erreurs que les perfectionnements apportés aux instruments et aux méthodes d'observation réduisent de plus en plus, mais qu'ils n'annuleront jamais. Il se pourrait, dès lors, que le problème de la stabilité du système solaire fût, pour l'astronome, une question dénuée de tout sens ; les données pratiques qu'il fournit au géomètre équivalent, pour celui-ci, à une infinité de données théoriques voisines les unes des autres, mais cependant distinctes ; peut-être, parmi ces données, en est-il qui maintiendraient éternellement tous les astres à distance finie, tandis que d'autres rejetteraient quelqu'un des corps célestes dans l'immensité. Si une telle circonstance, analogue à celle qui s'est offerte dans le problème traité par M. Hadamard, se présentait ici, toute déduction mathématique relative à la stabilité du système solaire serait, pour le physicien, une déduction à tout jamais inutilisable.

On ne peut parcourir les nombreuses et difficiles déductions de la mécanique céleste et de la physique mathématique, sans redouter, pour beaucoup de ces déductions, une condamnation à l'éternelle stérilité.

En effet, une déduction mathématique n'est pas utile au physicien tant qu'elle se borne à affirmer que telle proposition, *rigoureusement* vraie, a pour conséquence l'exactitude *rigoureuse* de telle autre proposition. Pour être utile au physicien, il lui faut encore prouver que la seconde proposition reste *à peu près* exacte lorsque la première est seulement *à peu près* vraie.

Et cela ne suffit pas encore ; il lui faut délimiter l'amplitude de ces deux à-peu-près ; il lui faut fixer les bornes de l'erreur qui peut être commise sur le résultat, lorsque l'on connaît le degré de précision des méthodes qui ont servi à mesurer les données ; il lui faut définir le degré d'incertitude qu'on pourra accorder aux données lorsqu'on voudra connaître le résultat avec une approximation déterminée.

Telles sont les conditions rigoureuses qu'on est tenu d'imposer à la déduction mathématique si l'on veut que cette langue, d'une précision absolue, puisse traduire, sans le trahir le langage du physicien ; car les termes de ce dernier langage sont et seront toujours vagues et imprécis, comme les perceptions qu'ils doivent exprimer. À ces conditions, mais à ces conditions seulement, on aura une représentation mathématique de l'*à-peu-près*.

Mais qu'on ne s'y trompe pas ; ces *mathématiques de l'à-peu-près* ne sont pas une forme plus simple et plus grossière des mathématiques ; elles en sont, au contraire, une forme plus complète, plus raffinée ; elles exigent la solution de problèmes parfois fort difficiles, parfois même transcendants aux méthodes dont dispose l'algèbre actuelle.

II. LA THÉORIE PHYSIQUE ET L'EXPÉRIENCE
(*La Théorie physique : son objet, sa structure*, 2ᵉ partie, chapitre 6, § 1-4)

1. *Le contrôle expérimental d'une théorie n'a pas, en physique, la même simplicité logique qu'en physiologie*

La théorie physique n'a d'autre objet que de fournir une représentation et une classification des lois expérimentales[1] ; la seule épreuve qui permette de juger une théorie physique,

1. [N.d.T.] cf. *La Théorie physique*, 1ʳᵉ partie, chap. 2 : « Théorie physique et classification naturelle ».

de la déclarer bonne ou mauvaise, c'est la comparaison entre les conséquences de cette théorie et les lois expérimentales qu'elle doit figurer et grouper. Maintenant que nous avons minutieusement analysé les caractères d'une expérience de physique et d'une loi physique[1], nous pouvons fixer les principes qui doivent régir la comparaison entre l'expérience et la théorie ; nous pouvons dire comment on reconnaîtra si une théorie est confirmée ou infirmée par les faits.

Beaucoup de philosophes, lorsqu'ils parlent des sciences expérimentales, ne songent qu'aux sciences encore voisines de leur origine, comme la physiologie, comme certaines branches de la chimie, où le chercheur raisonne directement sur les faits, où la méthode dont il use n'est que le sens commun rendu plus attentif, où la théorie mathématique n'a point encore introduit ses représentations symboliques. En de telles sciences, la comparaison entre les déductions d'une théorie et les faits d'expérience est soumise à des règles très simples ; ces règles ont été formulées d'une manière particulièrement forte par Claude Bernard, qui les condensait en ce principe unique :

> L'expérimentateur doit douter, fuir les idées fixes et garder toujours sa liberté d'esprit.
> La première condition que doit remplir un savant qui se livre à l'investigation dans les phénomènes naturels, c'est de conserver une entière liberté d'esprit assise sur le doute philosophique[2].

Que la théorie suggère des expériences à réaliser, rien de mieux ;

> nous pouvons suivre notre sentiment et notre idée, donner carrière à notre imagination, pourvu que toutes nos idées ne soient que des prétextes à instituer des expériences nouvelles

---

1. [N.d.T.] *La Théorie physique*, 2ᵉ partie, chap. 4 : « L'expérience en physique » ; chap. 5 : « La loi physique ».

2. Cl. Bernard, *Introduction à la Médecine expérimentale*, Paris, 1865, p. 63 ; Flammarion, 1984, p. 68-69.

qui puissent nous fournir des faits probants ou inattendus et féconds[1].

Une fois l'expérience faite et les résultats nettement constatés, que la théorie s'en empare pour les généraliser, les coordonner, en tirer de nouveaux sujets d'expérience, rien de mieux encore ;

> si l'on est bien imbu des principes de la méthode, expérimentale, on n'a rien à craindre ; car tant que l'idée est juste, on continue à la développer ; quand elle est erronée, l'expérience est là pour la rectifier[2].

Mais tant que dure l'expérience, la théorie doit demeurer à la porte, sévèrement consignée, du laboratoire ; elle doit garder le silence et laisser, sans le troubler, le savant face à face avec les faits ; ceux-ci doivent être observés sans idée préconçue, recueillis avec la même impartialité minutieuse, soit qu'ils confirment les prévisions de la théorie, soit qu'ils les contredisent ; la relation que l'observateur nous donnera de son expérience doit être un décalque fidèle et scrupuleusement exact des phénomènes ; elle ne doit pas même nous laisser deviner quel est le système en lequel le savant a confiance, quel est celui dont il se méfie.

> Les hommes qui ont une foi excessive dans leurs théories ou dans leurs idées sont non seulement mal disposés pour faire des découvertes, mais ils font encore de très mauvaises observations. Ils observent nécessairement avec une idée préconçue et, quand ils ont institué une expérience, ils ne veulent voir dans ses résultats qu'une confirmation de leur théorie. Ils défigurent ainsi l'observation et négligent souvent des faits très importants, parce qu'ils ne concourent pas à leur but. C'est ce qui nous a fait dire ailleurs qu'il ne fallait jamais faire des expériences pour confirmer ses idées, mais simplement pour les contrôler […].

1. *Ibid.*, p. 64 ; Flammarion, 1984, p. 69.
2. *Ibid.*, p. 60 ; Flammarion, 1984, p. 73.

Mais il arrive tout naturellement que ceux qui croient trop à leurs théories ne croient pas assez à celles des autres. Alors l'idée dominante de ces contempteurs d'autrui est de trouver les théories des autres en défaut et de chercher à les contredire. L'inconvénient pour la science reste le même. Ils ne font des expériences que pour détruire une théorie au lieu de les faire pour chercher la vérité. Ils font également de mauvaises observations parce qu'ils ne prennent dans les résultats de leurs expériences que ce qui convient à leur but en négligeant ce qui ne s'y rapporte pas, et en écartant bien soigneusement tout ce qui pourrait aller dans le sens de l'idée qu'ils veulent combattre. On est donc conduit ainsi par deux voies opposées au même résultat, c'est-à-dire à fausser la science et les faits.

La conclusion de tout ceci est qu'il faut effacer son opinion aussi bien que celle des autres devant les décisions de l'expérience ; [...] qu'il faut accepter les résultats de l'expérience tels qu'ils se présentent, avec tout leur imprévu et leurs accidents [1].

Voici, par exemple, un physiologiste ; il admet que les racines antérieures de la moelle épinière renferment les cordons nerveux moteurs et les racines postérieures, les cordons sensitifs ; la théorie qu'il accepte le conduit à imaginer une expérience ; s'il coupe telle racine antérieure, il doit supprimer la motilité de telle partie du corps sans en abolir la sensibilité ; lorsqu'après avoir sectionné cette racine il observe les conséquences de son opération, lorsqu'il en rend compte, il doit faire abstraction de toutes ses idées touchant la physiologie de la moelle ; sa relation doit être une description brute des faits ; il ne lui est pas permis de passer sous silence un mouvement, un tressaillement contraire à ses prévisions ; il ne lui est pas permis de l'attribuer à quelque cause secondaire, à moins qu'une expérience spéciale n'ait mis cette cause en évidence ; il doit, s'il ne veut être accusé de mauvaise foi scientifique, établir une séparation absolue, une cloison

---

1. *Ibid.*, p. 67 ; Flammarion, 1984, p. 71-72.

étanche, entre les conséquences de ses déductions théoriques et la constatation des faits que lui révèlent ses expériences.

Une telle règle n'est point aisée à suivre; elle exige du savant un détachement absolu de son propre sentiment, une complète absence d'animosité à l'encontre de l'opinion d'autrui; la vanité comme l'envie ne doivent pas monter jusqu'à lui; comme dit Bacon, « il ne doit jamais avoir l'œil humecté par les passions humaines ». La liberté d'esprit qui constitue, selon Claude Bernard, le principe unique de la méthode expérimentale, ne dépend pas seulement de conditions intellectuelles, mais aussi de conditions morales qui en rendent la pratique plus rare et plus méritoire.

Mais si la méthode expérimentale, telle qu'elle vient d'être décrite, est malaisée à pratiquer, l'analyse logique en est fort simple. Il n'en est pas de même lorsque la théorie qu'il s'agit de soumettre au contrôle des faits n'est plus une théorie de physiologie, mais une théorie de physique. Ici, en effet, il ne peut plus être question de laisser à la porte du laboratoire la théorie qu'on veut éprouver, car, sans elle, il n'est pas possible de régler un seul instrument, d'interpréter une seule lecture; nous l'avons vu, à l'esprit du physicien qui expérimente, deux appareils sont constamment présents; l'un est l'appareil concret, en verre, en métal, qu'il manipule; l'autre est l'appareil schématique et abstrait que la théorie substitue à l'appareil concret, et sur lequel le physicien raisonne; ces deux idées sont indissolublement liées dans son intelligence; chacune d'elles appelle nécessairement l'autre; le physicien ne peut pas plus concevoir l'appareil concret sans lui associer la notion de l'appareil schématique qu'un français ne peut concevoir une idée sans lui associer le mot français qui l'exprime. Cette impossibilité radicale, qui empêche de dissocier les théories de la physique d'avec les procédés expérimentaux propres à contrôler ces mêmes théories, complique singulièrement ce contrôle et nous oblige à en examiner minutieusement le sens logique.

À dire vrai, le physicien n'est pas le seul qui fasse appel aux théories dans le moment même qu'il expérimente ou qu'il relate le résultat de ses expériences; le chimiste, le physiologiste, lorsqu'ils font usage des instruments de physique, du thermomètre, du manomètre, du calorimètre, du galvanomètre, du saccharimètre, admettent implicitement l'exactitude des théories qui justifient l'emploi de ces appareils, des théories qui donnent un sens aux notions abstraites de température, de pression, de quantité de chaleur, d'intensité de courant, de lumière polarisée, par lesquelles on traduit les indications concrètes de ces instruments. Mais les théories dont ils font usage, comme les instruments qu'ils emploient, sont du domaine de la physique; en acceptant, avec les instruments, les théories sans lesquelles leurs indications seraient dénuées de sens, c'est au physicien que le chimiste et le physiologiste donnent leur confiance, c'est le physicien qu'ils supposent infaillible. Le physicien, au contraire, est obligé de se fier à ses propres idées théoriques ou à celles de ses semblables. Au point de vue logique, la différence est de peu d'importance; pour le physiologiste, pour le chimiste, comme pour le physicien, l'énoncé du résultat d'une expérience implique, en général, un acte de foi en tout un ensemble de théories.

2. *Qu'une expérience de physique ne peut jamais condamner une hypothèse isolée, mais seulement tout un ensemble théorique*

Le physicien qui exécute une expérience ou en rend compte reconnaît implicitement l'exactitude de tout un ensemble de théories. Admettons ce principe et voyons quelles conséquences on en peut déduire lorsqu'on cherche à apprécier le rôle et la portée logique d'une expérience de physique.

Pour éviter toute confusion, nous distinguerons deux sortes d'expériences; les expériences d'*application*, dont nous dirons un mot tout d'abord, et les expériences d'*épreuve*, qui doivent surtout nous occuper.

Vous êtes en présence d'un problème de physique à résoudre pratiquement; pour produire tel ou tel effet, vous voulez faire usage des connaissances acquises par les physiciens; vous voulez, par exemple, allumer une lampe électrique à incandescence; les théories admises vous indiquent le moyen de résoudre le problème; mais pour faire usage de ce moyen, vous devez vous procurer certains renseignements; vous devez, je suppose, déterminer la force électromotrice de la batterie d'accumulateurs dont vous disposez; vous mesurez cette force électromotrice; voilà une *expérience d'application*; cette expérience n'a pas pour but de reconnaître si les théories admises sont ou ne sont pas exactes; elle se propose simplement de tirer parti de ces théories; pour l'effectuer, vous faites usage d'instruments que légitiment ces mêmes théories; il n'y a rien là qui choque la logique.

Mais les expériences d'application ne sont pas les seules que le physicien ait à faire; c'est par elles seulement que la science peut aider la pratique; ce n'est point par elles que la science se crée et se développe; à côté des expériences d'application, il y a les *expériences d'épreuve*.

Un physicien conteste telle loi; il révoque en doute tel point de théorie; comment justifiera-t-il ses doutes? Comment démontrera-t-il l'inexactitude de la loi? De la proposition incriminée, il fera sortir la prévision d'un fait d'expérience; il réalisera les conditions dans lesquelles ce fait doit se produire; si le fait annoncé ne se produit pas, la proposition qui l'avait prédit sera irrémédiablement condamnée.

F.-E. Neumann a supposé que, dans un rayon de lumière polarisée, la vibration était parallèle au plan de polarisation; beaucoup de physiciens ont révoqué cette proposition en doute: comment M. O. Wiener s'y est-il pris pour transformer ce doute en certitude, pour condamner la proposition de Neumann? Il a déduit de cette proposition la conséquence que voici : si l'on fait interférer un faisceau lumineux, réfléchi à 45° sur une lame de verre, avec le faisceau incident, polarisé perpendiculairement au plan d'incidence, il doit se produire des franges, alternativement claires et obscures, parallèles à la surface réfléchissante ; il a réalisé les conditions dans lesquelles ces franges devaient se produire et montré que le phénomène prévu ne se manifestait pas ; il en a conclu que la proposition de F.-E. Neumann était fausse ; que, dans un rayon polarisé, la vibration n'était pas parallèle au plan de polarisation.

Un pareil mode de démonstration semble aussi convaincant, aussi irréfutable que la réduction à l'absurde usuelle aux géomètres ; c'est, du reste, sur la réduction à l'absurde que cette démonstration est calquée, la contradiction expérimentale jouant dans l'une le rôle que la contradiction logique joue dans l'autre.

En réalité, il s'en faut bien que la valeur démonstrative de la méthode expérimentale soit aussi rigoureuse, aussi absolue ; les conditions dans lesquelles elle fonctionne sont beaucoup plus compliquées qu'il n'est supposé dans ce que nous venons de dire ; l'appréciation des résultats est beaucoup plus délicate et sujette à caution.

Un physicien se propose de démontrer l'inexactitude d'une proposition ; pour déduire de cette proposition la prévision d'un phénomène, pour instituer l'expérience qui doit montrer si ce phénomène se produit ou ne se produit pas, pour interpréter les résultats de cette expérience et constater que le phénomène prévu ne s'est pas produit, il ne se borne pas à faire usage de la proposition en litige ; il emploie encore tout un ensemble de théories, admises par lui sans conteste ; la prévision du phénomène dont la non-production doit trancher le débat ne découle pas de la proposition litigieuse prise isolément, mais de la proposition litigieuse jointe à tout cet ensemble de théories ; si le phénomène prévu ne se produit pas, ce n'est pas la proposition litigieuse seule qui est mise en défaut, c'est tout l'échafaudage théorique dont le physicien a fait usage; la seule chose que nous apprenne l'expérience, c'est que, parmi toutes les propositions qui ont servi à prévoir ce phénomène et à constater qu'il ne se produisait pas, il y a au moins une erreur; mais où gît cette erreur, c'est ce qu'elle ne nous dit pas. Le physicien déclare-t-il que cette erreur est précisément contenue dans la proposition qu'il voulait réfuter et non pas ailleurs? C'est qu'il admet implicitement l'exactitude de toutes les autres propositions dont il a fait usage; tant vaut cette confiance, tant vaut sa conclusion.

Prenons, par exemple, l'expérience imaginée par Zenker et réalisée par M. O. Wiener; pour prévoir la formation de franges dans certaines circonstances, montrer que ces franges ne se produisaient pas, M. O. Wiener n'a pas fait usage seulement de la proposition célèbre de F.-E. Neumann, de la proposition qu'il voulait réfuter; il n'a pas seulement admis que, dans un rayon polarisé, les vibrations étaient parallèles au plan de polarisation; il s'est servi, en outre, des propositions, des lois, des hypothèses, qui constituent l'optique communément acceptée; il a admis que la lumière consistait en vibrations périodiques simples; que ces vibrations étaient normales au rayon lumineux; qu'en chaque point, la force vive moyenne du mouvement vibratoire mesurait l'intensité lumineuse; que l'attaque plus ou moins complète d'une pellicule photographique marquait les divers degrés de cette intensité; c'est en joignant ces diverses propositions, et bien d'autres qu'il serait trop long d'énumérer, à celle de Neumann, qu'il a pu formuler une prévision et reconnaître que l'expérience démentait cette prévision; si, selon M. Wiener, le démenti s'adresse à la seule proposition de Neumann, si, seule, elle doit porter la responsabilité de l'erreur que ce démenti a mise en évidence, c'est que M. Wiener regarde comme hors de doute les autres propositions par lui invoquées. Mais cette confiance ne s'impose pas de nécessité logique; rien n'empêche de regarder comme exacte la proposition de F.-E. Neumann et de faire porter le poids de la contradiction expérimentale à quelque autre proposition de l'optique communément admise; on peut fort bien, comme l'a montré M. H. Poincaré, arracher l'hypothèse de Neumann aux prises de l'expérience de M. O. Wiener, mais à la condition de lui abandonner en échange l'hypothèse qui prend la force vive moyenne du mouvement vibratoire pour mesure de l'intensité lumineuse; on peut, sans être contredit par l'expérience, laisser la vibration parallèle au plan de polarisation, pourvu qu'on mesure l'intensité lumineuse par l'énergie potentielle moyenne du milieu que déforme le mouvement vibratoire.

Ces principes ont une telle importance qu'il ne sera peut-être pas inutile de les appliquer à un second exemple; choisissons encore une expérience regardée comme une des plus décisives de l'optique.

On sait que Newton a imaginé une théorie des phénomènes optiques, la théorie de l'émission. La théorie de l'émission suppose la lumière formée de projectiles excessivement ténus, lancés avec une extrême vitesse par le Soleil et les autres sources lumineuses; ces projectiles pénètrent tous les corps transparents; de la part des diverses portions des milieux au sein desquels ils se meuvent, ils subissent des actions attractives ou répulsives; très puissantes lorsque la distance qui sépare les particules agissantes est toute petite, ces actions s'évanouissent lorsque les masses entre lesquelles elles s'exercent s'écartent sensiblement. Ces hypothèses essentielles, jointes à plusieurs autres que nous passons sous silence, conduisent à formuler une théorie complète de la réflexion et de la réfraction de la lumière; en particulier, elles entraînent cette conséquence : l'indice de réfraction de la lumière passant d'un milieu dans un autre est égal à la vitesse du projectile lumineux au sein du milieu où il pénètre, divisée par la vitesse du même projectile au sein du milieu qu'il abandonne.

C'est cette conséquence qu'Arago a choisie pour mettre la théorie de l'émission en contradiction avec les faits; de cette

proposition, en effet, découle cette autre : la lumière marche
plus vite dans l'eau que dans l'air ; or, Arago avait indiqué un
procédé propre à comparer la vitesse de la lumière dans l'air à
la vitesse de la lumière dans l'eau ; le procédé, il est vrai, était
inapplicable, mais Foucault modifia l'expérience de telle
manière qu'elle pût être exécutée, et il l'exécuta ; il trouva
que la lumière se propageait moins vite dans l'eau que dans
l'air ; on en peut conclure, avec Foucault, que le système de
l'émission est incompatible avec les faits.

Je dis le *système* de l'émission et non l'*hypothèse* de
l'émission ; en effet, ce que l'expérience déclare entaché
d'erreur, c'est tout l'ensemble des propositions admises par
Newton, et, après lui, par Laplace et par Biot ; c'est la théorie
tout entière dont se déduit la relation entre l'indice de
réfraction et la vitesse de la lumière dans les divers milieux ;
mais en condamnant en bloc ce système, en déclarant qu'il est
entaché d'erreur, l'expérience ne nous dit pas où gît cette
erreur ; est-ce dans l'hypothèse fondamentale que la lumière
consiste en projectiles lancés avec une grande vitesse par les
corps lumineux ? Est-ce en quelque autre supposition touchant
les actions que les corpuscules lumineux subissent de la part
des milieux au sein desquels ils se meuvent ? Nous n'en savons
rien. Il serait téméraire de croire, comme Arago semble l'avoir
pensé, que l'expérience de Foucault condamne sans retour
l'hypothèse même de l'émission, l'assimilation d'un rayon de
lumière à une rafale de projectiles ; si les physiciens eussent
attaché quelque prix à ce labeur, ils fussent sans doute
parvenus à fonder sur cette supposition un système optique qui
s'accordât avec l'expérience de Foucault.

En résumé, le physicien ne peut jamais soumettre au
contrôle de l'expérience une hypothèse isolée, mais seulement
tout un ensemble d'hypothèses ; lorsque l'expérience est en
désaccord avec ses prévisions, elle lui apprend que l'une au
moins des hypothèses qui constituent cet ensemble est

inacceptable et doit être modifiée ; mais elle ne lui désigne pas celle qui doit être changée.

Nous voici bien loin de la méthode expérimentale telle que la conçoivent volontiers les personnes étrangères à son fonctionnement. On pense communément que chacune des hypothèses dont la physique fait usage peut être prise isolément, soumise au contrôle de l'expérience, puis, lorsque des épreuves variées et multipliées en ont constaté la valeur, mise en place d'une manière définitive dans le système de la physique. En réalité, il n'en est pas ainsi ; la physique n'est pas une machine qui se laisse démonter ; on ne peut pas essayer chaque pièce isolément et attendre, pour l'ajuster, que la solidité en ait été minutieusement contrôlée ; la science physique, c'est un système que l'on doit prendre tout entier ; c'est un organisme dont on ne peut faire fonctionner une partie sans que les parties les plus éloignées de celle-là entrent en jeu, les unes plus, les autres moins, toutes à quelque degré ; si quelque gêne, quelque malaise se révèle, dans ce fonctionnement, c'est par l'effet produit sur le système tout entier que le physicien devra deviner l'organe qui a besoin d'être redressé ou modifié, sans qu'il lui soit possible d'isoler cet organe et de l'examiner à part. L'horloger auquel on donne une montre qui ne marche pas en sépare tous les rouages et les examine un à un jusqu'à ce qu'il ait trouvé celui qui est faussé ou brisé ; le médecin auquel on présente un malade ne peut le disséquer pour établir son diagnostic ; il doit deviner le siège et la cause du mal par la seule inspection des désordres qui affectent le corps entier ; c'est à celui-ci, non à celui-là, que ressemble le physicien chargé de redresser une théorie boiteuse.

3. L'« Experimentum crucis » est impossible en physique

Insistons encore, car nous touchons à l'un des points essentiels de la méthode expérimentale telle qu'elle est employée en physique.

La réduction à l'absurde, qui semble n'être qu'un moyen de réfutation, peut devenir une méthode de démonstration; pour démontrer qu'une proposition est vraie, il suffit d'acculer à une conséquence absurde celui qui admettrait la proposition contradictoire de celle-là; on sait quel parti les géomètres grecs ont tiré de ce mode de démonstration.

Ceux qui assimilent la contradiction expérimentale à la réduction à l'absurde pensent qu'on peut, en physique, user d'un argument semblable à celui dont Euclide a fait un si fréquent usage en géométrie. Voulez-vous obtenir, d'un groupe de phénomènes, une explication théorique certaine, incontestable? Énumérez toutes les hypothèses qu'on peut faire pour rendre compte de ce groupe de phénomènes ; puis, par la contradiction expérimentale, éliminez-les toutes, sauf une ; cette dernière cessera d'être une hypothèse pour devenir une certitude.

Supposez, en particulier, que deux hypothèses seulement soient en présence; cherchez des conditions expérimentales telles que l'une des hypothèses annonce la production d'un phénomène et l'autre la production d'un phénomène tout dif-férent; réalisez ces conditions et observez ce qui se passe; selon que vous observerez le premier des phénomènes prévus ou le second, vous condamnerez la seconde hypothèse ou la première; celle qui ne sera pas condamnée sera désormais incontestable; le débat sera tranché, une vérité nouvelle sera acquise à la science. Telle est la preuve expérimentale que l'auteur du *Novum Organum* a nommée : « *fait de la croix*, en empruntant cette expression aux croix qui, au coin des routes, indiquent les divers chemins » [1].

Deux hypothèses sont en présence touchant la nature de la lumière; pour Newton, pour Laplace, pour Biot, la lumière consiste en projectiles lancés avec une extrême vitesse; pour

---

1. [N.d.T.] *cf.* Francis Bacon, *Novum Organum*, livre II, aphorisme 36, trad. fr. M. Malherbe et J.-M. Pousseur, Paris, P.U.F., 1986, p. 255.

Huygens, pour Young, pour Fresnel, la lumière consiste en vibrations dont les ondes se propagent au sein d'un éther; ces deux hypothèses sont les seules dont on entrevoie la possibilité; ou bien le mouvement est emporté par le corps qu'il anime et auquel il demeure lié, ou bien il passe d'un corps à un autre. Suivons la première hypothèse : elle nous annonce que la lumière marche plus vite dans l'eau que dans l'air; suivons la seconde : elle nous annonce que la lumière marche plus vite dans l'air que dans l'eau. Montons l'appareil de Foucault; mettons en mouvement le miroir tournant; sous nos yeux, deux taches lumineuses vont se former, l'une incolore, l'autre verdâtre. La bande verdâtre est-elle à gauche de la bande incolore? C'est que la lumière marche plus vite dans l'eau que dans l'air, c'est que l'hypothèse des ondulations est fausse. La bande verdâtre, au contraire, est-elle à droite de la bande incolore? C'est que la lumière marche plus vite dans l'air que dans l'eau, c'est que l'hypothèse des ondulations est condamnée. Nous plaçons l'œil derrière la loupe qui sert à examiner les deux taches lumineuses, nous constatons que la tache verdâtre est à droite de la tache incolore; le débat est jugé; la lumière n'est pas un corps; c'est un mouvement vibratoire propagé par l'éther; l'hypothèse de l'émission a vécu; l'hypothèse des ondulations ne peut être mise en doute; l'expérience cruciale en a fait un nouvel article du *Credo* scientifique.

Ce que nous avons dit au paragraphe précédent montre combien on se tromperait en attribuant à l'expérience de Foucault une signification aussi simple et une portée aussi décisive; ce n'est pas entre deux hypothèses, l'hypothèse de l'émission et l'hypothèse des ondulations, que tranche l'expérience de Foucault; c'est entre deux ensembles théoriques dont chacun doit être pris en bloc, entre deux systèmes complets, l'optique de Newton et l'optique d'Huygens.

Mais admettons, pour un instant, que, dans chacun de ces systèmes, tout soit forcé, tout soit nécessaire de nécessité logique, sauf une seule hypothèse; admettons, par conséquent, que les faits, en condamnant l'un des deux systèmes, condamnent à coup sûr la seule supposition douteuse qu'il renferme. En résulte-t-il qu'on puisse trouver dans l'*experimentum crucis* un procédé irréfutable pour transformer en vérité démontrée l'une des deux hypothèses en présence, de même que la réduction à l'absurde d'une proposition géométrique confère la certitude à la proposition contradictoire ? Entre deux théorèmes de géométrie qui sont contradictoires entre eux, il n'y a pas place pour un troisième jugement ; si l'un est faux, l'autre est nécessairement vrai. Deux hypothèses de physique constituent-elles jamais un dilemme aussi rigoureux ? Oserons-nous jamais affirmer qu'aucune autre hypothèse n'est imaginable ? La lumière peut être une rafale de projectiles ; elle peut être un mouvement vibratoire dont un milieu élastique propage les ondes ; lui est-il interdit d'être quoi que ce soit d'autre ? Arago le pensait sans doute, lorsqu'il formulait cette tranchante alternative : « la lumière se meut-elle plus vite dans l'eau que dans l'air ? La lumière est un corps. Le contraire a-t-il lieu ? La lumière est une ondulation ». Mais il nous serait difficile de nous exprimer sous une forme aussi décisive ; Maxwell, en effet, nous a montré qu'on pouvait tout aussi bien attribuer la lumière à une perturbation électrique périodique qui se propagerait au sein d'un milieu diélectrique.

La contradiction expérimentale n'a pas, comme la réduction à l'absurde employée par les géomètres, le pouvoir de transformer une hypothèse physique en une vérité incontestable ; pour le lui conférer, il faudrait énumérer complètement les diverses hypothèses auxquelles un groupe déterminé de phénomènes peut donner lieu ; or, le physicien n'est jamais sûr d'avoir épuisé toutes les suppositions imaginables ; la vérité d'une théorie physique ne se décide pas à croix ou pile.

4. *Critique de la méthode newtonienne. Premier exemple :* la mécanique céleste

Il est illusoire de chercher à construire, au moyen de la contradiction expérimentale, une argumentation imitée de la réduction à l'absurde ; mais la géométrie connaît, pour parvenir à la certitude, d'autres moyens que le procédé *per absurdum ;* la démonstration directe, où la vérité d'une proposition est établie par elle-même, et non par la réfutation de la proposition contradictoire, lui semble le plus parfait des raisonnements. Peut-être la théorie physique serait-elle plus heureuse dans ses tentatives si elle cherchait à imiter la démonstration directe. Les hypothèses à partir desquelles elle déroulera ses conclusions devraient alors être éprouvées une à une ; chacune d'elles ne devrait être acceptée que si elle présentait toute la certitude que la méthode expérimentale peut conférer à une proposition abstraite et générale ; c'est-à-dire qu'elle serait nécessairement, ou bien une loi tirée de l'observation par le seul usage de ces deux opérations intellectuelles qu'on nomme induction et généralisation, ou bien un corollaire mathématiquement déduit de telles lois ; une théorie fondée sur de telles hypothèses ne présenterait plus rien d'arbitraire ni de douteux ; elle mériterait toute la confiance dont sont dignes les facultés qui nous servent à formuler les lois naturelles.

C'est une telle théorie physique que préconisait Newton, lorsqu'au *Scholium generale* qui couronne le livre des *Principes*, il rejetait si résolument hors de la philosophie naturelle toute hypothèse que l'induction n'a point extraite de l'expérience ; lorsqu'il affirmait qu'en la saine physique, toute proposition doit être tirée des phénomènes et généralisée par induction.

La méthode idéale que nous venons de décrire mérite donc très justement d'être nommée méthode newtonienne. Newton, d'ailleurs, ne l'a-t-il pas suivie lorsqu'il a établi le système de l'attraction universelle, joignant ainsi à ses préceptes le plus

grandiose des exemples? Sa théorie de la gravitation ne se tire-
t-elle pas tout entière des lois que l'observation a révélées à
Kepler, lois que le raisonnement problématique transforme et
dont l'induction généralise les conséquences?

Cette première loi de Kepler: « Le rayon vecteur qui va du
Soleil à une planète balaye une aire proportionnelle au temps
pendant lequel on observe le mouvement de la planète », a en
effet appris à Newton que chaque planète est constamment
soumise à une force dirigée vers le Soleil.

La deuxième loi de Kepler: « L'orbite de chaque planète
est une ellipse dont le Soleil est un foyer », lui a enseigné que la
force sollicitant une planète déterminée varie avec la distance
de cette planète au Soleil, et qu'elle est en raison inverse du
carré de cette distance.

La troisième loi de Kepler: « Les carrés des durées de
révolution des diverses planètes sont proportionnels aux cubes
des grands axes de leurs orbites », lui a montré que diverses
planètes, ramenées à une même distance du Soleil, subiraient
de la part de cet astre des attractions proportionnelles à leurs
masses respectives.

Les lois expérimentales établies par Kepler, transformées
par le raisonnement géométrique, font connaître tous les
caractères que présente l'action exercée par le Soleil sur une
planète; par induction, Newton généralise le résultat obtenu; il
admet que ce résultat exprime la loi suivant laquelle n'importe
quelle portion de la matière agit sur n'importe quelle autre
portion, et il formule ce grand principe: « Deux corps quelconques s'attirent mutuellement par une force qui est proportionnelle au produit de leurs masses et en raison inverse du carré de
la distance qui les sépare ». Le principe de l'universelle
gravitation est trouvé, il a été obtenu, sans qu'il soit fait usage
d'aucune hypothèse fictive, par la méthode inductive dont
Newton a tracé le plan.

Reprenons de plus près cette application de la méthode
newtonienne; voyons si une analyse logique un peu sévère

laissera subsister l'apparence de rigueur et de simplicité que lui attribue cet exposé trop sommaire.

Pour assurer à cette discussion toute la clarté nécessaire, commençons par rappeler ce principe, familier à tous ceux qui traitent de la mécanique : on ne saurait parler de la force qui sollicite un corps dans des circonstances données avant d'avoir désigné le terme, supposé fixe, auquel on rapporte le mouvement de tous les corps ; lorsqu'on change ce terme de comparaison, la force qui représente l'effet produit, sur le corps observé, par les autres corps dont il est environné, change de direction et de grandeur suivant des règles que la mécanique énonce avec précision.

Cela posé, suivons les raisonnements de Newton.

Newton prend d'abord le Soleil pour terme de comparaison immobile ; il considère les mouvements qui animent les diverses planètes par rapport à ce terme ; il admet que ces mouvements sont régis par les lois de Kepler ; il en tire cette proposition : si le Soleil est le terme de comparaison auquel toutes les forces sont rapportées, chaque planète est soumise à une force dirigée vers le Soleil, proportionnelle à la masse de la planète et à l'inverse du carré de sa distance au Soleil. Quant à cet astre, étant pris pour terme de comparaison, il n'est soumis à aucune force.

Newton étudie d'une manière analogue le mouvement des satellites et, pour chacun d'eux, il choisit comme terme de comparaison immobile la planète que le satellite accompagne, la Terre s'il s'agit d'étudier le mouvement de la Lune, Jupiter si l'on s'occupe des masses périjoviales. Des lois toutes semblables aux lois de Kepler sont prises pour règles de ces mouvements ; il en résulte qu'on peut formuler cette nouvelle proposition : si l'on prend comme terme de comparaison immobile la planète qu'accompagne un satellite, ce satellite est soumis à une force dirigée vers la planète et en raison inversé du carré de sa distance à la planète. Si, comme il arrive pour Jupiter, une même planète possède plusieurs satellites, ces satellites, ramenés à une même distance de la planète, éprouveraient de sa part des forces proportionnelles à leurs masses respectives. Quant à la planète, elle n'éprouve aucune action de la part du satellite.

Telles sont, sous une forme très précise, les propositions que les lois de Kepler relatives aux mouvements des planètes, que l'extension de ces lois aux mouvements des satellites, autorisent à formuler. À ces propositions, Newton en substitue une autre qui peut s'énoncer ainsi : deux corps célestes quelconques exercent l'un sur l'autre une action attractive, dirigée suivant la droite qui les joint, proportionnelle au produit de leur masse et en raison inverse du carré de la distance qui les sépare; cet énoncé suppose tous les mouvements et toutes les forces rapportées à un même terme de comparaison : ce terme est un repère idéal que le géomètre peut bien concevoir, mais dont aucun corps ne marque, d'une manière exacte et concrète, la position dans le ciel.

Ce principe de la gravitation universelle est-il une simple généralisation des deux énoncés qu'ont fournis les lois de Kepler et leur extension aux mouvements des satellites? L'induction peut-elle le tirer de ces deux énoncés? Nullement. En effet, il n'est pas seulement plus général que ces deux énoncés; il ne leur est pas seulement hétérogène; il est en contradiction avec eux. S'il admet le principe de l'attraction universelle, le mécanicien peut calculer la grandeur et la direction des forces qui sollicitent les diverses planètes et le Soleil lorsqu'on prend ce dernier pour terme de comparaison, et il trouve que ces forces ne sont point telles que l'exigerait notre premier énoncé. Il peut déterminer la grandeur et la direction de chacune des forces qui sollicitent Jupiter et ses satellites lorsqu'on rapporte tous les mouvements à la planète, supposée immobile, et il constate que ces forces ne sont point telles que l'exigerait notre second énoncé.

Bien loin, donc, que le principe de la gravité universelle puisse se tirer, par la généralisation et l'induction, des lois d'observation que Kepler a formulées, il contredit formellement à ces lois. Si la théorie de Newton est exacte, les lois de Kepler sont nécessairement fausses.

Ce ne sont donc pas les lois tirées par Kepler de l'observation des mouvements célestes qui transfèrent leur certitude expérimentale immédiate au principe de la pesanteur universelle, puisqu'au contraire, si l'on admettait l'exactitude absolue des lois de Kepler, on serait contraint de rejeter la proposition sur laquelle Newton fonde la mécanique céleste. Bien loin de se réclamer des lois de Kepler, le physicien qui prétend justifier la théorie de la gravitation universelle trouve, tout d'abord, dans ces lois, une objection à résoudre ; il lui faut prouver que sa théorie, incompatible avec l'exactitude de ces lois, soumet les mouvements des planètes et des satellites à d'autres lois assez peu différentes des premières pour que Tycho Brahé, Kepler et leurs contemporains n'aient pu discerner les écarts qui distinguent les orbites keplériennes des orbites newtoniennes ; cette preuve se tire de ces circonstances que la masse du Soleil est très considérable par rapport aux masses des diverses planètes, que la masse d'une planète est très considérable par rapport aux masses de ses satellites.

Si donc la certitude de la théorie de Newton n'est pas une émanation de la certitude des lois de Kepler, comment cette théorie prouvera-t-elle qu'elle est valable ? Elle calculera, avec toute l'approximation que comportent des méthodes algébriques sans cesse perfectionnées, les *perturbations* qui écartent, à chaque instant, chacun des astres de l'orbite que lui assigneraient les lois de Kepler ; puis elle comparera les perturbations calculées aux perturbations qui ont été observées au moyen des instruments les plus précis et les méthodes les plus minutieuses. Une telle comparaison ne portera point seulement sur telle ou telle partie du principe newtonien ; elle en invoquera toutes les parties à la fois ; avec lui, elle invoquera aussi tous les principes de la dynamique ; en outre, elle appellera à son aide toutes les propositions d'optique, de statique des gaz, de théorie de la chaleur, qui sont nécessaires pour justifier les propriétés des télescopes, pour les construire, pour les régler, pour les corriger, pour éliminer les erreurs causées par l'aberration diurne ou annuelle et par la réfraction atmosphérique. Il ne s'agit plus de prendre une à une des lois justifiées par l'observation et d'élever chacune d'elles, par l'induction et la généralisation, au rang de principe : il s'agit de comparer les corollaires de tout un ensemble d'hypothèses à tout un ensemble de faits.

Si, maintenant, nous recherchons les causes qui ont fait échouer la méthode newtonienne, en ce cas pour lequel elle avait été imaginée et qui en semblait l'application la plus parfaite, nous les trouverons dans ce double caractère de toute loi mise en œuvre par la physique théorique : cette loi est symbolique et elle est approchée.

Sans doute, les lois de Kepler portent très directement sur les objets mêmes de l'observation astronomique ; elles sont aussi peu symboliques que possible. Mais, sous cette forme purement expérimentale, elles restent impropres à suggérer le principe de la pesanteur universelle ; pour qu'elles acquièrent cette fécondité, il faut qu'elles soient transformées, qu'elles fassent connaître les caractères des forces par lesquelles le Soleil attire les diverses planètes.

Or, cette nouvelle forme des lois de Kepler est une forme symbolique ; seule, la dynamique donne un sens aux mots *force* et *masse* qui servent à l'énoncer ; seule, la dynamique permet de substituer les nouvelles formules symboliques aux anciennes formules réalistes, les énoncés relatifs aux *forces* et aux *masses* aux lois relatives aux orbites. La légitimité d'une telle substitution implique pleine confiance aux lois de la dynamique.

Et, pour justifier cette confiance, n'allons pas prétendre que les lois de la dynamique étaient hors de doute au moment où Newton en faisait usage pour traduire symboliquement les lois de Kepler ; qu'elles avaient reçu de l'expérience des confirmations suffisantes pour entraîner l'adhésion de la raison. En réalité, elles n'avaient été soumises jusque-là qu'à des épreuves bien particulières et bien grossières; leurs énoncés mêmes étaient demeurés bien vagues et bien enveloppés; c'est seulement au livre des *Principes* qu'elles se sont trouvées, pour la première fois, formulées d'une manière précise; c'est en l'accord des faits avec la mécanique céleste, issue des travaux de Newton, qu'elles ont rencontré leurs premières vérifications convaincantes.

Ainsi la traduction des lois de Kepler en lois symboliques, seules utiles à la théorie, supposait l'adhésion préalable du physicien à tout un ensemble d'hypothèses. Mais, de plus, les lois de Kepler étant seulement des lois approchées, la dynamique permettait d'en donner une infinité de traductions symboliques différentes. Parmi ces formes diverses, en nombre infini, il en est une, et une seule, qui s'accorde avec le principe de Newton. Les observations de Tycho Brahé, si heureusement réduites en lois par Kepler, permettent au théoricien de choisir cette forme; mais elles ne l'y contraignent pas; elles lui auraient également permis d'en choisir une infinité d'autres.

Le théoricien ne peut donc se contenter, pour justifier son choix, d'invoquer les lois de Kepler. S'il veut prouver que le principe qu'il a adopté est vraiment un principe de classification naturelle pour les mouvements célestes, il lui faut montrer que les perturbations observées s'accordent avec celles qui avaient été calculées d'avance; il lui faut, de la marche d'Uranus, conclure l'existence et la position d'une planète nouvelle et, dans la direction assignée, trouver Neptune au bout de son télescope.

ÉMILE MEYERSON

IDENTITÉ ET RÉALITÉ
Extrait des « CONCLUSIONS »

PRÉSENTATION
Christian Bonnet et Sandra Laugier

Émile Meyerson est né en 1859 en Pologne, à Lublin, ville russe à cette époque. Après des études de chimie en Allemagne – à Berlin, Göttingen et Heidelberg où il est l'élève de Bunsen – il s'installe en France à partir de 1882. Il y travaille dans le laboratoire de Paul Schutzenberger au Collège de France, puis dans l'industrie, tout en menant des recherches en histoire de la chimie[1]. Il poursuivra sa carrière à l'agence Havas, puis dans une organisation philanthropique juive qui œuvre au peuplement de Palestine. Bien qu'extérieur à l'université, Meyerson est en relation avec quelques-unes des figures majeures de la philosophie et de la science de son temps, tant en France (Langevin, Lévy-Bruhl, Brunschvicg,

1. *Cf.* « Jean Rey et la loi de conservation de la matière » (1884), « Théodore Turquet de Mayerne et la découverte de l'hydrogène » (1888), « La coupellation chez les anciens Juifs » (1891), « Paracelsus et la découverte de l'hydrogène » (1891) : ces articles sont repris dans les *Essais*, Paris, Vrin, 1936.

Koyré, Bergson) qu'à l'étranger (Einstein, Cohen, Cassirer).
Il meurt en 1933. Mais c'est dans la seconde moitié du XXᵉ
siècle que l'influence de son œuvre sera la plus notable,
notamment à travers les lectures et usages qu'en feront Koyré,
Kuhn, et Quine.

Son premier livre, *Identité et réalité*[1], dont est extrait notre
texte, s'inscrit en faux contre la conception positiviste de la
connaissance qui voudrait que la tâche de la science se limitât
à découvrir des régularités et à formuler des lois. Meyerson
s'emploie à montrer que l'histoire des sciences atteste au
contraire que la science ne cherche pas seulement les lois, mais
les causes. L'erreur fondamentale du positivisme, sans cesse
reconduite de Bacon à Comte et à Mach, a consisté, selon
Meyerson, à croire que la science avait pour seule fin l'action.
Or si tel était le cas, la connaissance des lois – c'est-à-dire
l'«économie de pensée» qu'elles représentent à cet égard –
serait assurément suffisante. Mais la science n'en reste pas là.
Elle ne se satisfait pas de la seule description ou de la seule
prédiction, elle veut l'explication. Ce faisant, elle manifeste
une exigence fondamentale de l'esprit humain déjà à l'œuvre
dans la connaissance commune, dont Meyerson souligne la
parfaite continuité avec la démarche scientifique – thèse qui
sera l'objet d'une polémique menée contre lui, au nom de la
«coupure épistémologique», par Bachelard et ses disciples.

Indiquer la cause ou expliquer – les deux termes, chez
Meyerson, sont synonymes – c'est, conformément à l'étymo-
logie, déplier ou déployer ce qui est implicite. Aussi toute
explication causale revient-elle à montrer que l'effet préexiste
dans la cause, et qu'il y a pour ainsi dire identité entre les deux.
Conformément à ce principe d'identification, un phénomène
est expliqué lorsqu'il est identifié à ses antécédents. On
comprend, dans ces conditions, la fortune de l'atomisme qui,

1. Meyerson, *Identité et réalité*, Paris, Félix Alcan, 1908; 5ᵉ éd., Paris,
Vrin, 1951 ; 2000.

loin d'être « une sorte d'accident historique », « tient au plus profond de notre esprit »[1] : c'est en vertu de cette tendance causale qui lui est consubstantielle que l'humanité « avait formé le concept de l'atome-substance bien avant toute expérience sur la conservation de la matière et concevait vaguement des systèmes mécaniques impliquant la persistance du mouvement, avant l'inertie et la conservation de l'énergie »[2].

Cependant « nous ne pouvons [...] satisfaire complètement notre tendance causale, notre besoin d'identité, car ce qu'il postule en dernier lieu, c'est l'anéantissement du phénomène »[3]. D'identification en identification, le raisonnement nous conduit en effet à un monde dans lequel le temps et l'espace n'existent plus et où toute la réalité est abolie. Autrement dit, la conséquence logique d'une application exhaustive du principe d'identité serait l'Un de Parménide. Or ce « programme parménidéen de recherche » – comme l'appelle Popper[4] en se référant explicitement à Meyerson – a ses limites. La seconde loi de la thermodynamique, par exemple, témoigne de l'impossibilité d'une réduction complète de la réalité à l'identité. Et cet élément irréductible au processus d'identification rationnelle constitue ce que Meyerson nomme l'« irrationnel ».

L'ontologie est, comme le suggère le titre même du livre, au centre de la conception de Meyerson, pour qui la science empirique est « saturée » d'affirmations sur « la réalité des choses ». C'est cette approche, inséparable de la critique du positivisme et de la « méthode expérimentale », qui suscitera l'intérêt de Quine, qui retrouvera chez Meyerson l'idée inspirée de Duhem – dont on sait l'importance qu'il a eu pour l'élaboration de sa propre épistémologie – selon laquelle

1. Cf. *infra*, p. 99.
2. Cf. *infra*, p. 97.
3. Cf. *infra*, p. 100.
4. Popper, *The World of Parmenides*, London, Routledge, 1998, chap. 7 : « Beyond the search for invariants ».

l'expérience est inséparable de théories qu'elle « suppose »
dans sa mise en œuvre et qui estimera, lui aussi, dans « Deux
dogmes de l'empirisme » que l'idée d'énoncés d'expérience,
indépendants de tout contexte théorique, est un mythe
épistémologique.

S'il fera sienne[1], dans sa critique du positivisme logique, la
formule d'*Identité et réalité* selon laquelle « l'ontologie fait
corps avec la science elle-même et ne peut en être séparée »[2],
Quine inversera toutefois la démarche de Meyerson, dans la
mesure où chez lui l'ontologie ne visera pas une nature *a priori*
des choses, n'aura pas pour tâche de déterminer ce qui est,
mais ce que nous disons être. Si, pour Meyerson, le travail de la
science est ontologique en ce sens que la science ne se contente
pas d'établir des lois, mais *pose* une réalité, l'audace de Quine
sera d'articuler cette approche ontologique à l'épistémologie
naturalisée : c'est désormais la science, et non une philosophie
première, qui nous dit ce qui est.

En affirmant que « le caractère ontologique de l'explication scientifique est indélébile, [qu']il n'y a pas, et […] ne
peut y avoir dans l'évolution naturelle des théories scientifiques, de phase où la réalité ontologique disparaîtrait, alors
que le concept de légalité resterait debout »[3] et en expliquant le
changement dans les sciences par l'émergence d'une nouvelle
ontologie, *Identité et réalité* propose une conception nouvelle
de l'évolution de la science, dont on perçoit l'influence chez
des philosophes et historiens des sciences contemporains
comme Koyré ou Kuhn. Meyerson juge en effet que « notre
intellect scientifique réclame impérieusement une réalité
ontologique et [que], si la science ne permettait pas d'en créer
de nouvelle, elle serait certainement impuissante à détruire
l'ancienne ». Aussi comprend-on l'intérêt qu'il a pu susciter,

_____

1. Quine, *Du point de vue logique*, trad. cit., p. 80.
2. Cf. *infra*, p. 84.
3. Cf. *infra*, p. 85.

dans la deuxième moitié du XXe siècle, au sein de la philosophie américaine des sciences[1] à laquelle il servira, tout comme Duhem, à mettre en cause le paradigme épistémologique hérité du cercle de Vienne – l'influence de Koyré, qui lui dédia ses *Études galiléennes* (1939)[2] et a pu être l'intermédiaire entre les traditions française et anglo-saxonne, ayant sans doute été déterminante. L'idée d'une dépendance de l'expérience par rapport à la théorie (*theory ladenness*), commune, avec des variantes, à Quine, Kuhn, Feyerabend et Lakatos[3], ainsi que les critiques des procédures de réfutation et de l'expérience cruciale[4] ont leur source certes chez Duhem, mais aussi chez Meyerson.

La science est créatrice d'objets, et c'est en les *posant* (expression de Meyerson reprise par Quine) qu'elle produit son explication. Meyerson évoquera, dans *De l'explication dans les sciences*, « la tendance [des savants] à créer des êtres fictifs en vue d'une explication », « si profondément enracinée en nous qu'il a fallu se prémunir contre elle par un énoncé spécial (le rasoir d'Occam[5]) ». Cette « ontologie naturelle » peut être rapprochée des conceptions réalistes d'Einstein, lui aussi lecteur attentif de Meyerson, et de l'*attitude ontologique naturelle* – la NOA[6] – d'Arthur Fine.

On comprend du reste que Meyerson ait pu voir chez Einstein une confirmation de la thèse énoncée dans *Identité et réalité*[7]. Pour lui, comme pour Sommerfeld dont il s'inspire, le but des théories de la relativité est la recherche de ce qui n'est *pas* relatif. Et la théorie de la relativité, dans laquelle il voit

---

1. Meyerson, *Identité et réalité* a été traduit en anglais dès 1930 (Folcroft).
2. Les *Études galiléennes* contiennent de multiples références à Meyerson. Voir aussi *Études newtoniennes*, Paris, Gallimard, 1968, note 11, p. 47.
3. Voir les textes du volume II : notamment ceux de Quine, Kuhn.
4. Cf. *supra*, p. 36.
5. *Ibid.*, p. 105.
6. Voir le texte de Fine dans le volume II, p. 331.
7. Voir la préface à *La Déduction Relativiste*.

l'exercice d'un principe d'*identité*, est, à ses yeux, une théorie explicative et réaliste. En posant l'invariance des lois par les transformations de Lorentz, tout comme Galilée avait posé l'invariance des lois par le changement de point de vue, elle est plus réaliste que les théories préeinsteiniennes.

Meyerson pas plus qu'Einstein (ou plus tard Kuhn) ne pense que la science et son ontologie échappent à l'épreuve de l'expérience. Dans un article de 1923, il énoncera, avant Popper, l'adage selon lequel une théorie ne vaut rien quand on ne peut pas démontrer qu'elle est fausse : cela est évident, car une théorie scientifique qui s'accommode des observations et des expériences quelles qu'elles soient est une théorie qui à force d'être élargie, assouplie, est devenue décrépite, elle est inutile même au point de vue de la simple prévision des faits et ne subsiste momentanément que parce qu'il n'y en a pas d'autre à mettre à sa place[1].

Il semble également de la sorte annoncer les réactions antipositivistes de Kuhn et Feyerabend : face au donné ou au démenti de l'expérience, le changement n'intervient que lorsque s'imposent naturellement une bonne théorie alternative et une nouvelle ontologie ou une nouvelle réalité. « Ainsi une théorie physique, comme il est facile de s'en rendre compte par un examen de l'ensemble de l'évolution des sciences, ne disparaît-elle jamais que chassée par une théorie nouvelle ; le réel scientifique qui meurt renaît forcément en un réel nouveau »[2]. Meyerson, loin d'être le continuiste borné qu'on a parfois dénoncé au sein de l'épistémologie française, nous invite à une lecture de l'histoire des sciences qui en fait le précurseur de certains des développements les plus décisifs de la philosophie des sciences dans la seconde moitié du XXᵉ siècle.

---

1. « Hegel, Hamilton, Hamelin et le concept de cause », *Revue philosophique*, 1923, t. 96, p. 33-55 et 42-43.
2. Meyerson, *Du Cheminement de la pensée*, p. 589.

Indications bibliographiques

Émile Meyerson

De l'explication dans les sciences (1921), Paris, Fayard, 1995.

La Déduction relativiste, Paris, Payot, 1925 (réimp. Paris, J. Gabay, 1992).

Du Cheminement de la pensée, Paris, Félix Alcan, 1931 ; Paris, Vrin, 2011.

Réel et déterminisme dans la physique quantique, Paris, Hermann, 1933.

Essais, Paris, Vrin, 1936.

Autres références

ABBAGNANO Nicola, *La filosofia di E. Meyerson e la logica dell'identità*, Napoli, F. Perrella, 1929.

BOAS George, *A Critical Analysis of the Philosophy of Emile Meyerson*, Baltimore, Johns Hopkins Press, 1930; reprint New York, Greenwood Press, 1968.

EINSTEIN Albert, « À propos de la "Déduction relativiste" de M. Émile Meyerson », *Revue philosophique de la France et de l'étranger*, mars-avril 1928.

FINE Arthur, « The natural ontological attitude », *in* Fine, *The Shaky Game,* Chicago, University of Chicago Press, 1986; Paris, Vrin, 2003 ; trad. fr. *in Textes-clés de la philosophie des sciences*, vol. II, p. 337.

FRUTEAU DE LACLOS Frédéric, *L'épistémologie d'Émile Meyerson*, Paris, Vrin, 2009.

HOLTON Gerald, *Thematic origins of scientific thought*, Cambridge, Mass., Harvard University Press, 1973; trad. fr. P. Scheurer, *L'invention scientifique*, Paris, P.U.F., 1982.

KELLY Thomas Raymond, *Explanation and Reality in the Philosophy of Emile Meyerson*, Princeton, Princeton University Press, 1937.

KOYRÉ Alexandre, compte-rendu de *La Scolastique et le Thomisme* de L. Rougier, *Revue philosophique*, 1926, p. 462-468.

– « Die Philosophie Emile Meyersons », *Deutsch-französische Rundschau*, 1931, vol. IV, p. 197-217.

– *Études galiléennes*, Paris, Hermann, 1939.

– *Études newtoniennes*, Paris, Gallimard, 1968.

METZ André, *Une nouvelle philosophie des sciences. Le causalisme d'Émile Meyerson*, Paris, Félix Alcan, 1928.

METZGER Hélène, *La méthode philosophique en histoire des sciences*, textes (1914-1939), G. Freudenthal (éd.), Paris, Fayard, 1987.

MOURÉLOS Georges, *L'Épistémologie positive et la critique meyersonienne*, Paris, P.U.F., 1962.

SÉE Henri-Eugène, *Science et philosophie d'après la doctrine de M. Émile Meyerson*, Paris, Félix Alcan, 1932.

QUINE W. V., *From a Logical Point of View*, Cambridge Mass., Harvard University Press, 1953; *Du point de vue logique*, trad. fr. S. Laugier (dir.), Paris, Vrin, 2004.

IDENTITÉ ET RÉALITÉ *

Il n'est pas exact que la science ait pour but unique
l'action, ni qu'elle soit uniquement gouvernée par le souci de
l'économie dans cette action. La science veut aussi nous faire
comprendre la nature. Elle tend réellement, selon l'expression
de M. Le Roy, à la « rationalisation progressive du réel »[1].

Elle a bien été édifiée avec la quasi-certitude que la
nature est ordonnée, mais aussi avec l'espoir tenace qu'elle se
montrera intelligible. Dans chaque chapitre de la science ces
deux principes ont été appliqués simultanément et continuent
de l'être. Leur action s'enchevêtre irrémédiablement, parce
qu'ils se passent et repassent leurs acquisitions : non seulement, comme on l'a dit, les faits empiriques servent à édifier
des théories lesquelles font découvrir de nouveaux faits, mais
encore des considérations sur la conservation, sur l'identité,
interviennent à chaque pas dans la science légale, empirique,
laquelle est, en dépit de l'apparence, saturée de ces éléments
aprioriques.

---

* Émile Meyerson, *Identité et réalité*, Paris, Félix Alcan, 1908 ; 2ᵉ éd. aug.,
1912 ; 5ᵉ éd., Paris, Vrin, 1951. Le texte qui suit est le début des « Conclusions »
(chap. XII). Nous avons supprimé les références que fait Meyerson à d'autres
passages de l'ouvrage.

1. É. Le Roy, « Science et Philosophie », *Revue de métaphysique*, VII,
1899, p. 534.

La science n'est pas positive et ne contient même pas de données positives, dans le sens précis qui a été donné à ce terme par Auguste Comte et ses sectateurs, de données « dépouillées de toute ontologie ». L'ontologie fait corps avec la science elle-même et ne peut en être séparée. Ceux qui prétendent l'en retrancher se servent inconsciemment d'un système métaphysique courant, d'un sens commun plus ou moins transformé par la science du passé qui leur est familière. Le schéma positiviste est donc véritablement chimérique. Non seulement il ne correspond ni à la science actuelle ni à celle que l'humanité a connue à une époque quelconque de son évolution, mais il implique, il exige une modification, un bouleversement de nos habitudes de pensée tel que nous avons une peine infinie à le concevoir et surtout à en mesurer toutes les conséquences. Le seul moyen, en effet, pour chasser toute ontologie, consisterait à accomplir cette opération tout au début de la physique, à dissoudre l'objet en retournant vers la donnée immédiate de M. Bergson, afin d'essayer après coup d'établir des relations directes entre ces données, sans passer par l'hypothèse d'une existence objective. Une telle science est-elle possible ? Malebranche l'a expressément nié. Il s'est appliqué à démontrer qu'en aucun cas on ne saurait prétendre mesurer directement, les unes par les autres, les sensations en tant que phénomènes subjectifs, et que toute comparaison entre elles présuppose une réduction préalable à des causes objectives et par conséquent soumises à la fixation dans le temps et l'espace[1]. C'est là, semble-t-il, une déduction inattaquable. Nous avons vu que déjà la science purement qualitative, mais encore substantialiste, tout en étant à même de dresser les *échelles*, ne pourrait plus *mesurer*. À plus forte raison en serait-il de même de la science vraiment phénoméniste d'où la qualité même, en tant que substrat, serait exclue.

---

1. Malebranche, *De la recherche de la vérité*, Paris, 1721, XIe Éclaircissement, t. IV, p. 277 *sq.*

Cependant faut-il nier radicalement la possibilité d'une science de ce genre, son entière inutilité au point de vue de la prévision? Ce qui fait hésiter devant cette négation apodictique, c'est précisément la nouveauté, l'inconnu de la voie proposée. Sans vouloir approfondir davantage cette question qui s'écarte trop du sujet de ce livre, faisons observer, encore une fois, combien la science que nous constituerions ainsi, à supposer toutefois qu'elle fût strictement possible, s'écarterait de tout ce que nous connaissons. Ce ne serait certainement plus une physique, mais plutôt une sorte de psychophysique poussée à l'extrême; elle serait, en effet, infiniment plus que tout ce que nous connaissons sous ce nom, éloignée de la physique, car la psychophysique actuelle, il est aisé de s'en rendre compte, suppose en réalité comme base la physique, et par conséquent le monde ontologique tout entier du sens commun et de la science. – Le caractère ontologique de l'explication scientifique est indélébile. Sans doute elle aboutit en fin de compte, par l'unité de la matière, à l'espace uniforme et vide; mais c'est qu'il y a alors destruction de la réalité, du monde extérieur tout entier. Et dans cette destruction, cela va sans dire, la loi a sombré également, car n'y ayant plus aucune diversité, ni dans le temps ni dans l'espace, il n'y a plus de phénomène et partant rien que la loi puisse régir. Donc, et contrairement à ce que l'on feint quelquefois de croire, il n'y a pas, il ne peut y avoir, dans l'évolution naturelle des théories scientifiques, de phase où la réalité ontologique disparaîtrait, alors que le concept de la légalité resterait debout; il est certain que leur disparition est *simultanée*, que si nous saisissons le monde de la théorie scientifique au moment même, pour ainsi dire, où il va évoluer dans le néant, nous le trouverons aussi ontologique que celui de la réalité de sens commun : les points singuliers de l'éther, tant que par un moyen quelconque nous les différencierons du milieu, seront tout aussi réels, tout aussi *objets*, plus indépendants au fond dans leur existence de nous et de notre sensation, que

n'importe quelle chose de notre perception. La science explicative rejoint bien l'idéalisme absolu ou le solipsisme, mais
c'est seulement dans l'acosmisme complet que ces deux voies
se rencontrent. On ne saurait imaginer, entre ces deux lignes
parallèles, qui sont celles selon lesquelles la science et la philosophie, chacune de son côté, tendent à détruire la réalité, aucun
point commun en deçà de ce point situé dans l'infini.

C'est là ce qui explique un caractère particulier des
recherches des physiciens sur la constitution de la matière,
caractère qui est certainement de nature à frapper l'attention
du philosophe : à savoir la sûreté inconsciente, on dirait
presque l'allégresse, avec laquelle le savant se comporte dans
ce domaine, alors qu'au philosophe ses conclusions apparaissent formidables, extravagantes, dans le sens littéral du
terme, c'est-à-dire sortant complètement du cadre ordinaire
de la recherche expérimentale. Comment se fait-il donc que
le physicien n'ait ce sentiment à aucun degré, qu'il ait au
contraire et très nettement l'impression de se trouver dans son
domaine propre et de suivre ses méthodes habituelles ? C'est
qu'étant parti de la conception du monde telle que nous l'offre
notre perception naïve, il ne l'a jamais transformée qu'en
mettant en jeu les règles mêmes selon lesquelles cette conception s'était constituée. Il a continuellement substitué l'invi-
sible au visible, mais ce qu'il a créé est du même ordre que ce
qu'il a détruit. Il traite simplement l'atome comme le biolo-
giste traite le microbe, le premier est assimilé à une bille de
billard comme le second l'est à un animal.

À plus forte raison le savant se sent-il à l'abri du doute dans
les parties moins extrêmes, moins exposées de son domaine ;
et il n'est pas étonnant que cette sécurité ait, parfois, constitué
un objet d'envie pour le philosophe. C'est ce qui a fait naître
les tentatives, si souvent renouvelées, de tirer de la science, à
l'aide de procédés d'extrapolation et de généralisation, une
véritable philosophie. La marche et le sort ultime de ces sortes
d'entreprises peuvent être en quelque sorte tracés d'avance.

En effet, en créant la science, l'homme a constamment obéi à son instinct causal; partant de la sensation, il a cherché sans cesse à l'expliquer, à la plier aux exigences de sa raison. Donc, ce qu'il y aura de plus général dans la science, ce sera nécessairement une forme même de ces exigences et, par conséquent, une conception saturée d'*a priori*: une hypothèse causale, telle que celle de la persistance des qualités et surtout la théorie atomique ou mécanique. Et c'est ainsi que, croyant généraliser les résultats de l'expérience, on arrive paradoxalement à affranchir nos conceptions, antérieures à l'expérience, des restrictions que celle-ci leur impose.

Il va sans dire qu'en coulant sa pensée dans le moule ontologique, en lui donnant la forme d'une hypothèse sur la réalité des choses, le savant, tout comme l'homme du sens commun, agit d'une manière entièrement inconsciente. Il ne faut donc point s'étonner de le voir ignorer le procédé qu'il applique, voire la tendance métaphysique qui le pousse. Pas plus que n'importe quel autre homme, le savant ne se perçoit pensant. Sans doute, s'il a de puissants dons particuliers, il se peut qu'il réussisse, par une lente et patiente analyse, à reconnaître parfois la voie véritable que sa pensée a suivie; mais le fait d'être un savant, et même un grand savant, n'y sera pour rien. En effet, la qualité distinctive du grand savant est un puissant instinct scientifique, une sorte de divination qui lui permet de brûler les étapes. La découverte, on l'a souvent remarqué, s'offre à lui subitement, c'est, après un long travail bien entendu, un éclair, une révélation: quoi d'étonnant qu'il n'ait pu en suivre la genèse?

Il s'en suit qu'il ne faut point chercher chez le savant les principes qui ont réellement guidé sa pensée, qu'il ne faut même pas le croire sur parole quand il prétend les exposer. Ces principes, il a pu les puiser tout autre part que dans une patiente analyse de sa propre pensée. Il les a, le plus souvent, trouvés tout faits dans quelque livre, ils ont pénétré en lui sans qu'il le sût, parce qu'ils étaient contenus dans l'atmosphère intellectuelle ambiante.

C'est là ce qui explique que l'on ait pu faire fausse route, pour la découverte des principes de la science, tout en prétendant suivre étroitement les savants ; c'est qu'on s'est contenté d'accepter leurs indications méthodiques, sans rechercher s'ils avaient eux-mêmes réellement appliqué ces méthodes. C'est cette erreur, selon nous, qui se trouve au fond de l'affirmation selon laquelle, comme le formule un philosophe contemporain fort éminent, « la physique mathématique se détourne de l'essence des choses et leur intérieur substantiel pour se tourner vers leur ordre et liaison numériques et leur structure fonctionnelle et mathématique »[1].

Il est certain en effet que l'on peut trouver chez les créateurs de la science physique moderne, chez Kepler, chez Newton, voire même chez Descartes, chez Boyle et chez Boscovich, des déclarations dans le sens indiqué. Mais si, d'autre part, on considère sans parti pris et en elle-même leur œuvre en tant que savants, on s'aperçoit aisément qu'elle offre une image toute différente. Ainsi Boscovich semble bien, dans le titre de sa *Theoria*, réduire le concept de force à celui de loi. Mais il est clair, quand on entre dans le corps de l'ouvrage, qu'il considère cette force au contraire comme un être réel, une *chose*, comme la véritable essence de la nature qu'il a cherchée et découverte ; son argumentation contre la théorie corpusculaire n'aurait aucun sens dans le cas contraire. Boyle, nous l'avons vu, est un des atomistes les plus rigides qu'ait connus l'histoire des sciences de tous les temps ; il invente le terme « corpusculaire » pour la forme particulière de la théorie qu'il a adoptée et qu'il fait intervenir sans cesse ; son parti-pris à ce

---

1. E. Cassirer, *Das Erkenntnisproblem in der Philosophie und Wissenschaft der neuern Zeit*, Berlin, 1906-1907, vol. II, p. 530, [*Le problème de la connaissance dans la philosophie et la science des temps modernes*, Lille, PUL, 1983 ; Paris, Cerf, 1995-…]. *Cf.* notre article, *Revue de métaphysique*, janvier 1911, p. 122 *sq.*

point de vue frappe vivement ses contemporains, tels que Spinoza et Leibniz; et il est clair qu'en s'appliquant à ramener un changement de couleur à un déplacement de molécules, comme il le fait maintes fois, il ne se préoccupe pas simplement de la règle d'un phénomène, mais de sa véritable nature, de son essence et de sa cause. Et quant à Descartes, il est certain qu'il a recherché l'essence des choses à l'égal des scolastiques, mais qu'à l'encontre de ces derniers il la trouvait dans l'espace; assurément, nul n'a été plus affirmatif, plus apodictique que lui à cet égard. – La situation, en dépit des apparences, est analogue pour Kepler et pour Newton. Kepler a cherché, en même temps que les lois de l'attraction planétaire, sa cause et formulé à ce sujet toute une théorie. Newton, en dépit du *hypotheses non fingo*[1], a édifié son *Optique* sur la théorie de l'émission. Sa fameuse définition de la masse par la densité ne peut évidemment s'expliquer, comme l'a justement fait ressortir M. Rosenberger[2] que par des convictions atomistiques fortement assises. Et l'on peut raisonnablement douter qu'il ait jamais conçu l'action de la gravitation comme une loi pure et simple, en proscrivant toute hypothèse réelle; il a au contraire manifestement accepté tout d'abord l'hypothèse semi-théologique de More, au point qu'il a tenté de lui donner une apparence plus scientifique par la supposition d'un milieu particulier; et il a ensuite permis que Cotes, dans la préface à la 2e édition des *Principes*, parlât de la force agissant à distance comme d'un être réel.

---

1. [N.d.T.] « Je n'imagine aucune hypothèse. » Sur cette célèbre formule de Newton, *cf.* Ph. Hamou, « Descartes, Newton et l'intelligibilité de la nature », *in* P. Wagner (dir.), *Les philosophes et la science*, Paris, Gallimard, 2002.
2. F. Rosenberger, *Isaak Newton*, Leipzig, 1895, p. 173 et 192. – Le même auteur fait observer la contradiction entre le titre *Philosophiae naturalis principia mathematica* et le contenu de l'œuvre, qui ne constitue par le fait qu'un exposé des principes de la *mécanique* (*ibid.*, p. 172); mais c'est que Newton, tout comme Descartes et comme Leibniz, avait la ferme conviction que tout, en physique, doit se ramener à la mécanique.

Cette situation est tellement apparente qu'en édifiant des conceptions anti-substantialistes de la science, on n'a pu l'ignorer entièrement. On a généralement tourné la difficulté en traitant les travaux et les tentatives en question comme de simples écarts, en feignant de croire qu'il s'agissait de parties qui ne tiennent pas réellement à l'ensemble de l'œuvre et peuvent en être aisément détachées. Or, il est certain qu'une telle opération serait au contraire extrêmement difficile, même pour Newton, dont l'*Optique* et les *Principes* se trouveraient privés de quelques-uns de leurs chapitres les plus essentiels. Et si on voulait la tenter pour Descartes, il faudrait, semble-t-il, effacer ses *Principes* tout entiers. Évidemment l'œuvre scientifique de ces grands savants se tient et est ordonnée dans un sens tout différent des énoncés méthodiques que l'on cite.

Nous avons reconnu, au début de ce travail, que la source primordiale de ce que l'on pourrait appeler l'erreur positiviste gît dans la confusion entre la loi et la cause, dans la méconnaissance de cette vérité qu'en expliquant un phénomène par une loi, nous ne faisons qu'user d'une synecdoque. Mais le fait que l'on trouve chez beaucoup de savants des énoncés proscrivant toute recherche d'essence, de cause, est susceptible en outre, croyons-nous, d'explications psychologiques plus immédiates. Il faut remarquer que c'est un principe fort simple, pouvant être exprimé sous une forme précise, comme celle qui lui a été donnée finalement par Comte; il est, par là, séduisant en lui-même. En outre, il flatte l'orgueil du savant, puisqu'il lui fait apparaître son champ d'étude en quelque sorte souverain, entièrement indépendant des autres poursuites de la pensée humaine. À ce dernier titre, on comprend que le positivisme ait conquis le XIXe siècle, époque de l'épanouissement des recherches expérimentales. Mais il est nullement étonnant que cette conception ait, en quelque sorte subrepticement, séduit beaucoup d'esprits avant cette époque. On s'étonnerait plutôt du contraire et, en effet, si elle n'a pas paru plus tôt, si même, formulée quelquefois fort clairement

(comme, par exemple, chez Berkeley), elle disparaît, aussitôt
oubliée, ce n'est pas, comme on l'a dit fréquemment, par une
sorte de propension vicieuse de l'esprit humain vers l'ontologie; mais bien parce qu'elle est entièrement contraire à
la marche réelle de l'intellect, aussi bien chez le penseur
individuel que dans l'ensemble de l'évolution de la science.

Que serait-il arrivé si dans le passé l'humanité avait, par
impossible, adopté les points de vue de Berkeley et de Comte
et considéré qu'il n'y a pas de cause au delà de la loi ou qu'il
faut s'abstenir de la chercher? Le grand philosophe idéaliste
s'est prudemment abstenu de formuler des applications de son
principe. Mais Auguste Comte s'est expliqué avec plus de
précision. Dès lors il a loué Fourier pour avoir traité de la
chaleur sans s'occuper de savoir si elle était matière ou mouvement[1]; nié que la théorie de l'ondulation ou aucune autre
puisse jamais présenter « une utilité réelle pour guider notre
esprit dans l'étude effective de l'optique[2] »; considéré que les
« prétendues interférences optiques ou les croisements analogues en acoustique » étaient « des phénomènes essentiellement subjectifs », l'opinion contraire des physiciens constituant « une grave illusion[3] »; affirmé que toute assimilation
entre la lumière, le son ou le mouvement sera toujours une
« supposition arbitraire[4] »; condamné en général comme dues
« à la prépondérance prolongée de l'ancien esprit philosophique », toutes les tendances visant à établir des rapports
entre ce que nous appelons à l'heure actuelle les diverses
formes de l'énergie[5]. Il est d'ailleurs facile de se rendre

---

1. Comte, *Cours de philosophie positive*, 4ᵉ éd., Paris, 1877, vol. I, p. 18.
2. *Ibid.*, vol. II, p. 453.
3. Comte, *Politique positive*, t. I, p. 531. La date à laquelle il exprime cette
opinion (1851) ne la rend que plus curieuse.
4. *Cours*, vol. II, p. 445.
5. *Ibid.*, vol. III, p. 152. Il a maintenu cette opinion en 1851, cf. *Politique
positive*, vol. I, p. 528 : « Six branches irréductibles » de la physique, « peut-être
sept ». – Il est au moins probable que d'autres erreurs de Comte se rattachent, un
peu moins directement, à la même tendance : telles, son opinion sur la théorie de

compte que ces erreurs du fondateur du positivisme ne sont nullement accidentelles. On peut, en partant du concept utilitaire de la science, justifier à la rigueur les hypothèses explicatives. Cependant, la prédilection dont les physiciens font preuve pour les conceptions atomiques devient alors difficilement explicable; et l'on voit ainsi que les anathèmes de Comte contre la théorie de l'ondulation, etc. tiennent réellement au fond de sa doctrine.

Les principes du positivisme ou, en tout cas, des principes analogues ont été depuis, du moins en apparence, adoptés par nombre de savants qui souvent ont tenu à protester, comme Comte, contre les théories atomiques; mais en réalité, et en dépit de l'appui qu'a apporté à cette tendance la grande et légitime autorité de M. Mach, elle reste aujourd'hui, comme elle l'a été dans le courant du XIXe siècle, sans la moindre influence sur la marche de la science. Les savants du commencement du XXe siècle continuent à édifier des théories atomiques tout comme l'ont fait leurs prédécesseurs. Tous sans doute ne croient pas à la vérité des théories qu'ils imaginent ou qu'ils suivent; mais tous croient à leur utilité. Ils y voient, faute

---

la variabilité des espèces de Lamarck qu'il qualifie « d'hypothèse irrationnelle » (*Pol. pos.*, vol. I, p. 665); son enthousiasme pour les médiocres conceptions d'un Gall (*Cours*, vol. III, p. 513, 534-587), enthousiasme dont, même vers la fin de sa vie, il n'est revenu que très partiellement (cf. *Pol. pos.*, I, p. 669 *sq.*); son hostilité envers la chimie organique, qui lui apparaissait comme un « assemblage hétérogène et factice » qu'il fallait « détruire » (*Cours*, III, p. 174) et contre laquelle il renouvelait ses attaques encore en 1851, (*Pol. pos.*, I, p. 550), c'est-à-dire plus de vingt ans après la synthèse de Wœhler (1828), postérieurement à la découverte des ammoniaques composés par Wurtz (1849) et à la veille même de l'apparition de la théorie des types de Gerhardt (1853); enfin son peu de compréhension pour le développement de la chimie générale, à laquelle il voulait imposer une théorie bizarre de composition binaire (*Cours*, III, p. 81 *sq.*, VI, p. 614), théorie qui n'était probablement qu'une généralisation maladroite des conceptions de Berzélius, que les chimistes, vers cette époque, abandonnaient de plus en plus; ce qui fait que Comte, constatant le peu de succès de sa théorie, l'accusa d' « esprit métaphysique » (*Pol. pos.*, I, p. 551).

de mieux, un instrument de recherche de grande valeur, une « hypothèse de travail ». C'est un rôle extrêmement important. Bacon a cru que l'on pouvait parvenir à des découvertes scientifiques par des procédés d'induction pour ainsi dire mécaniques ; il s'est donné infiniment de peine pour élaborer des schémas très détaillés dont l'emploi devait laisser « peu d'avantage à la pénétration et à la vigueur des esprits », les rendant au contraire « tous presque égaux »[1]. Que certaines règles dont Bacon a précisé l'énoncé (comme par exemple celle des variations concomitantes) soient utiles dans les raisonnements scientifiques, cela est incontestable ; mais ses schémas, on peut hardiment l'affirmer, n'ont jamais été employés d'une manière suivie par un savant digne de ce nom, et en tout cas aucune découverte scientifique, grande ou petite, n'est due à leur application[2]. On ne peut, semble-t-il, mieux réfuter les opinions de Bacon qu'en citant celles de trois hommes éminents qui comptent parmi les créateurs de cette science éminemment expérimentale qu'était la chimie de la fin

1. Bacon, *Novum Organon*, livre I, Aph. 61. – Il est très curieux d'observer que, tout comme Comte et évidemment pour des raisons analogues, Bacon s'est étrangement trompé dans son jugement sur de grandes conquêtes de la science. Ainsi il a vivement blâmé Copernic *(Glob. int.,* cap. VI), et Gilbert, dont les travaux sur l'électricité sont un véritable monument de l'esprit scientifique le plus pur, était sa bête noire *(Novum Org.*, I, § 54 ; II, Aph. 48). – Bien entendu nous ne pensons nullement à attribuer à Auguste Comte, en cette question, des opinions analogues à celles de Bacon. Au contraire, Comte a constamment insisté sur la nécessité de l'hypothèse ; l'empirisme absolu, d'après lui, est « non seulement tout à fait stérile, mais même radicalement impossible à notre intelligence » *(Cours*, vol. VI, p. 471). Il n'a protesté que contre les hypothèses qualifiées par lui de « métaphysiques ». Mais cette attitude, quoique moins absolue que celle de Bacon, a suffi pour l'entraîner à des erreurs du même genre.

2. F. Rosenberger, *Geschichte*, II, p. 191, constate le peu d'influence réelle de Bacon sur la marche de la science. Boyle semble s'être quelquefois laissé tenter d'appliquer, non pas véritablement les schémas de Bacon (c'eût été probablement impossible), mais quelques-uns de ses principes. Rosenberger pense que cette circonstance a été cause que la découverte de la loi de Mariotte, dont il avait en main toutes les données expérimentales, lui ait finalement échappé.

du XVIIIᵉ et de la première moitié du XIXᵉ siècle. « Pour tenter
une expérience, dit Berthollet, il faut avoir un but, être guidé
par une hypothèse »[1]. Humphry Davy affirme que « ce n'est
qu'en formant des théories et en les comparant aux faits que
nous pouvons espérer découvrir le vrai système de la nature »[2].
Et Liebig, après avoir déclaré qu'entre des expériences dans
le sens de Bacon et de véritables recherches scientifiques il y a
« le même rapport qu'entre le bruit qu'un enfant produit en
frappant sur des timbales et la musique »[3], fait ressortir que
c'est au contraire l'imagination scientifique qui joue dans les
découvertes le rôle le plus considérable et que l'expérience,
tout comme le calcul, ne sert qu'à aider le processus de la
pensée.

Parmi nos contemporains, M. Poincaré, dans son Rapport
au Congrès international de physique de 1900, a exposé que,
vouloir expérimenter sans idée préconçue, serait rendre toute
expérience stérile et qu'il est d'ailleurs impossible de se débarrasser d'idées de ce genre[4], et M. Duhem a démontré l'étroite
dépendance dans laquelle les expériences se trouvent à l'égard
des théories scientifiques[5], et fait ressortir l'impossibilité du
fameux *experimentum crucis* qui joue un si grand rôle dans la
théorie baconienne[6].

Pour ces « hypothèses de travail », le seul point de vue
qui intéresse directement le savant, c'est leur fertilité, leur
aptitude à lui faire découvrir, entre les phénomènes, des
rapports qu'il ne soupçonnait point. Quelles suppositions ont
jamais égalé à ce point de vue l'utilité des hypothèses
mécaniques ? Dans le domaine entier de la science, qu'elles
remplissent, elles ont fait et font pousser sans cesse une

---

1. Cl. Louis Berthollet, *Essai de statique chimique,* Paris, 1803, p. 5.
2. *Encyclopaedia Britannica*, 9ᵉ éd., article *Davy*, p. 847.
3. J. Liebig, *Reden und Abhandlungen*, Leipzig, 1874, p. 249.
4. Congrès international de physique, vol. I, p. 3.
5. P. Duhem, *La théorie physique*, p. 300.
6. *Ibid.*, p. 308 [*cf.* dans le présent volume, p. 64 *sq.*].

moisson prodigieuse de découvertes de la plus haute valeur. Là même où les savants ne croient d'abord qu'à une similitude tout à fait superficielle, des recherches subséquentes font découvrir quelquefois, de la manière la plus inattendue, une analogie plus profonde. Que l'on se rappelle avec quel scepticisme fut accueillie d'abord l'hypothèse de Kekulé sur la structure des composés de carbone et la position des atomes dans la molécule; alors même qu'il était démontré que cette représentation expliquait admirablement une immense série de phénomènes qui constituaient jusque-là une sorte de brousse impénétrable, elle paraissait à beaucoup intolérablement grossière. Et pourtant quelle étonnante extension et vérification à la fois de ces théories, que les découvertes de Le Bel et de Van't Hoff sur l'atome de carbone dissymétrique[1]! Qui ne serait émerveillé de voir le rôle des hypothèses atomiques dans les récents progrès de l'électricité et comment, par les travaux de M. Svante Arrhenius, la chimie vient s'y rattacher? Et n'est-il pas surprenant de constater que la plupart des phénomènes irréversibles qui pourtant, par leur essence, semblent échapper aux explications causales, paraissent pour ainsi dire calqués sur un phénomène mécanique, le frottement, au point que les physiciens soient arrivés à la conviction qu'il y a là plus qu'une simple analogie, quelque chose qui révèle la nature intime de ces phénomènes[2]. Nous venons de citer uniquement des exemples récents, presque contemporains, mais il y en avait autant dans le passé, témoin, pour ne mentionner que ce cas illustre, les prévisions si brillamment réalisées qu'on avait déduites de la théorie de Fresnel[3].

---

1. Van't Hoff, a rappelé, avec un juste orgueil, que M. Émile Fischer, dans ses recherches qui ont abouti à la synthèse du glucose, était guidé par des considérations sur la stéréochimie (*Revue générale des sciences,* V, 1894, p. 272). On sait d'ailleurs que cette théorie a été appliquée récemment aussi à l'azote pentavalent et à l'étain et au soufre quadrivalents.

2. H. Poincaré, *La science et l'hypothèse*, p. 208.

3. *Cf.* P. Duhem, *La théorie physique*, p. 43.

De même l'histoire des sciences nous montre que, grâce aux conceptions atomiques, l'humanité a réellement pressenti certaines vérités scientifiques importantes, qu'elle a développé une sorte de prescience. Quand les atomistes grecs affirmaient que l'air, comme tout autre corps, devait être composé de parties discrètes, c'était pure conception apriorique ; aucun fait connu à l'époque ne confirmait cette opinion, tout, au contraire, semblait démontrer que l'air était un continu. Or, nous pouvons maintenant établir expérimentalement que cette dernière opinion est insoutenable, que les gaz ont réellement une structure, sont discontinus[1]. De même, les chimistes du XIXᵉ siècle en s'attachant, par un espoir tenace, à l'hypothèse de l'unité de la matière, allaient à l'encontre des faits expérimentaux les mieux établis et qui formaient la base même de leur propre doctrine. Cependant, voici que les phénomènes se rapportant aux rayons cathodiques, à la matière radiante, etc., tendent à fournir à cette hypothèse un fondement expérimental. Ce qui s'est passé à propos de la réversibilité des réactions chimiques rentre dans le même ordre d'idées. Il est certain (les idées de Berthollet étant restées, à ce point de vue, à peu près sans influence sur la marche de la science) que cette notion était tout à fait étrangère à l'esprit d'un chimiste, vers le milieu du XIXᵉ siècle ; et rien n'était moins justifié à ce point de vue que l'emploi du signe d'égalité pour réunir les deux termes de ce qu'on appelle une « équation chimique ». Ce signe, manifestation palpable de la tendance causale exprimait un postulat ou, si l'on veut, un espoir qui, à la lumière des théories alors régnantes, était irréalisable ou plutôt absurde, puisqu'il était entendu que les deux côtés de l'équation indiquaient l'un l'état initial et l'autre l'état final du phénomène, qui devait toujours se passer dans le même sens, sans aucun espoir de retour. Il n'en est que plus étonnant de constater que cet espoir quasi chimérique s'est, dans une certaine mesure, réalisé : les

1. O. Reynolds, *Proceedings of the Royal Society*, vol. XXVIII, 6 fév. 1879.

réactions chimiques nous apparaissent aujourd'hui comme généralement réversibles et nous pouvons alors réellement remplacer le signe d'égalité, dont le sens a été faussé, par les deux flèches de Van't Hoff.

Mais le phénomène le plus frappant, le plus merveilleux dans cet ordre d'idées, c'est l'existence des principes de conservation. En vertu de la tendance causale, l'humanité les avait pressentis; elle avait formé le concept de l'atome-substance bien avant toute expérience sur la conservation de la matière et concevait vaguement des systèmes mécaniques impliquant la persistance du mouvement, avant l'inertie et la conservation de l'énergie. C'est au point que si, d'un côté, ces principes paraissent simplement formuler un savoir que l'humanité aurait possédé de tout temps, de l'autre ils dépassent pour ainsi dire les limites mêmes de l'espoir qu'on était en droit de concevoir. Ainsi la chaleur et la lumière auraient bien pu être des mouvements, conformément au postulat du mécanisme universel, sans qu'il fût possible de convertir ces mouvements des particules en mouvements de masse, ou vice versa. C'était là à peu près la conception de Leibniz et de Huygens et en général de la plupart des physiciens mécanistes, avant l'établissement de la conservation de l'énergie. Cette dernière découverte constitue une confirmation proprement inattendue. De même, le mécaniste le plus déterminé n'eût osé espérer au XIXe siècle, avant les travaux de M. Gouy, que l'on parviendrait à rendre directement visible, par ses effets mécaniques les plus immédiats, l'agitation des molécules.

Ces concordances surprenantes n'ont pas été sans attirer l'attention des penseurs. Cournot, en constatant la pérennité des théories atomiques, en avait conclu qu'il était possible que ses inventeurs fussent « tombés de prime abord sur la clef même des phénomènes naturels ». D'autres fois, il croit pouvoir inférer de la conservation du poids de la matière que l'idée de substance n'est pas seulement une abstraction logique, mais qu'elle « a son fondement dans l'essence des corps » [1]. On peut citer, chez nombre de physiciens contemporains, de ces remarques par lesquelles ils expriment leur étonnement de la concordance entre les conceptions de l'esprit et les résultats des recherches expérimentales. L'observation de M. Poincaré sur les phénomènes irréversibles, que nous avons citée plus haut, appartient déjà à cet ordre d'idées. Une autre fois ce théoricien s'émerveille à bon droit de l'analogie surprenante entre l'oscillation électrique et le mouvement du pendule [2]. Boltzmann constate que « toutes les conséquences de la théorie mécanique de la chaleur, même celles appartenant aux domaines les plus disparates, ont été confirmées par l'expérience ; on peut même dire qu'elles concordaient étrangement, jusque dans leurs nuances les plus fines, avec le pouls de la nature » [3]. Hertz, au début de sa mécanique, déclare que d'une manière générale, pour que nous puissions nous former des images des choses, il faut que les conséquences logiques de ces images soient encore des images des conséquences que les choses produisent réellement dans la nature. Il faut donc qu'il y ait des concordances entre la nature et notre esprit [4].

C'est par conséquent à tort que tout à l'heure nous avons traité les hypothèses causales de simple instrument, d'hypothèses « de travail ». Elles sont plus qu'un échafaudage destiné à disparaître quand l'édifice est construit, elles ont leur valeur propre, elles correspondent certainement à quelque chose de très profond et de très essentiel dans la nature même.

Ainsi, et cela est très important à constater, l'accord entre les postulats de notre esprit et les phénomènes dépasse la légalité pure. La nature ne se montre pas seulement ordonnée, mais

1. A. A. Cournot, *Traité de l'enchaînement*, Paris, 1861, p. 157.

2. H. Poincaré, *La science et l'hypothèse*, p. 191.

3. L. Boltzmann, « Über die Unentbehrlichkeit der Atomistik », Wiedemann's *Annalen*, vol. LX, 1897, p. 243. *Cf.* aussi *Leçons sur la théorie des gaz, op. cit.*, trad. fr. A. Galotti et H. Bénard, IIe partie, Paris, 1905, p. VIII.

4. H. Hertz, *Gesammelte Werke*, Leipzig, 1895, vol. I, p. 1.

aussi, jusqu'à un certain point, réellement intelligible. C'est un point de vue qui a été parfois méconnu. Spir lui-même, quoiqu'il ait sur bien des points reconnu clairement l'action du principe d'identité dans la science et qu'il en ait déduit l'atomisme et les principes de conservation, a insisté d'autre part sur le fait que l'ordre des phénomènes seul, et non pas un objet réel, ni une pluralité d'objets, reste immuable dans le monde et que l'explication scientifique aura atteint son dernier but pour la détermination des lois[1].

On a quelquefois affecté de voir dans l'atomisme de la science contemporaine une sorte d'accident historique; c'est assurément une erreur, l'atomisme tient au plus profond de notre esprit. Il est certain que les concordances que nous découvrons entre ces théories et les résultats des expériences fortifient la prise qu'elles ont sur nous; mais notre foi ne repose pas exclusivement sur cet accord, elle lui est antérieure. Si on le méconnaît, on est amené à nier toute analogie entre les théories atomiques modernes et celles des anciens, car quels sont les faits que pouvaient faire valoir les Jaïnas ou Démocrite? Or, cette analogie est au contraire flagrante.

On peut même se demander si, à tout prendre, notre foi peut être plus forte que celle de ces anciens. Car nous voyons aussi des difficultés, des contradictions qu'ils ignoraient. D'après Lucrèce, les corps durs tels que le diamant, le roc, contiennent des atomes entrelacés, ceux des liquides sont ronds, alors que la fumée et la flamme sont composées d'atomes pointus, mais pas recourbés. Le lait et le miel ont des atomes ronds et polis, ceux de l'absinthe sont au contraire crochus; de même, les images plaisantes se transmettent par des atomes polis et les blessantes par des atomes présentant

1. A. Spir, *Pensée et réalité*, p. 225 et 271. [Lille, Au siège des facultés, 1896; trad. allemande : A. Spir, *Denken und Wirklichkeit : Versuch einer-Erneuerung der kritischen Philosophie*, Leipzig, Findel, 1873; 3ᵉ éd. Stuttgart, Neff, 1883].

des aspérités[1]. Encore au XVIIe et au XVIIIe siècles, physiciens et chimistes avancent des théories mécaniques qui nous paraissent stupéfiantes de hardiesse. Pour Lémery, les acides sont composés de particules pointues[2]; pour Boyle, les particules de l'air sont de petits ressorts[3]; Bœrhaave assimile les divers organes du corps humain à des pompes, des ressorts, des cribles[4]. Nous sommes, hélas! fort loin de pouvoir présenter des explications aussi simples et aussi claires; et nous sommes aussi forcés quelquefois de relever des désaccords. En effet, la concordance entre le rationnel et le réel ne saurait être complète. Si surprenant qu'il soit de constater qu'à l'aide de la méthode « statistique », les phénomènes irréversibles sont dans une certaine mesure explicables par le mécanisme (c'est là encore un exemple de ces concordances que nous venons de signaler), cette constatation n'a pas la portée qu'on est tenté de lui attribuer. Cette explication, en effet, fût-elle complète, ne nous satisferait pas. Car le mécanisme n'a pas de vertu explicative propre, il la tire tout entière du fait qu'il est une formule causale, qu'il est fondé sur l'identité. Or, nous ne pouvons, cela n'est pas douteux, satisfaire complètement notre tendance causale, notre besoin d'identité, car ce qu'il postule en dernier lieu, c'est l'anéantissement du phénomène.

---

1. Lucrèce, Livre II, V, 388 *sq.*
2. P. Duhem, *Le mixte*, p. 20. – *Cf.* Kopp, *Geschichte*, vol. III, p. 31.
3. *Ibid.*, p. 28.
4. A. Dastre, *La vie et la mort*, Paris, Flammarion, 1907, p. 32.

HENRI POINCARÉ

L'ÉVOLUTION DES LOIS

PRÉSENTATION
Elie Zahar

On aurait pu s'attendre à ce que Poincaré – le fondateur du conventionnalisme moderne – admette l'idée que, les lois de la physique n'étant que des instruments commodes, elles soient susceptibles d'évoluer, du moins graduellement. En d'autres termes : pour mieux sauver les apparences, les scientifiques sont en droit de supposer qu'une nouvelle hypothèse subsume, à partir d'une certaine date, des phénomènes régis jusque là par une autre loi. Or, il n'en est rien. Bien que se plaçant à un point de vue strictement épistémologique, Poincaré prétend que les savants ne peuvent pas faire l'économie d'un métaprincipe tout à fait général, à savoir que la science doit tenir ses lois fondamentales pour des propositions immuables ; et ce, même si les scientifiques reconnaissent avoir, par le passé, eu recours à des conjectures fausses. En effet, ils n'admettent leurs erreurs qu'à la lumière d'une nouvelle théorie – jugée, à son tour, immuable – dont ils se servent pour corriger leurs hypothèses d'antan. Notons que ce point de vue faillibiliste est tout à fait cohérent avec le réalisme structural de Poincaré [1].

Il nous semble qu'il existe, selon Poincaré, trois cas de figure dans lesquels on aurait pu légitimement parler de l'évolution des lois. Le premier est celui d'un ensemble – nécessairement fini – de faits connus que l'on se propose d'expliquer. Quelque disparates qu'ils puissent être, ceux-ci, étant rééls, sont « compossibles »; c'est-à-dire qu'ils ne donnent lieu à aucune contradiction logique. Ils pourront donc toujours être extrapolés au moyen d'une généralisation cohérente. Celle-ci sera tenue pour immuable, et ce jusqu'à ce qu'elle soit éventuellement infirmée par l'expérience; elle sera alors corrigée, puis supplantée par une nouvelle hypothèse qualifiée, à son tour, d'immuable. Comme exemple, Poincaré cite la relation liant la mécanique et la thermodynamique classiques d'une part, à la Relativité et à la théorie cinétique des gaz, de l'autre (il s'agit, en fait, de la relation dite de « correspondance »[2]). Le faillibilisme de Poincaré à l'encontre des hypothèses scientifiques – un faillibilisme décrit de manière plus explicite dans *La Science et l'hypothèse*[3] – lui permet donc de concilier deux thèses en apparence contradictoires; à savoir à la fois que les lois ne sont acceptées qu'à titre provisoire et qu'elles ne peuvent être dépassées que par une théorie jugée immuable et dont elles constituent des cas limites.

Le deuxième cas de figure concerne des états de faits futurs, ou appartenant à un passé lointain, et qui sont par conséquent connus, non pas par « accointance mais par

1. Voir E. Zahar, *Einstein's Revolution : A Study in Heuristics*, La Salle, Ill., Open Court, 1989, chap. 5.

2. Voir E. Zahar, *Einstein's Philosophy : From Conventionalism to Phenomenology*, La Salle, Ill., Open Court, 2001, chap. 4.

3. *Ibid.*, chap. 9.

description »[1]. Nous devons donc soit les prévoir soit les reconstituer grâce à nos connaissances actuelles, et ce au moyen d'une théorie immuable ; car nous ne sommes contraints d'affirmer d'une hypothèse qu'elle a évolué que si elle cesse de subsumer des faits *connus* ; donc des faits dont, par hypothèse, nous ne disposons pas.

Poincaré examine enfin le cas d'une théorie comportant des fonctions qui, tout en ayant une forme atemporelle, font intervenir le temps t comme variable indépendante. Il démontre que t peut toujours être éliminé par le biais d'une différentiation suivie de l'adjonction d'une relation supplémentaire. Comme la preuve de Poincaré, du fait de sa concision, est à peine compréhensible, nous nous permettrons d'en faire un exposé plus détaillé. Considérons une loi consistant en n équations différentielles du premier ordre :

$$[1]\ \frac{dx_j}{dt}=f_j(x_1,\ldots,x_n,t)\,;j=1,\ldots,n.$$

Bien que la forme de la fonction f_j ne dépende pas du temps t, ses arguments $(x_1,\ldots,x_n,t)$ contiennent une référence explicite à t ; de sorte que nous aurions pu écrire :

$$[2]\ f_j(x_1,\ldots,x_n,t)\equiv f_{jt}(x_1,\ldots,x_n).$$

Étant dépendante de t, f_{jt} aurait donc évolué d'un moment à l'autre. Nous pouvons néanmoins éliminer t comme suit. Commençons par poser :

$$[3]\ v_1=\frac{dx_1}{dt},\text{d'où, selon [1] :}$$

$$[4]\ v_1=f_1(x_1,\ldots,x_n,t).$$

Supposons que cette équation puisse être résolue pour t en fonction de $(x_1,\ldots,x_n,t)$. Nous aurons :

$$[5]\ t=h(x_1,\ldots,x_n,v_1).$$

1. Voir B. Russell, *Théorie de la connaissance (le manuscrit de 1913)*, Paris, Vrin, 2002, Ire partie.

Substituant dans [1], nous obtenons, pour $q \geq 2$:

[6] $\dfrac{dx_q}{dt} = g_q(x_1, \ldots, x_n, v_1)$, où :

[7] $g_q(x_1, \ldots, x_n, v_1) =_{\text{Def}} f_q(x_1, \ldots, x_n, h(x_1, \ldots, x_n, v_1))$.

Ensuite, dérivant [3] par rapport à t, nous aurons la relation :

$$[8]\ \frac{dv_1}{dt} = \frac{\partial f_1}{\partial t} + \frac{\partial f_1}{\partial x_1} \cdot \frac{dx_1}{dt} + \sum_{q \geq 2} \frac{\partial f_1}{\partial x_q} \cdot \frac{dx_q}{dt}$$

$$= \frac{\partial f_1}{\partial t} + \frac{\partial f_1}{\partial x_1} \cdot v_1 + \sum_{q \geq 2} \frac{\partial f_1}{\partial x_q} \cdot f_q(x_1, \ldots, x_n, t)\,(\text{d'après [3] et [1]}).$$

Substituant $h(x_1, \ldots, x_n, v_1)$ pour t dans cette expression, nous obtenons finalement une équation de la forme :

$$[9]\ \frac{dv_1}{dt} = G(x_1, \ldots, x_n, v_1).$$

[3], [6] et [9] représentent donc $(n+1)$ équations différentielles du premier ordre, qui remplacent les n relations [1] tout en ne comportant aucune référence directe à t. Poincaré a donc démontré la proposition suivante : dire d'une loi qu'elle change avec le temps n'a de valeur scientifique que dans la mesure où un tel changement peut être décrit de manière précise, par exemple au moyen des fonctions f_j ou f_{jt}. Or une telle description débouche nécessairement sur des relations que nous pouvons toujours qualifier d'immuables.

Pour terminer, notons qu'en tant que kantien, Poincaré évite toute référence directe à la chose-en-soi ; puisque nous n'avons de chances de cerner celle-ci que par l'intermédiaire de théories faillibles, c'est-à-dire « par description »[1] ; d'où l'aspect essentiellement épistémologique de la pensée poincaréenne. D'ailleurs, même si la chose-en-soi était régie par des lois, dire de celles-ci qu'elles changent avec le temps serait ni vrai ni faux, mais absurde ; puisque l'univers nouménal pourrait bien s'avérer atemporel. Il n'en demeure pas moins que Poincaré adhère au réalisme scientifique, du moins sous sa

---

1. B. Russell, *Théorie de la connaissance, op. cit.*, IIe partie.

forme structurale. Vers la fin de « L'évolution des lois », il nous dit : « Le monde bergsonien n'a pas de lois ; ce qui peut en avoir, c'est simplement l'image plus ou moins déformée que les savants s'en font. Quand on dit que la nature est gouvernée par des lois, on entend que ce portrait est encore assez ressemblant. » C'est précisément la conviction que, tout en restant faillibles, nos hypothèses ont des chances d'être vérisimilaires, c'est-à-dire de simuler la chose-en-soi, qui fait de Poincaré non pas un kantien orthodoxe, mais un quasi-kantien réformé par le réalisme structural [1].

Indications bibliographiques

Henri POINCARÉ
La Science et l'hypothèse, Paris, Flammarion, 1902.
La Valeur de la science, Paris, Flammarion, 1906.
Science et méthode, Paris, Flammarion, 1908 ; Paris, Kimé, 1999.
Dernières pensées, Paris, Flammarion, 1913.

Autres ouvrages
FOLINA J., *Poincaré and the Philosophy of Mathematics*, Macmillan, Londres, 1992.
MOOIJ J. J. A., *La Philosophie des mathématiques de Henri Poincaré*, Gauthier-Villars, Paris, 1966.
RUSSELL B., *Théorie de la connaissance (le manuscrit de 1913)*, Paris, Vrin, 2002.
ZAHAR E., *Einstein's Revolution : A Study in Heuristics*, La Salle, Ill., Open Court, 1989.
– *Poincaré's Philosophy : From Conventionalism to Phenomenology*, La Salle, Ill., Open Court, 2001.

1. Voir E. Zahar, *Einstein's Philosophy...*, chap. 2.

L'ÉVOLUTION DES LOIS [*]

M. Boutroux, dans ses travaux sur la contingence des lois de la nature, s'est demandé si les lois naturelles ne sont pas susceptibles de changer, si alors que le monde évolue continuellement, les lois elles-mêmes, c'est-à-dire les règles suivant lesquelles se fait cette évolution, seront seules exemptes de toute variation. Une pareille conception n'a aucune chance d'être jamais adoptée par les savants; au sens où ils l'entendraient, ils ne sauraient y adhérer sans nier la légitimité et la possibilité même de la science. Mais le philosophe conserve le droit de se poser la question, d'envisager les diverses solutions qu'elle comporte, d'en examiner les conséquences, et de chercher à les concilier avec les légitimes exigences des savants. Je voudrais considérer quelques-uns des aspects que le problème peut revêtir; je serai ainsi amené non à des conclusions proprement dites, mais à diverses réflexions qui ne seront peut-être pas dénuées d'intérêt. Si, chemin

[*] Ce texte est paru dans la revue *Scientia* (*Rivista di Scienza*), Bologne, Nicola Zanichelli, Paris, Félix Alcan, vol. IX, année V, 1911, p. 275-292. Il a été repris dans un recueil posthume d'œuvres de Henri Poincaré, *Dernières Pensées*, Paris, Flammarion, 1913. Dans ce volume, le paragraphe XI du texte a été supprimé et quelques corrections mineures ont été apportées. Nous avons adopté la plupart de ces corrections mais nous avons conservé le paragraphe XI du texte original.

faisant, je me laisse aller à parler un peu longuement de certaines questions connexes, on voudra bien me le pardonner.

I

Plaçons-nous d'abord au point de vue du mathématicien. Admettons pour un instant que les lois physiques aient subi des variations dans le cours des âges, et demandons-nous si nous aurions un moyen de nous en apercevoir. N'oublions pas d'abord que les quelques siècles pendant lesquels l'humanité a vécu et pensé, ont été précédés de périodes incomparablement plus longues où l'homme ne vivait pas encore; ils seront sans doute suivis d'autres périodes où notre espèce aura disparu. Si l'on veut croire à une évolution des lois, elle ne peut sans contredit être que très lente de sorte que pendant le peu d'années où l'on a pensé, les lois de la nature n'ont pu subir que des changements insignifiants. Si elles ont évolué dans le passé, il faut comprendre par là le passé géologique. Les lois d'autrefois étaient-elles celles d'aujourd'hui, les lois de demain seront-elles encore les mêmes? Quand on pose une pareille question, quel sens doit-on attacher aux mots autrefois, aujourd'hui, et demain? Aujourd'hui ce sont les temps dont l'histoire a conservé le souvenir; autrefois ce sont les millions d'années qui ont précédé l'histoire et où les ichthyosaures vivaient tranquillement sans philosopher; demain, ce sont les millions d'années qui viendront ensuite, où la Terre sera refroidie et où l'homme n'aura plus d'yeux pour voir ni de cerveau pour penser.

Cela posé, qu'est-ce qu'une loi? C'est un lien constant entre l'antécédent et le conséquent, entre l'état actuel du monde et son état immédiatement postérieur. Connaissant l'état actuel de chaque partie de l'univers, le savant idéal qui connaîtrait toutes les lois de la nature, posséderait des règles fixes pour en déduire l'état que ces mêmes parties auront le lendemain; on conçoit que ce processus puisse être poursuivi indéfiniment. De l'état du monde du lundi, on déduira celui du mardi; connaissant celui du mardi, on en déduira par les mêmes procédés celui du mercredi; et ainsi de suite. Mais ce n'est pas tout; s'il y a un lien constant entre l'état du lundi et celui du mardi, on pourra déduire le second du premier, mais on pourra faire l'inverse, c'est-à-dire que si l'on connaît l'état du mardi, on pourra conclure à celui du lundi; de l'état du lundi on conclura de même à celui du dimanche et ainsi de suite; on peut remonter le cours des temps de même qu'on peut le descendre. Avec le présent et les lois, on peut deviner l'avenir, mais on peut également deviner le passé. Le processus est essentiellement réversible.

Puisque nous nous plaçons ici au point de vue du mathématicien, il convient de donner à cette conception toute la précision qu'elle comporte, dût-on pour cela employer le langage mathématique. Nous dirons alors que l'ensemble des lois équivaut à un système d'équations différentielles qui lient les vitesses de variation des divers éléments de l'univers aux valeurs actuelles de ces éléments.

Un pareil système comporte, comme on le sait, une infinité de solutions; mais si nous nous donnons les valeurs initiales de tous les éléments, c'est-à-dire leurs valeurs à l'instant $t=0$, (celui que dans le langage ordinaire nous appelons le présent) la solution se trouve entièrement déterminée, de sorte que nous pouvons calculer les valeurs de tous les éléments à une époque quelconque, soit que nous supposions $t>0$, ce qui correspond à l'avenir, soit que nous supposions $t<0$, ce qui correspond au passé. Ce qu'il importe de se rappeler, c'est que la façon de conclure du présent au passé, ne diffère pas de la façon de conclure du présent à l'avenir.

Quel moyen avons-nous alors de connaître le passé géologique, c'est-à-dire l'histoire des temps où les lois auraient pu autrefois varier? Ce passé n'a pu être directement observé et nous ne le connaissons que par les traces qu'il a laissées dans le présent, nous ne le connaissons que par le présent, et nous ne pouvons l'en déduire que par le processus que nous venons de décrire, et qui nous permettrait également d'en déduire l'avenir. Or ce processus est-il capable de nous révéler des changements dans les lois ? Évidemment non ; nous ne pouvons précisément l'appliquer qu'en supposant que les lois n'ont pas changé ; nous ne connaissons directement que l'état du lundi par exemple, et les règles qui lient l'état du dimanche à celui du lundi ; l'application de ces règles nous fera alors connaître l'état du dimanche ; mais si nous voulons pousser plus loin et en déduire l'état du samedi, il faut de toute nécessité que nous admettions que les mêmes règles qui nous ont permis de remonter du lundi au dimanche, étaient encore valables entre le dimanche et le samedi. Sans cela, la seule conclusion qui nous serait permise, c'est qu'il est impossible de savoir ce qui s'est passé le samedi. Si alors l'immutabilité des lois figure dans les prémisses de tous nos raisonnements, nous ne pouvons pas ne pas la retrouver dans la conclusion.

Un Leverrier, connaissant les orbites actuelles des planètes, calcule, en se servant de la loi de Newton, ce que seront devenues ces orbites dans 10 000 ans. De quelque manière qu'il dirige ses calculs il ne pourra jamais trouver que la loi de Newton sera fausse dans quelques milliers d'années. Il aurait pu, en changeant tout simplement le signe du temps dans ses formules, calculer ce qu'étaient ces orbites il y a 10 000 ans ; mais il est sûr d'avance de ne pas trouver que la loi de Newton n'a pas été toujours vraie.

En résumé, nous ne pouvons rien savoir du passé qu'à la condition d'admettre que les lois n'ont pas changé ; si nous l'admettons, la question de l'évolution des lois ne se pose pas ; si nous ne l'admettons pas, la question est insoluble, de même que toutes celles qui se rapportent au passé.

II

Mais, dira-t-on, ne pourrait-il se faire que l'application du processus précédent conduisît à une contradiction, ou, si l'on veut, que nos équations différentielles n'admissent aucune solution ? Puisque l'hypothèse de l'immutabilité des lois, posée au début de tous nos raisonnements, conduirait à une conséquence absurde, nous aurions démontré *per absurdum* qu'elles ont évolué, tout en étant à tout jamais impuissants à savoir dans quel sens.

Comme notre processus est réversible, ce que nous venons de dire s'applique à l'avenir, et il semble qu'il y ait des cas où nous pourrions affirmer qu'avant telle date le monde doit périr ou changer ses lois ; si par exemple le calcul nous montre qu'à cette date, l'une des quantités que nous avons à envisager doit devenir infinie, ou prendre une valeur physiquement impossible. Périr, ou changer ses lois, c'est à peu près la même chose ; un monde qui n'aurait plus les lois du nôtre, ce ne serait plus notre monde, c'en serait un autre.

Est-il possible que l'étude du monde actuel et de ses lois nous conduise à des formules exposées à de semblables contradictions ? Les lois sont obtenues par l'expérience ; si elles nous enseignent que l'état A du dimanche entraîne l'état B du lundi, c'est qu'on a observé les deux états A et B ; c'est donc qu'aucun de ces deux états n'est physiquement impossible. Si nous poursuivons le processus, et si nous concluons en passant chaque fois d'un jour au jour suivant, de l'état A à l'état B, puis de l'état B à l'état C, puis de l'état C à l'état D, etc., c'est que tous ces états sont physiquement possibles ; car si l'état D par exemple ne l'était pas, on n'aurait jamais pu faire d'expérience prouvant que l'état C engendre au bout d'un jour l'état D. Quelque loin que les déductions soient poussées, on n'arrivera donc jamais à un état physiquement impossible, c'est-à-dire à une contradiction. Si une de nos formules n'en était pas exempte, c'est qu'on aurait dépassé l'expérience, c'est qu'on aurait extrapolé. Supposons par exemple qu'on ait observé que dans telle ou telle circonstance la température d'un corps baisse d'un degré par jour; si elle est actuellement de 20° par exemple, on conclura que dans 300 jours, elle sera de - 280°; et cela sera absurde, physiquement impossible, puisque le zéro absolu est à - 273°. Qu'est-ce à dire? Avait-on observé que la température passait en un jour de - 279° à -280°? Non, sans doute, puisque ces deux températures sont inobservables. On avait vu par exemple que la loi était vraie à très peu près entre 0° et 20°, et on en avait abusivement conclu qu'elle devait l'être encore jusqu'à - 273° et même au delà; on avait fait une extrapolation illégitime. Mais il y a une infinité de manières d'extrapoler une formule empirique et parmi elles on peut toujours en choisir une qui exclue les états physiquement impossibles.

Nous ne connaissons les lois qu'imparfaitement; l'expérience ne fait que limiter notre choix, et parmi toutes les lois qu'elle nous permet de choisir, on en trouvera toujours qui ne nous exposent pas à une contradiction du genre de celles dont nous venons de parler et qui pourraient nous obliger à conclure contre l'immutabilité. Ce moyen de démontrer une pareille évolution nous échappe encore, qu'il s'agisse d'ailleurs de démontrer que les lois changeront, ou qu'elles ont changé.

III

Arrivés à ce point, on peut nous opposer un argument de fait. Vous dites qu'en cherchant à remonter, grâce à la connaissance des lois, du présent au passé, on ne se heurtera jamais à une contradiction, et cependant les savants en ont rencontré, dont il ne semble pas qu'on puisse se tirer aussi facilement que vous le pensez. Qu'elles ne soient qu'apparentes, qu'on puisse conserver l'espoir de les lever, je vous l'accorde; mais d'après votre raisonnement, une contradiction même apparente devrait être impossible.

Citons tout de suite un exemple. Si l'on calcule d'après les lois de la thermodynamique, le temps depuis lequel le Soleil a pu nous verser sa chaleur, on trouve environ 50 000 000 d'années; ce temps ne saurait suffire aux géologues; non seulement l'évolution des formes organisées n'a pu se produire aussi vite, – c'est là un point sur lequel on pourrait discuter –, mais le dépôt des couches où on trouve des restes de végétaux ou d'animaux qui n'ont pu vivre sans soleil, a exigé un nombre d'années peut être dix fois plus grand.

Ce qui a rendu la contradiction possible, c'est que le raisonnement sur lequel repose l'évidence géologique diffère beaucoup de celui du mathématicien. Observant des effets identiques, nous concluons à l'identité des causes, et par exemple en retrouvant les restes fossiles d'animaux appartenant à une famille actuellement vivante, nous concluons qu'à l'époque où s'est déposée la couche qui contient ces fossiles, les conditions sans lesquelles les animaux de cette famille ne sauraient vivre, se trouvaient *toutes* réalisées à la fois.

Au premier abord, c'est bien la même chose que faisait le mathématicien, dont nous avions adopté le point de vue dans les paragraphes précédents; lui aussi il concluait que, les lois n'ayant pas changé, des effets identiques ne pouvaient avoir été produits que par des causes identiques. Il y a toutefois une différence essentielle. Considérons l'état du monde, à un instant donné, et à un autre instant antérieur; l'état du monde, ou même celui d'une très petite partie du monde est quelque chose d'extrêmement complexe et qui dépend d'un très grand nombre d'éléments. Je suppose, pour simplifier l'exposé, deux éléments seulement, de sorte que deux données suffisent pour définir cet état. À l'instant postérieur, ces données seront par exemple A et B; à l'instant antérieur A'et B'.

La formule du mathématicien, construite avec l'ensemble des lois observées, lui apprend que l'état A B ne peut avoir été engendré que par l'état antérieur A' B'; mais s'il ne connaît que l'une des données, A par exemple, sans savoir si elle est accompagnée de l'autre donnée B, sa formule ne lui permet aucune conclusion. Tout au plus, si les phénomènes A et A' lui apparaissent comme liés entre eux, mais relativement indépendants de B et de B', conclura-t-il de A à A'; en aucun cas, il ne déduira la double circonstance A' et B' de la circonstance unique A. Le géologue, au contraire, observant l'effet A seul, conclura qu'il n'a pu être produit que par le *concours* des causes A' et B' qui lui donnent souvent naissance sous nos yeux; car dans bien des cas cet effet A est tellement spécial, qu'un autre concours de causes aboutissant au même effet serait absolument invraisemblable.

Si deux organismes sont identiques ou simplement analogues, cette analogie ne peut pas être due au hasard, et nous pouvons affirmer qu'ils ont vécu dans des conditions pareilles; en en retrouvant les débris, nous serons sûrs, non seulement qu'il a préexisté un germe analogue à celui d'où nous voyons sortir des êtres semblables; mais que la température extérieure n'était pas trop élevée pour que ce germe pût se développer. Autrement ces débris ne pourraient être qu'un *ludus naturae*, comme on le croyait au XVIIᵉ siècle, et il est inutile de dire qu'une pareille conclusion choque absolument la raison. L'existence de débris organisés n'est d'ailleurs qu'un cas extrême plus frappant que les autres, et sans sortir du monde minéral, nous aurions pu citer des exemples du même genre.

Le géologue peut donc conclure, là où le mathématicien serait impuissant. Mais on voit qu'il n'est plus garanti contre la contradiction comme l'était le mathématicien. Si d'une circonstance unique, il conclut à des circonstances antérieures multiples; si l'étendue de la conclusion est en quelque sorte plus grande que celle des prémisses, il est possible que ce que l'on déduira d'une observation se trouve en désaccord avec ce qu'on tirera d'une autre. Chaque fait isolé devient pour ainsi dire un centre d'irradiation : de chacun d'eux le mathématicien déduisait un fait unique ; le géologue en déduit des faits multiples ; du point lumineux qui lui est donné, il fait un disque brillant plus ou moins étendu ; deux points lumineux lui donneront alors deux disques qui pourront empiéter l'un sur l'autre, d'où la possibilité d'un conflit. Par exemple s'il trouve dans une couche des mollusques qui ne peuvent vivre au-dessous de 20°, il conclura que les mers de ce temps étaient chaudes ; mais si ensuite un de ses collègues découvrait dans la même strate, d'autres animaux que tuerait une température supérieure à 5°, il conclurait que ces mers étaient froides.

On peut avoir des raisons d'espérer que les observations ne se contrediront pas en fait, ou que les contradictions ne seront pas irréductibles, mais nous ne sommes plus pour ainsi dire garantis contre le risque d'une contradiction par les règles mêmes de la logique formelle. Et alors on peut se demander si en raisonnant comme les géologues, on ne tombera pas un jour dans quelque conséquence absurde de sorte qu'on sera obligé de conclure à la mutabilité des lois.

IV

Qu'on me permette ici une digression. Nous venons de voir que le géologue possède un instrument qui manque au mathématicien et qui lui permet de conclure du présent au passé. Pourquoi le même instrument ne nous permet-il pas de conclure du présent à l'avenir ? Si je vois un homme de vingt ans, je suis sûr qu'il a franchi toutes les étapes depuis l'enfance jusqu'à l'âge adulte et par conséquent qu'il n'y a pas eu depuis vingt ans sur la Terre un cataclysme qui y ait détruit toute vie, mais cela ne me prouve en aucune façon qu'il n'y en aura pas un d'ici à vingt ans. Nous avons pour connaître le passé des armes qui nous manquent quand il s'agit de l'avenir, et c'est pour cela que l'avenir nous apparaît comme plus mystérieux que le passé.

Je ne puis m'empêcher ici de me reporter à un article que j'ai écrit sur le hasard; j'y rappelais l'opinion de M. Lalande qui avait dit, au contraire, que, si l'avenir est déterminé par le passé, le passé ne l'est pas par l'avenir. D'après lui une cause ne peut produire qu'un effet, tandis qu'un même effet peut être produit par plusieurs causes différentes. S'il en était ainsi, ce serait le passé qui serait mystérieux et l'avenir qui serait aisé à connaître.

Je ne pouvais adopter cette opinion, mais j'ai montré quelle avait pu en être l'origine. Le principe de Carnot nous montre que l'énergie, que rien ne peut détruire, est susceptible de se dissiper. Les températures tendent à s'égaliser, le monde tend vers l'uniformité, c'est-à-dire vers la mort.

De grandes différences dans les causes ne produisent donc que de petites différences dans les effets. Dès que les différences dans les effets deviennent trop faibles pour être observables, nous n'avons plus aucun moyen de connaître les différences qui ont existé autrefois entre les causes qui leur ont donné naissance, quelque grandes que ces différences aient été.

Mais c'est justement parce que tout tend vers la mort, que la vie est une exception qu'il est nécessaire d'expliquer.

Que des cailloux roulants soient abandonnés au hasard sur une montagne, ils finiront tous par tomber dans la vallée; si nous en retrouvons un tout en bas, ce sera un effet banal et qui ne nous renseignera pas sur l'histoire antérieure du caillou; nous ne pourrons pas savoir en quel point de la montagne il a été d'abord placé. Mais si, par hasard, nous rencontrons une pierre dans le voisinage du sommet, nous pourrons affirmer qu'elle y a toujours été, puisque dès qu'elle se fût trouvée sur la pente, elle eût roulé jusqu'au fond; et nous le ferons avec d'autant plus de certitude que le cas est plus exceptionnel et qu'il avait plus de chances de ne pas se produire.

V

Je n'ai soulevé cette question qu'incidemment; elle mériterait qu'on y réfléchît; mais je ne veux pas me laisser entraîner trop loin de mon sujet. Est-il possible que les contradictions des géologues amènent jamais les savants à conclure à l'évolution des lois? Observons d'abord que c'est seulement dans la jeunesse des sciences, qu'elles emploient les raisonnements par analogie dont la géologie actuelle est obligée de se contenter. À mesure qu'elles se développent, elles se rapprochent de l'état que l'astronomie et la physique semblent avoir déjà atteint et où les lois sont susceptibles d'être énoncées dans le langage mathématique. Ce jour-là, ce que nous disions dans les débuts de ce travail, redeviendra vrai sans restriction. Or beaucoup de personnes pensent que toutes les sciences sont appelées à subir plus ou moins vite, et les unes après les autres, la même évolution. S'il en était ainsi les difficultés qui pourraient surgir ne seraient que provisoires, elles seraient destinées à s'évanouir dès que les sciences seraient sorties de l'enfance.

Mais nous n'avons pas besoin d'attendre cet incertain avenir. En quoi consiste le raisonnement par analogie du géologue? Un fait géologique lui paraît tellement semblable à un fait actuel qu'il ne saurait attribuer cette similitude au hasard. Il ne croit pouvoir l'expliquer qu'en supposant que ces deux faits se soient produits dans des conditions tout à fait identiques. Et il irait imaginer que les conditions étaient identiques, sauf ce point de détail que les lois de la nature ayant varié dans l'intervalle, le monde tout entier aurait entièrement changé au point de devenir méconnaissable. Il affirmerait d'un côté que la température a dû rester la même, alors que par suite du bouleversement de toute la physique, les effets de la température seraient devenus tout différents, de sorte que le mot même de température aurait perdu toute espèce de sens. Évidemment, quoi qu'il arrive, ce ne sera jamais à une pareille conception qu'il s'arrêtera. La façon dont il conçoit la logique s'y oppose absolument.

VI

Et si l'humanité devait durer plus longtemps que nous ne l'avons supposé, assez longtemps pour voir les lois évoluer sous ses yeux? Ou bien encore si elle venait à acquérir des instruments assez délicats pour que cette variation, toute lente qu'elle soit, devienne sensible après quelques générations? Ce ne serait plus alors par induction, par inférence que nous connaîtrions les changements des lois, ce serait par observation directe. Les raisonnements précédents ne perdraient-ils pas toute valeur? Les mémoires où seraient relatées les expériences de nos devanciers ne seraient encore que des vestiges du passé, qui ne nous donneraient de ce passé qu'une connaissance indirecte. Les vieux documents sont pour l'historien ce que les fossiles sont pour le géologue et les ouvrages des savants d'autrefois ne seraient que de vieux documents. Ils ne nous renseigneraient sur la pensée de ces savants que dans la mesure où les hommes d'autrefois seraient semblables à nous. Si les lois du monde venaient à changer, toutes les parties de l'univers en subiraient le contrecoup et l'humanité n'y saurait échapper; en admettant qu'elle pût survivre dans un milieu nouveau, il faudrait bien qu'elle changeât pour s'y adapter. Et alors le langage des hommes d'autrefois nous deviendrait incompréhensible; les mots dont ils se servaient n'auraient plus de sens pour nous ou en auraient un autre que pour eux. N'est-ce pas déjà ce qui arrive, au bout de quelques siècles, bien que les lois de la physique soient demeurées immuables?

Et alors nous retombons toujours dans le même dilemme : ou bien les documents d'autrefois seront restés parfaitement clairs pour nous, et ce sera alors que le monde est resté le même, et ils ne pourront nous apprendre autre chose; ou bien ils seront devenus des énigmes indéchiffrables, et ils ne pourront rien nous apprendre du tout, pas même que les lois ont évolué ; nous savons assez qu'il n'en faut pas tant pour qu'ils soient pour nous lettre morte.

D'ailleurs les hommes d'autrefois, comme nous-mêmes, n'auront jamais eu des lois naturelles qu'une connaissance fragmentaire. Nous trouverions toujours bien moyen de raccorder ces deux fragments même s'ils étaient restés intacts ; à plus forte raison s'il ne nous reste du plus ancien qu'une image affaiblie, incertaine et à demi effacée.

VII

Plaçons-nous maintenant à un autre point de vue. Les lois que nous donne l'observation directe ne sont jamais que des résultantes. Prenons par exemple la loi de Mariotte. Pour la plupart des physiciens, ce n'est qu'une conséquence de la théorie cinétique des gaz ; les molécules gazeuses sont animées de vitesses considérables, elles décrivent des trajectoires compliquées dont on pourrait écrire l'équation exacte si l'on savait suivant quelles lois elles s'attirent ou se repoussent mutuellement. En raisonnant sur ces trajectoires d'après les règles du calcul des probabilités, on arrive à démontrer que la densité d'un gaz est proportionnelle à sa pression.

Les lois qui régissent les corps observables ne seraient donc que des conséquences des lois moléculaires.

Leur simplicité ne serait qu'apparente et cacherait une réalité extrêmement complexe puisque la complexité en serait mesurée par le nombre même des molécules. Mais c'est justement parce que ce nombre est très grand que les divergences de détail se compenseraient mutuellement et que nous croirions à l'harmonie.

Et les molécules elles-mêmes sont peut-être des mondes ; leurs lois ne sont peut-être aussi que des résultantes, et pour en trouver la raison, il faudrait descendre jusqu'aux molécules des molécules, sans qu'on sache où l'on finira par s'arrêter.

Les lois observables alors dépendent de deux choses, les lois moléculaires et l'agencement des molécules. Ce sont les lois moléculaires qui jouissent de l'immutabilité puisque ce sont les vraies lois et que les autres ne sont que des apparences. Mais l'agencement des molécules peut changer et avec lui les lois observables. Et ce serait une raison de croire à l'évolution des lois.

VIII

Je suppose un monde dont les diverses parties possèdent une conductibilité calorifique si parfaite qu'elles se maintiennent constamment en équilibre de température. Les habitants de ce monde n'auraient aucune idée de ce que nous appelons différence de température ; dans leurs traités de physique, il n'y aurait pas de chapitre consacré à la thermométrie. À part cela ces traités pourraient être assez complets et ils enseigneraient une foule de lois, beaucoup plus simples même que les nôtres.

Imaginons maintenant que ce monde se refroidisse lentement par rayonnement ; la température y restera partout uniforme, mais elle diminuera avec le temps. Je suppose qu'un de ces habitants tombe en léthargie et se réveille au bout de quelques siècles ; nous admettrons, puisque nous avons déjà supposé tant de choses, qu'il puisse vivre dans un monde plus froid et qu'il ait conservé le souvenir des choses d'autrefois. Il verra que ses descendants font encore des traités de physique, qu'ils continuent à ne pas parler de thermométrie, mais que les lois qu'ils enseignent sont très différentes de celles qu'il a connues. Par exemple on lui a appris que l'eau bout sous une pression de 10 millimètres de mercure, et les nouveaux physiciens observeront que pour la faire bouillir il faut abaisser la pression jusqu'à 5 millimètres. Tel corps qu'il a

connu autrefois liquide ne se présentera plus qu'à l'état solide
et ainsi de suite. Les relations mutuelles des diverses parties de
l'univers dépendent toutes de la température et dès qu'elle
change, tout est bouleversé.

Eh bien, savons-nous s'il n'y a pas quelque entité physique, aussi inconnue pour nous que la température l'était pour
les habitants de ce monde de fantaisie? Savons-nous si cette
entité ne varie pas constamment comme la température d'un
globe qui perd sa chaleur par rayonnement, et si cette variation
n'entraîne pas celle de toutes les lois?

IX

Revenons à notre monde imaginaire et demandons-nous si
ses habitants ne pourraient pas, sans renouveler l'histoire des
dormants d'Éphèse, s'apercevoir de cette évolution. Sans
doutes, si parfaite que soit la conductibilité calorifique sur leur
planète, elle ne serait pas absolue, de sorte que des différences
de température extrêmement légères y seraient encore possibles. Elles échapperaient longtemps à l'observation, mais il
viendrait peut-être un jour où on imaginerait des appareils de
mesure plus sensibles et où un physicien de génie mettrait en
évidence ces différences presque imperceptibles. Une théorie
s'édifierait, on verrait que ces écarts de température ont une
influence sur tous les phénomènes physiques et finalement
quelque philosophe dont les vues paraîtraient hasardées et
téméraires à la plupart de ses contemporains, affirmerait que la
température moyenne de l'univers a pu varier dans le passé et
avec elle toutes les lois connues.

Ne pourrions-nous faire nous aussi quelque chose de
pareil? Par exemple les lois fondamentales de la mécanique
ont été longtemps considérées comme absolues. Aujourd'hui
certains physiciens disent qu'elles doivent être modifiées, ou
plutôt élargies; qu'elles ne sont approximativement vraies

que pour les vitesses auxquelles nous sommes accoutumés; qu'elles cesseraient de l'être pour des vitesses comparables à celle de la lumière; et ils appuient leur manière de voir sur certaines expériences faites au moyen du radium. Les anciennes lois de la dynamique n'en restent pas moins pratiquement vraies pour le monde qui nous entoure. Mais ne pourrait-on pas dire avec quelque apparence de raison que par suite de la dissipation constante de l'énergie, les vitesses des corps ont dû tendre à diminuer, puisque leur force vive tendait à se transformer en chaleur; qu'en remontant assez loin dans le passé, on trouverait une époque où les vitesses comparables à celle de la lumière n'étaient pas exceptionnelles, où par suite les lois classiques de la dynamique n'étaient pas encore vraies?

Supposons d'autre part que les lois observables ne soient que des résultantes, dépendant à la fois des lois moléculaires et de l'agencement des molécules; quand les progrès de la science nous auront familiarisés avec cette dépendance, nous pourrons sans doute conclure, qu'en vertu même des lois moléculaires, l'agencement des molécules a dû être autrefois différent de ce qu'il est aujourd'hui, et par conséquent que les lois observables n'ont pas toujours été les mêmes. Nous conclurions donc à la variabilité des lois, mais, qu'on le remarque bien, ce serait en vertu même du principe de leur immutabilité. Nous affirmerions que les lois apparentes ont changé, mais ce serait parce que les lois moléculaires, que nous regarderions désormais comme les vraies lois, seraient proclamées immuables.

X

Ainsi il n'est pas une seule loi que nous puissions énoncer avec la certitude qu'elle a toujours été vraie dans le passé avec la même approximation qu'aujourd'hui, je dirai plus, avec la certitude qu'on ne pourra jamais démontrer qu'elle a été fausse autrefois. Et néanmoins, il n'y a rien là qui puisse empêcher le savant de garder sa foi au principe de l'immutabilité, puisque aucune loi ne pourra jamais descendre au rang de loi transitoire, que pour être remplacée par une autre loi plus générale et plus compréhensive; qu'elle ne devra même sa disgrâce qu'à l'avènement de cette loi nouvelle de sorte qu'il n'y aura pas eu d'interrègne et que les principes resteront saufs; que ce sera par eux que se feront les changements et que ces révolutions mêmes paraîtront en être une confirmation éclatante.

Il n'arrivera même pas qu'on constatera des variations par l'expérience ou par l'induction, et qu'on les expliquera après coup en cherchant à tout faire rentrer dans une synthèse plus ou moins artificielle. Non, ce sera la synthèse qui viendra d'abord, et si nous admettons des variations, ce sera pour ne pas la déranger.

XI

Une pareille synthèse est d'ailleurs toujours possible. Qu'on nous permette d'employer un instant le langage mathématique. Supposons que l'état de l'univers soit défini par n paramètres x_1, x_2, …, x_n; les lois de cet univers supposées immuables seront exprimées par des équations différentielles de la forme :

(1) $\quad \dfrac{dx_i}{dt} = \varphi_i(x_1, x_2, …, x_n)\,(i = 1, 2, …, n).$

Si ces lois sont au contraire supposées variables, on devra écrire :

(2) $\quad \dfrac{dx_i}{dt} = \varphi_i(x_1, x_2, …, x_n, t).$

Différentions la première des équations (2), il viendra :

(3) $\quad \dfrac{d^2x_i}{dt^2} = \Psi(x_1, x_2, …, x_n, t)$

après qu'on aura substitué dans le second membre à la place des dérivées dx_i/dt leurs valeurs (2). Éliminons maintenant t entre les équations (2) et (3) et posons :

$$\frac{dx_i}{dt} = v_1$$

nous aurons $n + 1$ es équations qui pourront s'écrire :

(4) $$\frac{dv_1}{dt} = \beta(x_1, x_{2,i}, x_n, v_1)$$

$$\frac{dx_i}{dt} = \theta_i(x_{1,} x_2, \ldots, x_n, v_1)$$

où le temps ne figurera pas explicitement. Elles énonceront donc dans le langage mathématique un système de lois *immuables*. Il m'a suffi d'adjoindre aux paramètres x qui définissaient l'état du monde, un paramètre nouveau v_1. Cela ressemble à ce que serait l'introduction de la notion nouvelle de température dans la physique du monde fictif dont nous avions plus haut imaginé l'histoire.

Le choix de ce paramètre est très largement arbitraire, je l'ai fait d'une façon un peu grossière. Si nous avions pris :

$$v_1 = \frac{dx_i}{dt} - \varphi_1(x_1, x_2, \ldots, x_n, 0)$$

cela aurait peut-être mieux valu ; ces observateurs, vivant dans le voisinage de l'époque $t = 0$ et non encore avertis de la variabilité des lois auraient écrit :

$$\frac{dx_i}{dt} - \varphi_1(x_1, x_2, \ldots, x_n, 0)$$

et ils auraient cru que v_1 est constamment nul ; plus tard des mesures plus précises leur auraient appris que v_1 varie lentement et que les dérivées dx_i/dt dépendent non seulement des x, mais encore de ce paramètre lentement variable v_1, qui jouerait ainsi le même rôle que la température pour les habitants de notre planète imaginaire.

XII

Jusqu'ici nous n'avons pas semblé nous inquiéter de savoir si les lois varient réellement, mais seulement si les hommes peuvent les croire variables. Les lois considérées comme existant en dehors de l'esprit qui les crée ou qui les observe sont-elles immuables *en soi*? Non seulement la question est insoluble, mais elle n'a aucun sens. À quoi bon se demander si dans le monde des choses en soi les lois peuvent varier avec le temps, alors que dans un pareil monde, le mot de temps est peut-être vide de sens? De ce que ce monde est, nous ne pouvons rien dire, ni rien penser, mais seulement de ce qu'il paraît ou pourrait paraître à des intelligences qui ne différeraient pas trop de la nôtre.

La question ainsi posée comporte une solution. Si nous envisageons deux esprits semblables au nôtre observant l'univers à deux dates différentes, séparées par exemple par des millions d'années, chacun de ces esprits bâtira une science, qui sera un système de lois déduites des faits observés. Il est probable que ces sciences seront très différentes et en ce sens on pourrait dire que les lois ont évolué. Mais quelque grand que soit l'écart, on pourra toujours concevoir une intelligence, de même nature encore que la nôtre, mais de portée beaucoup plus grande, ou appelée à une vie plus longue, qui sera capable de faire la synthèse et de réunir dans une formule unique, parfaitement cohérente, les deux formules fragmentaires et approchées auxquelles les deux chercheurs éphémères étaient parvenus dans le peu de temps dont ils disposaient. Pour elle, les lois n'auront pas changé, la science sera immuable, ce seront seulement les savants qui auront été imparfaitement informés.

Pour prendre une comparaison géométrique, supposons qu'on puisse représenter les variations du monde par une courbe analytique. Chacun de nous ne peut voir qu'un très petit arc de cette courbe; s'il le connaissait exactement, cela lui suffirait pour établir l'équation de la courbe, et pour pouvoir la prolonger indéfiniment. Mais il n'a de cet arc qu'une connaissance imparfaite et il peut se tromper sur cette équation : s'il cherche à prolonger la courbe, le trait qu'il tracera s'écartera de la courbe réelle d'autant plus que l'arc connu sera moins étendu, et qu'on voudra pousser plus loin le prolongement de cet arc. Un autre observateur ne connaîtra qu'un autre arc et ne le connaîtra non plus qu'imparfaitement.

Pour peu que les deux travailleurs soient loin l'un de l'autre, ces deux prolongements qu'ils traceront ne se raccorderont pas; mais cela ne prouve pas qu'un observateur à la vue plus longue, qui apercevrait directement une plus grande longueur de courbe, de façon à embrasser à la fois ces deux arcs, ne serait pas en état d'écrire une équation plus exacte et qui concilierait leurs formules divergentes; et même, quelque capricieuse que soit la courbe réelle, il y aura toujours une courbe analytique, qui sur une longueur aussi grande qu'on voudra, s'en écartera aussi peu qu'on voudra.

Sans doute bien des lecteurs seront choqués de voir qu'à tout instant je semble remplacer le monde par un système de symboles simples. Ce n'est pas simplement par habitude professionnelle de mathématicien; la nature de mon sujet m'imposait absolument cette attitude. Le monde bergsonien n'a pas de lois; ce qui peut en avoir, c'est seulement l'image plus ou moins déformée que les savants s'en font. Quand on dit que la nature est gouvernée par des lois, on entend que ce portrait est encore assez ressemblant. C'est donc sur lui et sur lui seulement que nous devions raisonner, sous peine de voir s'évanouir l'idée même de loi qui était l'objet de notre étude. Or cette image est démontable; on peut la disséquer en éléments, y distinguer des instants extérieurs les uns aux autres, des parties indépendantes. Que si j'ai simplifié parfois à outrance et réduit ces éléments à un trop petit nombre, ce n'est là qu'une affaire de degré; cela ne changeait rien à la nature de mes raisonnements et à leur portée; l'exposition en devenait simplement plus brève.

BERTRAND RUSSELL

LA RELATION DES *SENSE-DATA* À LA PHYSIQUE

PRÉSENTATION
Brice Halimi

À l'origine, « La relation des *sense-data* à la physique » est le titre d'une conférence que Russell prononça en avril 1914 dans plusieurs universités américaines. L'article lui-même est publié au mois de juillet de la même année dans la revue *Scientia* (vol. 16, p. 1-27) accompagné d'une traduction en français due à Georges Bourgin, revue et corrigée par Russell[1]; puis, en 1918, il est inclus dans le recueil intitulé *Mysticism and Logic,* New York, Longmans, Green & Co., p. 145-179. Parvenu à sa maturité philosophique, Russell peut tirer tous les bénéfices philosophiques de ses travaux logiques antérieurs. On fait généralement remonter à 1910 les préoc- cupations épistémologiques de Russell, et son intérêt spéci- fique pour la connaissance physique. Russell attribue cepen- dant lui-même une grande continuité à la série de ses centres

---

1. *Cf.* supplément du t. XVI, n° XXXVI-4 de la revue *Scientia* (*Rivista di Scienza*), Bologne, London, Paris, Leipzig, 1-VII, 1914, p. 3-34.

d'intérêt : l'étude des fondements épistémologiques de la physique ne ferait que reprendre le cheminement entrepris depuis les *Foundations of Geometry* – cheminement dans lequel l'œuvre logique tout entière, des *Principles of Mathematics* (1903) aux *Principia Mathematica* (1910-1913), ne représente qu'un détour, fût-il gigantesque, ou mieux, l'accomplissement des « préliminaires » nécessaires. Comment, sans illusion rétrospective, comprendre une telle relecture de l'œuvre ?

Ce premier versant de l'article en rejoint un autre : son apparente simplicité, voire l'impression qu'il donne d'une élaboration philosophique pour tout dire rudimentaire. Attiré par l'annonce de perspectives philosophiques centrales, le philosophe de formation classique risque d'être déçu. Il devait être question du donné ultime, du débat entre idéalisme et réalisme, du problème des lois de la nature ou de l'illusion ; on ne trouve apparemment rien de plus que les diverses reformulations d'un phénoménalisme sans originalité. Quant à l'amateur de « philosophie analytique », peut-être sera-t-il réticent face à la facture traditionnelle et aux pesanteurs métaphysiques de l'œuvre – jusque dans la façon qu'a cette dernière de se démarquer de toutes les métaphysiques établies. Faut-il donc attribuer à la simple autosatisfaction du moment le fait que Russell, dans la foulée d'une rédaction expédiée entre le 2 et le 7 janvier 1914, déclare à Lady Ottoline Morrell, le 17 janvier 1914 : « C'est vraiment très bon ! Je ne crois pas avoir jamais fait rien de meilleur, du moins quant à la clarté et la méthode d'exposition. » ? Comment, sans complaisance, justifier une telle relecture des épreuves ?

L'appartenance des *Principia* et du texte à une même lignée permet d'éclairer le second versant autant que le premier. Le programme que s'assigne Russell en matière de fondation philosophique de la physique consiste à déduire les axiomes de la dynamique et de l'électromagnétisme de propositions concernant les relations causales entre sensations, et d'abord à exprimer les termes primitifs des axiomes de la physique en termes de contenus de sensation. En cela, le texte s'inscrit avant tout dans le sillage de *Our Knowledge of the External World*, qui date également de 1914 : il s'agit de mener à bien une analyse logique des propositions physiques. Or, cette analyse logique suppose deux choses. La première est qu'une analyse soit tout simplement possible. À cet égard, Russell s'oppose à l'un de ses premiers adversaires, Bradley, selon lequel tout objet ne représente qu'une abstraction au regard de la Totalité, une « apparence ». C'est précisément à ce dernier terme que Russell a recours pour désigner l'élément commun à tout donné. Il ne saurait exister différents degrés d'être, de l'apparence au Réel, mais seulement différentes mises en relation d'une pluralité de termes. En ce sens, la reconduction de toute réalité à des *sense-data*, alliée à la défense de la réalité intrinsèque de tout *sense-datum*, constitue bien une ligne directrice de l'exposé de Russell, et ancre indéniablement celui-ci, pour une part, dans un registre classique, hérité de l'empirisme anglais.

Pour autant, et l'expression même de « *sense-data* » engage à le préciser, la démarche russellienne ne comporte aucune visée de fondation, ni d'explicitation phénoménologique de quelconques « data hylétiques ». Russell commence par présupposer l'existence d'autrui et des *sense-data* des divers sujets connaissants, afin d'identifier une chose à la classe de toutes ses apparences, et de reconstruire ensuite idéalement l'apparence qu'a une chose donnée dans la perspective d'autrui : si le projet était fondationnel, il serait circulaire. En outre, comme Russell y insiste lui-même, un *sense-datum* est une entité physique et non mentale, indépendante de l'esprit du sujet. Il se trouve que deux sujets différents ne peuvent avoir aucun *sense-datum* en commun, mais il ne s'agit là que d'un trait contingent de notre expérience. Les data sont identifiés aux données de la perception (impression « brute » de couleur, tache de couleur pourvue d'un contour ou aspect d'un objet spatial déterminé), à quelque niveau d'analyse relatif qu'on se place. Ils n'excluent pas une certaine complexité, puisqu'ils représentent le point de départ d'une élaboration logique plutôt que le terme idéal d'une régression – ce qui rejoint la seconde condition portant sur l'analyse logique russellienne, et le « travail logico-mathématique fort intéressant » qu'elle comporte. Le programme de l'article, en effet, consiste essentiellement à identifier les principaux paramètres conceptuels de la physique à des *classes* (d'ordre variable : classes, classes de classes, etc.) basées sur les *sense-data*. Or, c'est notamment à l'établissement d'une théorie cohérente des classes que concourent les *Principia*, en justifiant l'introduction de variables de classes et en autorisant ainsi l'identification des classes à des quasi-objets. Une analyse, pour être proprement logique, doit ainsi selon Russell être menée constructivement, c'est-à-dire consister essentiellement, comme le dira Carnap dans *La Construction logique du monde* (1928), en une synthèse de classes.

À cet égard, la démarche adoptée par Russell en 1914 se démarque de celle qui prévaut encore lors de la rédaction des *Problèmes de philosophie* (1912). Le point de départ est le même : si l'expérience directe [*acquaintance*] constitue la relation épistémique fondamentale, comment expliquer notre connaissance des objets physiques ordinaires, qui ne sont pas objets d'une telle « *acquaintance* » ? En 1912, Russell identifie encore cette connaissance à une connaissance par description définie, chaque objet étant *inféré* comme cause de tels et tels *sense-data* (donc à titre de description définie : « le x causant tels et tels *sense-data* »). Une telle voie se heurte essentiellement à deux écueils : la nature des principes susceptibles de régir une telle inférence, tout autant que la possibilité de disposer de variables x parcourant l'ensemble des objets physiques, s'avèrent également problématiques. Le choix de la méthode de la construction, par opposition à celle de l'inférence, est sans doute le principal apport du texte : il donne à la « philosophie scientifique » sa maxime fondamentale, en la plaçant sous l'égide de la construction logiciste des nombres. Comme l'explique un manuscrit de mai 1912, intitulé « On Matter », assurer la vérifiabilité de la physique équivaut à substituer des variables de *sense-data* aux variables de la physique, qui ont pour valeurs des morceaux de matière. Encore doit-il être possible d'employer des variables uniformes de *sense-data*, d'où la nécessité d'écarter toute dénivellation entre apparences réelles et apparences fictives. Encore faut-il, si l'on veut faire de la matière une fonction purement logique des *sense-data*, affronter le fait que plusieurs versions physiques du monde sont compatibles avec nos *sense-data*, d'où la nécessité d'introduire des « sensibilia » non perçus pour supplémenter les *sense-data* actuellement perçus. Encore convient-il, enfin, que les morceaux de matière, ressaisis en termes de *sense-data*, constituent bien à nouveau un domaine. Or, c'est précisément ce que permet la procédure de construction, en réintroduisant les objets matériels sous forme de classes : les seules entités proprement dites restent les *sense-data*, mais il devient possible de recourir à des variables d'objets physiques [1].

Le propre d'une construction est de ne pas distinguer ses outils et ses matériaux. À cet égard, un élément joue un rôle clef, tant dans le programme de construction que dans la défense par Russell d'une position réaliste : c'est la différenciation de « l'endroit *où* » et de « l'endroit *d'où* » quelque chose apparaît. Il existe ainsi deux axes de synthèse, ainsi

---

1. Au début du texte, Russell identifie sa tâche à la résolution d'une équation : exprimer les objets physiques en fonction des *sense-data* (et non plus les seconds en fonction des premiers), en faisant de la reconstruction des choses en termes de *sense-data* (ou plus largement de sensibilia) un pivot intermédiaire. Il suppose ainsi que les *sense-data*, les « choses » de l'expérience ordinaire et les entités spécifiquement physiques (ondes, électrons, etc.) dessinent une série linéaire et réversible, et non une démultiplication de registres hétérogènes. C'est justement la fonction et la vertu d'une construction que d'élaborer une hiérarchie de domaines de valeurs par le jeu de variables parcourant un domaine de valeurs plus primitif.

qu'une forme de dualité entre les deux. «L'endroit d'où»
apparaît un *sense-datum* correspond à la perspective à laquelle
appartient ce *sense-datum*. D'autre part, une chose commence
par être identifiée à l'ensemble de ses apparences à chaque fois
à l'intérieur d'une perspective déterminée; chaque *sense-
datum* fait alors partie d'une configuration complexe, qui est
celle de la distribution des *sense-data*, à un instant donné, au
sein d'un espace privé donné, et dont il reçoit une position
définissant «l'endroit où» il apparaît. Mais, du fait précisément de ce paramètre structurel, un groupe de *sense-data* se
prête également à une mise en correspondance avec des *sense-
data* appartenant à d'autres perspectives. Une telle corrélation
rend possible de reconnaître une «même» chose à travers des
perspectives différentes et de classer les différentes perspectives, en introduisant ainsi l'espace de perspective comme
espace structuré. Une perspective consiste alors en une coupe
verticale du monde (toutes les choses selon une certaine perspective), et une chose en une section horizontale (ou encore
«classe multiplicative») de l'ensemble des sensibilia issus de
différentes perspectives. Le passage au monde de la physique,
au cours de la section VIII, revient ainsi à redéfinir l'endroit où
et l'endroit d'où apparaît une certaine chose (désormais iden-
tifiable à un invariant entre perspectives): l'endroit d'où
apparaît une chose désigne désormais un endroit proprement
dit, à savoir une position à l'intérieur de l'espace de perspective. Par ailleurs, l'endroit où elle apparaît ne constitue plus
un endroit à l'intérieur d'un espace privé, mais un endroit
défini à l'intérieur de l'espace de perspective, comme centre
d'un faisceau de lignes de perspective. C'est pourquoi il
devient possible de rapporter l'un à l'autre l'endroit où et
l'endroit d'où apparaît une chose (puisque ces deux endroits
font désormais partie du même espace), et par suite de définir
la distance d'une perspective à une chose, la notion
d'interposition, etc.

Remarquons finalement combien l'élaboration russellienne d'une commensurabilité entre espace physique et perception ordinaire diffère d'une perspective transcendantale. La question en effet n'est pas : à quelles conditions portant sur la forme de l'expérience la science physique est-elle possible (sachant que cette dernière est bien une connaissance des objets de l'expérience), mais : à quelles conditions portant sur la construction des objets physiques (prenant pour guide les caractéristiques normales de l'expérience, dont les lois de la perspective) la vérification empirique de la physique mathématique est-elle possible ?

Indications bibliographiques

Bertrand RUSSELL

Les *Collected Papers of Bertrand Russell*, chez Routledge, sont publiés sous la direction de Kenneth Blackwell. Ils comprennent trente-trois volumes auxquels s'ajoutent deux volumes d'index et deux volumes de bibliographie.

Principles of Mathematics, Londres, Allen & Unwin, 1903 ; trad. fr. partielle J.-M. Roy *in* Russell, *Écrits de logique mathématique*, Paris, P.U.F., 1989.

avec Alfred WHITEHEAD, *Principia Mathematica*, Londres, Cambridge University Press, 1910-1913 ; trad. fr. de la première introduction J.-M. Roy, *in* Russell, *Écrits de logique mathématique*, Paris, P.U.F., 1989.

The Problems of Philosophy, 1912, trad. fr. F. Rivenc, *Les Problèmes de philosophie*, Paris, Payot, 1989.

Our Knowledge of the External World as a Field for Scientific Method in Philosophy, 1914 ; trad. fr. P. Devaux, *La Méthode scientifique en philosophie*, Paris, Vrin, 1929 ; Payot, 1971 ; Payot & Rivages, 2002.

Mysticism and Logic and Other Essays, Londres, Unwin, 1917 ; trad. fr. partielle J. de Menasce, *Le Mysticisme et la logique*, Paris, Payot, 1922 ; nouvelle trad. fr. D. Vernant, Paris, Vrin, 2007.

Autres références

HYLTON Peter, *Russell, Idealism and the Emergence of Analytic Philosophy*, Oxford, Clarendon Press, 1990.

SCHILPP Paul Arthur (éd.), *The Philosophy of B. Russell*, Evanston & Chicago, Northwestern University, The Library of Living Philosophers, vol. 5, 1944.

VERNANT Denis, *Bertrand Russell*, Paris, Flammarion, 2003.

– *La Philosophie mathématique de Russell*, Paris, Vrin, 1993.

VUILLEMIN Jules, *Leçons sur la première philosophie de Russell*, Paris, A. Colin, 1968.

LA RELATION DES *SENSE-DATA*
À LA PHYSIQUE [*]

I. POSITION DU PROBLÈME

La physique, dit-on, est une science empirique, fondée sur l'observation et l'expérimentation.

Elle est censée être vérifiable, c'est-à-dire capable de calculer à l'avance des résultats confirmés ensuite par l'observation et l'expérimentation.

Que pouvons-nous apprendre par l'observation et l'expérimentation?

Rien, pour autant qu'il s'agisse de physique, sauf les données immédiates des sens : certaines taches de couleur, certains sons, certains goûts, certaines odeurs, etc., ayant certaines relations spatio-temporelles.

Les contenus présumés du monde physique sont *prima facie* très différents de cela : les molécules n'ont pas de

[*] Bertrand Russell, « The relation of *sense-data* to physics », *Scientia, an International Review of Scientific Synthesis*, n° 4, 1914 ; *Mysticism and Logic*, London, Allen & Unwin, 1917 ; *Collected Papers*, vol. 8, p. 5-26. La présente traduction est publiée avec l'aimable autorisation des éditions Routledge et réalisée par Brice Halimi, d'après le texte paru dans *Mysticism and logic*.

couleur, les atomes ne font pas de bruit, les électrons n'ont pas
de goût, et les corpuscules n'ont même pas d'odeur.

S'il s'agit de vérifier de tels objets, on ne peut le faire qu'à
travers leurs relations aux *sense-data* : il faut qu'ils aient un
genre de corrélation avec les *sense-data*, et ne peuvent être
vérifiés qu'à travers cette *seule* corrélation.

Mais comment cette corrélation est-elle elle-même
établie ? Une corrélation ne peut être empiriquement établie
qu'en vertu du fait qu'on *trouve* constamment ensemble les
objets mis en corrélation. Mais, dans le cas présent, ce n'est
jamais que l'un des termes de la corrélation qu'on *trouve*, à
savoir le terme sensible : l'autre terme semble par essence
impossible à trouver. C'est pourquoi, semble-t-il, la corrélation avec des objets des sens, qui devait permettre de vérifier la
physique, est elle-même entièrement, et à jamais, invérifiable.

Il existe deux voies pour éviter ce résultat.

1) Nous pouvons affirmer connaître un principe *a priori*,
sans avoir besoin d'aucune vérification empirique, par
exemple le principe selon lequel nos *sense-data* admettent
des *causes* distinctes d'eux-mêmes, et qu'il est possible de
connaître quelque chose à propos de ces causes en l'inférant de
leurs effets. Cette voie a souvent été empruntée par les philosophes. Il peut être nécessaire d'emprunter cette voie jusqu'à
un certain point, mais dans la mesure où on le fait, la physique
cesse d'être empirique ou uniquement fondée sur l'expérimentation et l'observation. C'est pourquoi cette voie doit être
évitée autant que possible.

2) Nous pouvons réussir en définissant de manière
effective les objets de la physique comme des fonctions de
sense-data. Dans la mesure, précisément, où la physique
conduit à des prévisions, cela *doit* être possible, puisque
nous ne pouvons *prévoir* que ce qui peut être expérimenté.
Et dans la mesure où un état de choses physique est inféré à
partir de *sense-data*, il doit pouvoir s'exprimer comme une
fonction de *sense-data*. Le problème de la réalisation de cette

expression conduit à un gros travail logico-mathématique qui est intéressant.

Dans la physique telle qu'on l'expose couramment, les *sense-data* apparaissent comme des fonctions d'objets physiques : lorsque telles ou telles ondes frappent l'œil, nous voyons telles et telles couleurs, et ainsi de suite. Mais en réalité, ce sont les ondes qui sont inférées des couleurs, et non l'inverse. La physique ne peut pas être considérée comme fondée de manière valide sur les données empiriques tant que les ondes n'ont pas été exprimées comme des fonctions des couleurs et d'autres *sense-data*.

Ainsi, si la physique doit être vérifiable, nous nous trouvons confrontés au problème suivant : la physique présente les *sense-data* comme des fonctions des objets physiques, mais la vérification n'est possible que si les objets physiques peuvent être présentés comme des fonctions des *sense-data*. Nous devons par conséquent résoudre les équations qui donnent les *sense-data* en termes d'objets physiques, de façon, à l'inverse, à en tirer les objets physiques en termes de *sense-data*.

II. CARACTÉRISTIQUES DES *SENSE-DATA*

Quand je parle d'un « *sense-datum* », je n'entends pas la totalité de ce qui est donné à un certain moment dans la sensation. J'entends plutôt une partie de cette totalité, telle qu'elle peut être distinguée par l'attention : des taches de couleur particulières, des bruits particuliers, et ainsi de suite. Décider de ce qui doit être considéré comme *un sense-datum* présente quelque difficulté : souvent l'attention fait apparaître des divisions là où, pour autant qu'on puisse s'en rendre compte, il n'y en avait pas auparavant. Un fait d'observation complexe, tel que le fait que cette tache de rouge se situe à gauche de cette tache de bleu, doit également, de notre présent point de vue, être considéré comme une donnée : épistémo-logiquement parlant, il ne diffère pas énormément, quant à sa contribution à la connaissance, d'un *sense-datum* simple. Sa structure *logique* est toutefois très différente de celle de la sensation : la *sensation* donne une expérience directe des parti-culiers, et constitue ainsi une relation binaire, dans laquelle l'objet peut être *nommé* mais non *asserté*, et est constituti-vement incapable de vérité ou de fausseté, tandis que l'obser-vation d'un fait complexe, qui peut être à bon droit qualifiée de perception, ne constitue pas une relation binaire, mais comprend la forme propositionnelle du côté de l'objet, et fournit la connaissance d'une vérité, non la simple expérience directe d'un particulier. Cette différence logique, toute impor-tante qu'elle soit, n'est pas réellement pertinente pour notre présent problème ; et il sera commode, pour les objectifs de cet article, de considérer les données de la perception comme faisant partie des *sense-data*. Il convient d'observer que les particuliers qui sont des constituants d'une donnée de la perception sont toujours des *sense-data* au sens strict du terme.

En ce qui concerne les *sense-data*, nous savons qu'ils sont là tant qu'ils sont des données, et telle est la base épistémo-logique de toute notre connaissance de particuliers extérieurs. (La signification du terme « extérieur » pose évidemment des problèmes que nous aborderons plus tard.) Nous ignorons, à moins de recourir à des inférences plus ou moins douteuses, si les objets qui sont à un moment donné des *sense-data* conti-nuent d'exister lorsqu'ils ne sont pas des données. Les *sense-data*, aux moments où ils sont des données, sont tout ce que nous connaissons directement et primitivement du monde extérieur ; c'est pourquoi, en épistémologie, le fait qu'ils soient des *données* est tout à fait important. Mais le fait qu'ils soient tout ce que nous connaissons de manière directe ne doit évidemment pas laisser présumer qu'il n'y a rien d'autre qu'eux. Si nous pouvions construire une métaphysique imper-sonnelle, indépendante des aléas de notre connaissance et de notre ignorance, la position privilégiée qu'occupent les données effectives disparaîtrait probablement, et ces derniers apparaîtraient probablement comme une sélection faite plutôt au hasard parmi une masse d'objets plus ou moins semblables à eux. En disant cela, je suppose seulement qu'il y a probablement des particuliers dont nous n'avons pas d'expérience directe. Ainsi, l'importance particulière des *sense-data* est relative à l'épistémologie, non à la métaphysique. À cet égard, la physique doit être considérée comme étant de la métaphysique : elle est impersonnelle, et n'accorde, en tant que telle, aucune attention particulière aux *sense-data*. C'est seulement lorsqu'on se demande comment la physique peut être *connue* que ressurgit l'importance des *sense-data*.

III. LES *SENSIBILIA*

Je donnerai le nom de *sensibilia* aux objets qui ont le même statut métaphysique et physique que les *sense-data*, sans être nécessairement des données pour aucun esprit. Ainsi, la relation d'un *sensibile* à un *sense-datum* est comme celle d'un homme à un mari : un homme devient un mari en entrant dans une relation matrimoniale, et de manière similaire, un *sensibile* devient un *sense-datum* en entrant dans une relation d'expérience directe. Il est important de disposer des deux termes ; car nous souhaitons discuter la question de savoir si un objet qui est un *sense-datum* à un certain moment peut encore exister à un moment où il ne l'est pas. Nous ne pouvons demander : « peut-il exister des *sense-data* qui ne soient pas donnés ? », car c'est comme si l'on demandait : « peut-il exister des maris qui ne soient pas mariés ? ». Nous devons demander : « peut-il exister des *sensibilia* qui ne soient pas donnés ? », et également : « un *sensibile* particulier peut-il être un *sense-datum* à un certain moment, et ne pas l'être à un autre ? ». Si nous ne disposions pas du mot *sensibile* aussi bien que du mot

« *sense-datum* », de telles questions risquent de nous empêtrer dans des énigmes logiques triviales.

On verra que tous les *sense-data* sont des *sensibilia*. C'est une question métaphysique que de savoir si tous les *sensibilia* sont des *sense-data*, et une question épistémologique que de savoir s'il existe des moyens d'inférer des *sensibilia* qui ne sont pas des données, à partir de ceux qui en sont.

Quelques remarques préliminaires, qui seront développées au fur et à mesure, serviront à éclairer l'usage que je propose de faire des *sensibilia*.

Je considère les *sense-data* comme non mentaux, et comme faisant partie, en fait, du sujet d'étude réel de la physique. Il existe des arguments, qu'on examinera bientôt, en faveur de leur subjectivité, mais ces arguments me semblent seulement prouver leur subjectivité *physiologique*, c'est-à-dire leur dépendance causale à l'égard des organes des sens, des nerfs, et du cerveau. L'apparence qu'une chose nous présente dépend causalement de ces derniers, exactement de la même manière qu'elle dépend de l'interposition de brouillard, de fumée ou d'un verre coloré. Dans les deux cas, la dépendance est contenue dans l'énoncé selon lequel l'apparence que présente un morceau de matière lorsqu'il est vu à partir d'un endroit donné est une fonction non seulement de ce morceau de matière, mais également du milieu intermédiaire. (Les termes employés dans cet énoncé – « matière », « vision à partir d'un endroit donné », « apparence », « milieu intermédiaire » – seront tous définis dans la suite de cet article). Nous n'avons pas les moyens de constater comment les choses apparaissent à partir d'endroits qui ne sont pas entourés par le cerveau, les nerfs et les organes des sens, étant incapables de quitter notre corps ; mais par continuité il n'est pas déraisonnable de supposer qu'elles présentent *quelque* apparence en de tels endroits. Une telle apparence, quelle qu'elle soit, ferait partie des *sensibilia*. S'il y avait – chose impossible – un corps humain complet sans esprit à l'intérieur, tous ces *sensibilia* existeraient, en relation avec ce corps, eux qui seraient des *sense-data* s'il y avait un esprit à l'intérieur du corps en question. Ce que l'esprit ajoute aux *sensibilia*, en fait, c'est *simplement* la conscience qu'il en prend : tout le reste est physique ou physiologique.

IV. LES *SENSE-DATA* SONT PHYSIQUES

Avant de discuter cette question, il serait bon de définir le sens dans lequel les termes « mental » et « physique » seront employés. Le mot « physique », dans toutes les discussions préliminaires, est à entendre comme signifiant « ce dont traite la physique ». La physique, cela est clair, nous dit quelque chose à propos des constituants du monde réel ; ce que sont ces constituants peut faire l'objet de doutes, mais ce sont eux qui doivent être appelés physiques, quoi qu'on puisse prouver au sujet de leur nature.

La définition du terme « mental » est plus difficile, et ne peut être donnée de manière satisfaisante qu'une fois discutées et tranchées maintes controverses difficiles. Pour les objectifs présents, je dois donc me contenter d'endosser une réponse dogmatique à ces controverses. Je qualifierai un particulier de « mental » lorsqu'il est conscient de quelque chose, et je qualifierai un fait de « mental » lorsqu'il contient un particulier mental comme constituant.

On verra que le mental et le physique ne sont pas nécessairement mutuellement exclusifs, bien que je ne connaisse aucune raison de supposer qu'ils se recouvrent.

Les doutes relatifs à la justesse de notre définition du « mental » importent peu dans notre présente discussion. Car ce que j'entends soutenir est que les *sense-data* sont physiques, et si l'on accorde cela, savoir s'ils sont ou ne sont pas également mentaux est sans importance dans notre présente recherche. Bien que je ne soutienne pas, avec Mach,

James et les « néo-réalistes », que la différence entre le mental et le physique soit une *simple* question d'arrangement, ce que j'ai à dire dans cet article est néanmoins compatible avec leur doctrine et aurait pu être obtenu en adoptant leur point de vue.

Dans les discussions sur les *sense-data*, deux questions sont couramment confondues, à savoir :

1) Les objets sensibles persistent-ils lorsque nous n'avons pas conscience de ces objets ? Autrement dit, les *sensibilia* qui sont des données à un certain moment continuent-ils parfois d'exister à des moments où ils ne sont pas des données ? Et 2) les *sense-data* sont-ils mentaux ou physiques ?

Je propose d'affirmer que les *sense-data* sont physiques, tout en soutenant qu'ils ne persistent probablement jamais en restant inchangés après avoir cessé d'être des données. On pense souvent, tout à fait à tort selon moi, que l'opinion selon laquelle ils ne persistent pas implique qu'ils sont mentaux ; et il y a eu là, je crois, une importante source de confusion relativement à notre présent problème. S'il était *logiquement impossible*, comme certains l'ont soutenu, que des *sense-data* persistent lorsqu'ils ont cessé d'être des données, cela tendrait certainement à montrer qu'ils sont mentaux ; mais si, comme je le prétends, leur non-persistance est simplement une inférence probable à partir de lois causales établies empiriquement, alors elle n'entraîne aucune implication de ce genre, et nous sommes entièrement libres de les traiter comme faisant partie du sujet de la physique.

D'un point de vue logique, un *sense-datum* est un objet, un particulier dont le sujet est conscient. Il ne contient pas le sujet comme une partie, comme c'est le cas, par exemple, pour les croyances et les volitions. L'existence du *sense-datum* ne dépend donc pas logiquement de celle du sujet ; car la seule manière, autant que je sache, dont l'existence de A peut dépendre *logiquement* de l'existence de B est que B fasse partie de A. Il n'y a par conséquent aucune raison *a priori* pour qu'un particulier qui est un *sense-datum* ne puisse persister après avoir cessé d'être une donnée, ni pour que d'autres particuliers semblables ne puissent exister sans avoir jamais été des données. L'opinion selon laquelle les *sense-data* sont mentaux est sans doute dérivée en partie de leur subjectivité physiologique, mais en partie aussi de notre incapacité à établir une distinction entre *sense-data* et « sensations ». Par une sensation j'entends le fait consistant dans la conscience qu'a un sujet du *sense-datum*. Ainsi une sensation est un complexe dont le sujet est un constituant et qui est donc mental. Le *sense-datum*, d'autre part, se tient face au sujet comme l'objet extérieur dont le sujet est conscient dans la sensation. Il est vrai que le *sense-datum* réside, dans de nombreux cas, dans le corps du sujet, mais le corps du sujet est aussi distinct du sujet que le sont des tables ou des chaises, et n'est en fait qu'une partie du monde matériel. Par conséquent, aussitôt que les *sense-data* sont clairement distingués de sensations, et que leur subjectivité est reconnue comme étant physiologique et non psychique, les principaux obstacles empêchant de les tenir pour physiques sont écartés.

V. « SENSIBILIA » ET « CHOSES »

Mais si les « sensibilia » doivent être reconnus comme les constituants ultimes du monde physique, un parcours long et difficile nous attend avant que nous puissions en arriver à la « chose » du sens commun ou à la « matière » de la physique. La prétendue impossibilité de combiner les différents *sense-data* considérés comme les apparences d'une même « chose » pour des personnes différentes a donné l'impression que ces « sensibilia » devaient être considérés comme de purs fantasmes subjectifs. Une table donnée présentera à l'un une apparence rectangulaire, tandis qu'à un autre, elle semblera avoir deux angles aigus et deux angles obtus ; à l'un elle apparaîtra brune, tandis qu'à un autre, placé à contre-jour, elle apparaîtra blanche et brillante. On dit, non sans quelque plausibilité, que ces différentes formes et différentes couleurs ne peuvent coexister simultanément au même endroit, et qu'elles ne peuvent donc pas être, les unes et les autres, des constituants du monde physique. Cet argument, je dois le dire, m'a semblé irréfutable jusqu'à récemment. L'opinion contraire a toutefois été habilement soutenue par le Dr. T. P. Nunn dans un article intitulé « Les qualités secondes sont-elles indépendantes de la perception? »[1]. La prétendue impossibilité doit sa force apparente à l'expression « *au même endroit* », or c'est précisément en cette expression que réside sa faiblesse. La conception de l'espace est trop souvent traitée en philosophie – même par ceux qui après réflexion ne défendraient pas une telle analyse – comme si elle était donnée, simple et sans ambiguïté comme Kant, dans son innocence psychologique, le supposait. C'est l'ambiguïté inaperçue du mot « endroit » qui, comme nous allons bientôt le voir, a causé des difficultés aux réalistes et conféré un avantage non mérité à leurs adversaires. Deux « endroits » d'espèces différentes sont enveloppés dans tout *sense-datum*, à savoir l'endroit *où* il apparaît et l'endroit *d'où* il apparaît. Ces deux endroits appartiennent à des espaces différents, bien qu'il soit possible, comme nous allons le voir, d'établir dans certaines limites une corrélation entre les deux. Ce que nous appelons les différentes apparences d'une même chose pour différents observateurs sont chacune dans un espace privé propre à l'observateur concerné. Aucun endroit dans le monde privé d'un observateur n'est identique à un endroit du monde privé d'un autre observateur. Il ne saurait par conséquent être question de combiner les différentes apparences en un même endroit; et le fait qu'elles ne puissent pas toutes exister au même endroit n'apporte en conséquence aucun fondement d'aucune sorte à la remise en question de leur réalité physique. La « chose » du

1. *Proceedings of the Aristotelian Society*, 1909-1910, p. 191-218.

sens commun peut bien, en vérité, être identifiée à la classe entière de ses apparences – dans laquelle, toutefois, nous devons inclure parmi les apparences non seulement celles qui sont des *sense-data* réels, mais également les « sensibilia », s'il y en a, qui, pour des raisons de continuité et de vraisemblance, doivent être considérées comme appartenant au même système d'apparences, bien qu'il ne se trouve aucun observateur pour lequel ils sont des données.

Un exemple rendra cela plus clair. Supposons qu'il y ait un certain nombre de personnes dans une pièce, voyant toutes, à ce qu'elles disent, les mêmes tables et les mêmes chaises, les mêmes murs et les mêmes images. Parmi ces personnes, il ne s'en trouve pas deux qui aient exactement les mêmes *sense-data*, mais il y a pourtant une ressemblance suffisante entre leurs données pour leur permettre de regrouper certaines de ces données comme apparences d'une même « chose » pour les différents spectateurs, et d'autres comme apparences d'une autre « chose ». Outre les apparences qu'une chose donnée dans la pièce présente aux spectateurs effectivement présents, il y a, comme on peut le supposer, d'autres apparences qu'elle présenterait à d'autres spectateurs possibles. Si quelqu'un venait s'asseoir entre deux autres personnes, l'apparence que la pièce lui présenterait serait intermédiaire entre les apparences qu'elle offre aux deux autres ; et bien que cette apparence ne puisse exister telle quelle sans les organes des sens, les nerfs et le cerveau du nouveau venu, il est néanmoins assez naturel de supposer que, de la position qu'il occupe à présent, *quelque* apparence de la pièce existait avant son arrivée. Toutefois, cette supposition mérite seulement d'être mentionnée, sans qu'on y insiste.

Puisque la « chose » ne saurait, sans une partialité injustifiée, être identifiée à l'une seulement de ses apparences, on en est venu à la penser comme quelque chose de distinct de toutes et qui leur est sous-jacent. Or, en vertu du principe du rasoir d'Occam, si la classe des apparences peut remplir toutes les fins pour lesquelles la chose a été inventée par les métaphysiciens préhistoriques auxquels il faut au moins reconnaître le sens commun, l'économie exige que nous identifiions la chose à la classe de ses apparences. Il n'est pas nécessaire de *nier* qu'il y ait une substance ou un substrat sous-jacent à ces apparences ; il est simplement commode de s'abstenir d'affirmer cette entité superflue. Notre procédure est ici précisément analogue à celle qui a balayé hors de la philosophie des mathématiques l'inutile ménagerie de monstres métaphysiques dont elle avait coutume d'être infestée.

VI. LES CONSTRUCTIONS, PAR OPPOSITION AUX INFÉRENCES

Avant de commencer à analyser et à expliquer les ambiguïtés du mot « endroit », il est souhaitable de faire quelques remarques générales de méthode. La maxime suprême de la philosophie scientifique est celle-ci :

> Partout où cela est possible, substituer des constructions logiques aux entités inférées.

Quelques exemples de substitution d'une construction à une inférence dans le domaine de la philosophie mathématique peuvent servir à éclairer les usages de cette maxime. Prenons tout d'abord le cas des irrationnels. Jadis, les irrationnels étaient inférés à titre de limites supposées de séries de rationnels n'ayant pas de limite rationnelle ; mais cette procédure s'exposait à l'objection de laisser purement optative l'existence des irrationnels, et c'est pour cette raison que les méthodes plus strictes d'aujourd'hui ne tolèrent plus une telle définition. Nous définissons à présent un nombre irrationnel comme une certaine classe de fractions, le construisant ainsi logiquement au moyen de fractions, plutôt que de parvenir à ce nombre au moyen d'une inférence douteuse à partir de ces dernières. Prenons encore le cas des nombres cardinaux. Deux collections qui ont le même nombre d'éléments semblent avoir quelque chose en commun : ce quelque chose est censé être leur nombre cardinal. Mais aussi longtemps que ce nombre cardinal est inféré des collections, et non construit dans les termes de celles-ci, son existence doit rester douteuse, à moins d'un postulat métaphysique *ad hoc*. En définissant le nombre cardinal d'une collection donnée comme la classe de toutes les collections qui ont le même nombre d'éléments qu'elle, nous évitons la nécessité de ce postulat métaphysique, et par là, nous ôtons de la philosophie de l'arithmétique un inutile élément de doute. Une méthode semblable, comme je l'ai montré ailleurs, peut être appliquée aux classes elles-mêmes, auxquelles on n'a donc pas à supposer une quelconque réalité métaphysique, mais qui peuvent être considérées comme des fictions construites en termes symboliques.

La méthode selon laquelle procède la construction est étroitement analogue dans ces cas et dans tous les cas sem-blables. Étant donné un ensemble de propositions traitant, littéralement, des entités inférées supposées, nous observons les propriétés que ces entités supposées doivent avoir pour rendre vraies ces propositions. Avec un peu d'effort et d'ingé-niosité logique, nous construisons alors une certaine fonction logique d'entités moins hypothétiques qui a les propriétés requises. Nous substituons cette fonction construite aux entités inférées supposées, et nous obtenons ainsi une inter-prétation nouvelle et moins douteuse du corps de propositions en question. On constatera que cette méthode, si féconde en philosophie des mathématiques, est également applicable en philosophie de la physique où, sans nul doute, elle aurait été appliquée depuis longtemps si tous ceux qui l'ont étudiée jusqu'ici n'avaient été dans une complète ignorance de la logique mathématique. Je ne peux moi-même prétendre à l'originalité dans l'application de cette méthode à la physique, puisque je dois entièrement la suggestion et la stimulation en faveur de cette application à mon ami et collaborateur le docteur Whitehead, qui s'emploie à l'appliquer aux portions plus mathématiques de la région intermédiaire située entre les *sense-data* et les points, les instants et les particules de la physique.

Une application complète de la méthode qui substitue des constructions à des inférences permettrait d'exprimer entièrement la matière en termes de *sense-data*, et même, pouvons-nous ajouter, en termes des *sense-data* d'une seule personne, puisque les *sense-data* d'autrui ne peuvent être connus sans quelque élément d'inférence. Cela doit toutefois demeurer pour l'instant un idéal, dont on doit s'approcher aussi près que possible, mais qu'on ne pourra atteindre, si cela arrive un jour, qu'après un long travail préliminaire dont nous ne pouvons apercevoir pour l'instant que les simples prémices. Les inférences dont on ne peut se passer peuvent toutefois être soumises à certains principes directeurs. En premier lieu, elles devraient toujours être rendues parfaitement explicites, et être formulées de la manière la plus générale possible. En second lieu, les entités inférées devraient, chaque fois que cela est possible, être semblables à celles dont l'existence est donnée, au lieu d'être, comme la *Ding an sich* kantienne, quelque chose de totalement éloigné des données qui, en principe, motivent son inférence. Les entités inférées que je m'auto-riserai moi-même sont de deux types : a) les *sense-data* des autres, en faveur desquelles plaident les preuves apportées par témoignages, et qui reposent en définitive sur un argument par analogie en faveur des esprits autres que le mien ; b) les « sensi-bilia » qui apparaîtraient à partir d'endroits où il se trouve qu'il n'y a aucun esprit, et que je suppose être réels, bien qu'ils ne soient les données de personne. De ces deux classes d'entités inférées, la première sera probablement admise sans discussion. Je trouverais la plus grande satisfaction à réussir à m'en dispenser, ce qui me permettrait d'établir la physique sur une base solipsiste ; mais ceux – et je crains qu'ils ne forment la majorité – chez qui les affections humaines sont plus fortes que le désir de faire des économies logiques, ne partageront sans doute pas mon désir de rendre le solipsisme scientifiquement satisfaisant. La seconde classe d'entités inférées soulève des questions beaucoup plus difficiles. On peut juger monstrueux de soutenir qu'une chose puisse présenter une quelconque apparence en un endroit où n'existent ni organes des sens, ni structure nerveuse à travers lesquels elle puisse apparaître. Je ne vois pas, quant à moi, où est la monstruosité; néanmoins je ne considérerai ces apparences supposées que dans la perspective d'un échafaudage hypothétique, à utiliser pendant l'édification de la physique, mais qui pourrait être retiré aussitôt l'édifice achevé. Ces «sensibilia» qui ne sont des données pour personne sont donc à comprendre comme une hypothèse émise à titre d'illustration et l'auxiliaire d'une formulation préliminaire plutôt que comme l'un des chapitres dogmatiques d'une philosophie de la physique parvenue à sa forme finale.

VII. ESPACE PRIVÉ ET ESPACE DES PERSPECTIVES

Nous devons à présent expliquer l'ambiguïté du mot «endroit», et comment il se fait que deux endroits de deux sortes différentes soient associés à tout *sense-datum*, à savoir l'endroit *où* et l'endroit *d'où* il est perçu. La théorie qui sera défendue est étroitement analogue à la monadologie de Leibniz, dont elle diffère principalement par son caractère moins lisse et moins ordonné.

Le premier fait à remarquer est qu'aucun sensibile, pour autant qu'on puisse s'en apercevoir, n'est jamais un donné commun à deux personnes en même temps. Les choses vues par deux personnes différentes sont souvent étroitement semblables, à tel point que les mêmes *mots* peuvent être employés pour les désigner, sans quoi il serait impossible de communiquer avec autrui à propos d'objets sensibles. Mais, en dépit de cette ressemblance, il semblerait que quelque différence naisse toujours de la différence de point de vue. Ainsi chaque personne, dans la mesure où il est question de ses *sense-data*, vit dans un monde privé. Ce monde privé contient son propre espace, ou plutôt ses propres espaces, car il semblerait que seule l'expérience nous apprenne à mettre en corrélation l'espace de la vue avec l'espace du toucher, ainsi qu'avec les divers autres espaces des autres sens. Cette multiplicité d'espaces privés, si elle intéresse le psychologue, n'est toutefois pas d'une grande importance au regard du problème qui nous occupe, puisqu'une expérience solipsiste nous permet de les mettre en corrélation au sein de l'espace privé unique qui embrasse tous nos *sense-data* propres. L'endroit *où* se trouve un *sense-datum* est un endroit appartenant à l'espace privé. Cet endroit est par conséquent différent de tout endroit appartenant à l'espace privé d'un autre sujet percevant. Car si nous admettons, comme l'exige une bonne économie logique, que toute position est relative, un endroit est seulement définissable par les choses qui l'occupent ou qui l'entourent, et par suite un même endroit ne saurait prendre place dans deux mondes privés n'ayant aucun constituant en commun. La question de savoir comment combiner ce que nous appelons des apparences différentes d'une même chose au même endroit ne se pose donc pas, et le fait qu'un objet donné apparaisse, à des spectateurs différents, posséder des formes et des couleurs différentes, ne fournit aucun argument à l'encontre de la réalité physique de toutes ces formes et couleurs.

Outre les espaces privés appartenant aux mondes privés de sujets percevants différents, il y a cependant un autre espace, dans lequel chaque monde privé tout entier compte pour un point, ou au moins une unité spatiale. On peut décrire cela comme l'espace des points de vue, puisque chaque monde privé peut être considéré comme l'apparence que l'univers présente d'un certain point de vue. Je préfère toutefois en parler comme l'espace des *perspectives*, de façon à prévenir l'impression qu'un monde privé n'est réel que lorsque quelqu'un le regarde. C'est pour la même raison que, lorsque je souhaite parler d'un monde privé sans supposer de sujet percevant, je l'appellerai une « perspective ».

Nous devons à présent expliquer comment les différentes perspectives sont ordonnées en un seul espace. Cela se fait au moyen de la corrélation existant entre les « sensibilia » qui sont considérés comme les apparences, selon différentes perspectives, d'une seule et même chose. En nous déplaçant, ou d'après le témoignage d'autrui, nous découvrons que deux perspectives différentes, bien qu'elles ne puissent contenir toutes deux les mêmes « sensibilia », peuvent néanmoins en contenir de très semblables; et l'ordre spatial d'un certain groupe de « sensibilia » dans l'espace privé propre à une perspective s'avère identique, ou très semblable, à l'ordre spatial des « sensibilia » correspondants dans l'espace privé propre à une autre perspective. Ainsi, un « sensibile » d'une certaine perspective est corrélé à un « sensibile » d'une autre. On appellera « apparences d'une certaine chose » de tels « sensibilia » mis en corrélation. Dans la monadologie de Leibniz, puisque chaque monade reflétait l'univers tout entier, il y avait dans chaque perspective un « sensibile » pour être l'apparence de n'importe quelle chose donnée. Dans notre système de perspectives, nous ne faisons aucune hypothèse de complétude de ce genre. Une chose donnée aura des apparences dans certaines perspectives, mais vraisemblablement pas dans certaines autres. Une « chose » étant définie comme la classe de ses apparences, si κ est la classe des perspectives dans lesquelles une certaine chose θ apparaît, alors θ est un membre de la classe multiplicative [1] de κ, κ étant une classe de classes

---

1. [N.d.T.] κ étant une classe de classes deux à deux disjointes, la classe multiplicative de κ a pour membre toute classe issue de la sélection d'un élément de chaque classe appartenant à κ. L'existence d'une telle classe

mutuellement disjointes de « sensibilia ». Et de manière
similaire, une perspective est un membre de la classe multiplicative des choses qui apparaissent en elle.

La répartition des perspectives dans un espace se fait au
moyen des différences existant entre les apparences d'une
chose donnée dans les diverses perspectives. Supposons par
exemple qu'une pièce de monnaie apparaisse dans un certain
nombre de perspectives différentes ; dans certaines elle apparaît plus grande et dans d'autres plus petite, dans certaines elle
semble circulaire et dans d'autres elle a l'apparence d'une
ellipse d'excentricité variable. Nous pouvons regrouper toutes
les perspectives dans lesquelles l'apparence de la pièce est
circulaire. Plaçons-les sur une ligne droite, en les ordonnant en
une série selon les variations de la taille apparente de la pièce.
Les perspectives dans lesquelles la pièce a l'apparence d'une
ligne droite d'une certaine épaisseur seront de même placées
sur un plan (bien que dans ce cas il y ait de nombreuses perspectives différentes dans lesquelles la pièce est de la même
taille ; lorsqu'une répartition de ces perspectives est achevée,
celles-ci forment un cercle concentrique avec la pièce), et
ordonnées comme précédemment selon la taille apparente de
la pièce. De cette manière, toutes les perspectives dans lesquelles la pièce offre une apparence visuelle peuvent être
réparties selon un ordre spatial tridimensionnel. L'expérience
montre qu'on aurait obtenu le même ordre spatial de perspectives si, au lieu d'une pièce, nous avions choisi n'importe
quelle autre chose apparaissant dans toutes les perspectives en
question, ou n'importe quelle autre méthode pour exploiter les
différences entre les apparences des mêmes choses dans des
perspectives différentes. C'est ce fait empirique qui a rendu
possible la construction de l'espace global unique de la
physique.

multiplicative, dans le cas où κ est infinie, n'est garantie qu'en vertu de
l'axiome du choix (dit aussi « axiome multiplicatif »).

L'espace dont on vient d'expliquer la construction, et dont les éléments sont des perspectives entières, sera appelé « espace de perspective ».

VIII. LE PLACEMENT DES « CHOSES » ET DES « SENSIBILIA » DANS L'ESPACE DE PERSPECTIVE

Le monde que nous avons construit jusqu'ici est un monde à six dimensions, puisqu'il s'agit d'une série tridimensionnelle de perspectives dont chacune est elle-même tridimensionnelle. Nous devons donc à présent expliquer la corrélation existant entre l'espace de perspective et les divers espaces privés contenus à l'intérieur de leurs diverses perspectives respectives. C'est grâce à cette corrélation qu'est construit l'espace tridimensionnel unique de la physique ; et c'est parce que cette corrélation est opérée inconsciemment que la distinction entre l'espace de perspective et l'espace privé du sujet percevant a été brouillée, ce qui a eu de désastreuses conséquences pour la philosophie de la physique. Revenons à notre pièce de monnaie : les perspectives dans lesquelles la pièce apparaît plus grande sont considérées comme étant plus proches de la pièce que celles dans lesquelles elle apparaît plus petite, mais au vu de l'expérience, la taille apparente de la pièce n'augmente pas au-delà d'une certaine limite, à savoir celle où (comme on dit) la pièce se trouve si près de l'œil qu'elle ne pourrait l'être davantage sans cesser d'être visible. Le toucher nous permet de prolonger la série jusqu'au point où la pièce touche l'œil, mais pas au-delà. Si nous nous déplaçons le long d'une ligne de perspectives au sens précédemment défini, nous pouvons cependant, en imaginant que la pièce a été enlevée, prolonger la ligne de perspectives au moyen, par exemple, d'une autre pièce ; et on pourrait procéder de la même manière avec n'importe quelle ligne de perspectives définie au moyen de notre pièce de monnaie. Toutes ces lignes

se rejoignent en un certain endroit, c'est-à-dire dans une
certaine perspective. Cette perspective sera définie comme
« l'endroit où se trouve la pièce ».

On voit maintenant clairement en quel sens deux endroits
de l'espace physique qui a été construit se trouvent associés
à un « sensibile » donné. Il y a d'abord l'endroit qui est la perspective dont le « sensibile » est un élément. C'est l'endroit
d'où le « sensibile » apparaît. Il y a ensuite l'endroit où se
trouve l'autre chose dont le « sensibile » est un élément, autrement dit l'une des apparences ; c'est l'endroit *où* le « sensibile » apparaît. Un « sensibile » qui appartient à une perspective est corrélé à une autre perspective : celle qui constitue
l'endroit où se trouve la chose dont le « sensibile » est une
apparence. Aux yeux du psychologue, l'« endroit d'où » est le
plus intéressant, et le « sensibile » lui apparaît en conséquence
comme étant subjectif, situé là où se trouve le sujet percevant.
Aux yeux du physicien, l'« endroit où » est le plus intéressant,
et le « sensibile » lui apparaît en conséquence comme étant
physique et externe. Les motivations, les limites et la justification partielle de chacune de ces deux conceptions, apparemment incompatibles, deviennent évidentes dès qu'on prend en
considération, comme on l'a expliqué, la dualité des endroits
associés à un « sensibile » donné.

On l'a vu, on peut assigner à une chose physique un endroit
dans l'espace de perspective. De cette façon les différentes
parties de notre corps admettent des positions dans l'espace de
perspective, et il y a ainsi quelque sens à dire (que ce soit vrai
ou faux, peu importe) que la perspective à laquelle appartiennent nos *sense-data* se trouve à l'intérieur de notre tête.
Puisque notre esprit est mis en corrélation avec la perspective à
laquelle appartiennent nos *sense-data*, nous pouvons considérer cette dernière comme étant la position de notre esprit
dans l'espace de perspective. Par suite, si cette perspective se
trouve, au sens qui a été défini ci-dessus, à l'intérieur de notre
tête, l'énoncé selon lequel l'esprit se trouve dans la tête est

parfaitement doué de sens. Nous pouvons dès lors dire des
diverses apparences d'une chose donnée que certaines sont
plus proches de cette chose que d'autres ; les plus proches sont
celles qui appartiennent aux perspectives les plus proches de
« l'endroit où se trouve la chose ». Nous pouvons donc
accorder un sens à l'affirmation, vraie ou fausse, selon laquelle
il y a plus à apprendre d'une chose en l'examinant de près
qu'en la regardant de loin. Nous pouvons également accorder
un sens à l'expression « les choses qui s'interposent entre le
sujet et une chose dont l'une des apparences est pour lui un
donné ». Une raison souvent alléguée en faveur de la subjectivité des *sense-data* est que l'apparence d'une chose est susceptible de changer alors qu'il nous semble peu plausible que
ce soit la chose elle-même qui a changé – par exemple, lorsque
le changement est dû au fait que nous fermons les yeux, ou que
nous les plissons jusqu'à voir double. Si l'on définit une chose
comme étant la classe de ses apparences (ce qui est la définition que nous avons précédemment adoptée), la chose connaît
bien sûr nécessairement *quelque* changement à chaque fois
que l'une de ses apparences change. Néanmoins il est extrêmement important de distinguer entre deux modes de changement
des apparences. Si, après avoir regardé une chose, je ferme les
yeux, l'apparence de mes yeux change dans toute perspective
dans laquelle il y a une telle apparence, tandis que la plupart
des apparences de la chose resteront inchangées. Nous
pouvons dire, à titre de définition, qu'une chose change
lorsque, aussi près que puisse être d'une chose l'une de ses
apparences, il y a des changements dans les apparences qui
sont aussi proches, voire plus proches encore de cette chose.
D'autre part, nous dirons que le changement concerne quelque
autre chose si toutes les apparences de la chose qui se trouvent
à moins d'une certaine distance de la chose demeurent
inchangées, alors que seules des apparences de la chose
en comparaison plus lointaines se trouvent altérées. Ces

considérations nous conduisent naturellement à considérer la *matière*, qui sera notre prochain sujet.

IX. LA DÉFINITION DE LA MATIÈRE

Nous avons défini la « chose physique » comme la classe de ses apparences, mais cette définition peut difficilement être admise comme définition de la matière. Nous souhaitons pouvoir exprimer le fait que l'apparence d'une chose dans une perspective donnée est affectée de manière causale par la matière qui se trouve entre la chose et la perspective. Nous avons donné un sens à l'expression « entre une chose et une perspective ». Mais nous voulons que la matière soit autre chose que la classe entière des apparences d'une chose, afin d'énoncer l'influence de la matière sur les apparences.

Nous admettons en général que l'information que nous obtenons à propos d'une chose est plus précise lorsque la chose est plus proche. De loin, nous voyons qu'il s'agit d'un homme ; puis, nous voyons que c'est Jones ; puis, nous voyons qu'il sourit. Une précision complète n'est accessible qu'à titre de limite : si les apparences de Jones, au fur et à mesure que nous nous approchons de lui, tendent vers une certaine limite, cette limite peut être considérée comme ce qu'est Jones en réalité. Évidemment, du point de vue de la physique, les apparences d'une chose qui sont proches « comptent » davantage que celles qui sont lointaines. Nous pouvons donc avancer la définition suivante à titre d'essai :

La *matière* d'une chose donnée est la limite de ses apparences lorsque la distance qui sépare de la chose diminue.

Il semble probable que cette définition réussisse à saisir quelque chose, mais elle n'est pas tout à fait satisfaisante, car empiriquement, il n'y a aucune limite de cette sorte qu'on pourrait obtenir à partir de *sense-data*. Il faudra compléter la définition à l'aide de constructions et de définitions. Il reste qu'elle suggère probablement la bonne direction à suivre.

Nous sommes à présent en mesure de comprendre dans ses grandes lignes le trajet-retour qui va de la matière aux *sense-data*, et qui est effectué par la physique. L'apparence d'une chose dans une perspective donnée est une fonction de la matière qui compose cette chose et de la matière intermédiaire. L'apparence d'une chose est altérée par de la fumée ou de la brume, par des lunettes bleutées ou par des altérations des organes des sens ou des nerfs du sujet percevant (qui doit lui-même être reconnu comme une partie du milieu intermédiaire). Plus nous nous approchons de la chose, et moins son apparence se trouve affectée par de la matière intermédiaire. À mesure que nous nous éloignons de la chose, ses apparences s'écartent de plus en plus de leurs caractéristiques initiales ; et les lois causales de cet écart doivent être énoncées dans des termes qui portent sur la matière située entre les apparences et la chose. Puisque les apparences, à des distances très petites, sont moins affectées par des causes autres que la chose elle-même, nous en venons à penser que la limite vers laquelle tendent ces apparences lorsque la distance diminue constitue ce que la chose « est en réalité », par opposition à ce qu'elle semble seulement être. Voilà ce qui, outre la nécessité de la matière pour l'établissement de lois causales, semble la source du sentiment entièrement erroné que la matière est plus « réelle » que les *sense-data*.

Considérons par exemple la divisibilité infinie de la matière. Si l'on regarde une chose donnée et qu'on s'approche d'elle, un *sense-datum* va se transformer en plusieurs, et chacun d'eux va se diviser à nouveau. Ainsi *une* apparence peut représenter de *multiples* choses, et ce processus semble être sans fin. Aussi, à la limite, lorsque nous nous approchons indéfiniment de la chose, il y aura un nombre indéfini d'unités de matière correspondant à ce qui, à une distance finie, ne constitue qu'une seule apparence. Voilà comment naît la divisibilité à l'infini.

Toute l'efficace causale d'une chose réside dans sa matière. C'est, en un sens, un fait empirique, mais il serait difficile de l'énoncer de manière précise, parce qu'il est difficile de définir l'« efficace causale ».

Ce qu'on peut connaître empiriquement de la matière d'une chose est seulement approximatif, car nous ne pouvons arriver à connaître les apparences de la chose à de très petites distances, ni inférer précisément quelle est la limite de ces apparences. Mais cette limite *est* inférée *approximativement* au moyen des apparences que nous pouvons observer. Il se trouve alors que la physique peut exprimer ces apparences comme une fonction de la matière présente dans notre voisinage immédiat; par exemple, l'apparence visuelle d'un objet distant est une fonction des ondes lumineuses qui atteignent l'œil. Cela conduit à des confusions de pensée, mais ne présente aucune difficulté véritable.

Une apparence, celle d'un objet visible par exemple, ne suffit pas pour déterminer les autres apparences simultanées de cet objet, bien qu'elle permette de les déterminer dans une certaine mesure. La détermination de la structure cachée d'une chose, pour autant qu'elle soit possible, ne peut être effectuée qu'au moyen d'inférences dynamiques sophistiquées.

X. LE TEMPS [1]

Il semble que le temps global unique soit une construction, tout comme l'espace global unique. La physique elle-même a pris conscience de ce fait lors des débats liés à la relativité.

Entre deux perspectives appartenant l'une et l'autre à l'expérience d'une même personne, il y aura une relation temporelle directe d'avant et d'après. Cela suggère une manière de diviser l'histoire comparable à la manière dont elle est divisée par différentes expériences, mais sans introduire aucune expérience, ni rien de mental : nous pouvons définir une « biographie » comme tout ce qui est (directement) antérieur ou postérieur, ou simultané, à un « sensibile » donné. Cela donnera une série de perspectives qui *pourraient* toutes former des parties de l'expérience d'une même personne, bien que ce ne soit nécessairement le cas ni pour toutes, ni pour aucune. Par ce moyen, l'histoire du monde se trouve divisée en un certain nombre de biographies mutuellement exclusives.

Nous devons à présent mettre en corrélation les moments respectifs des différentes biographies. Le plus naturel serait de dire que les apparences d'une chose (momentanée) donnée dans deux perspectives différentes appartenant à des biographies différentes doivent être posées comme simultanées ; mais cela ne convient pas. Supposons que *A* crie quelque chose à *B*, et que *B* réponde aussitôt qu'il entend le cri de *A*. Alors, entre le moment où *A* entend son propre cri et le moment où il entend le cri de *B*, il y a un intervalle ; ainsi, si nous rendions parfaitement simultanés les moments où *A* et *B* entendent le même cri, nous aurions des événements exactement

---

1. Sur ce sujet, on peut se reporter à M. A. A. Robb, *A Theory of Time and Space* (Cambridge Univ. Press) qui le premier m'a suggéré les vues que je défends ici, bien que j'aie laissé de côté, étant donné mon objectif présent, ce que sa théorie contient de plus intéressant et de plus novateur. M. Robb a présenté une esquisse de sa théorie dans une brochure du même titre (Heffer and Sons, Cambridge, 1913).

simultanés à un événement donné, mais non simultanés entre eux. Afin de remédier à cela, nous admettons l'existence d'une « vitesse du son ». Autrement dit, nous admettons que le moment où *B* entend le cri de *A* se situe à mi-chemin entre le moment où *A* entend son propre cri et le moment où il entend celui de *B*. De cette manière, la corrélation est établie.

Ce que nous venons de dire du son s'applique bien sûr également à la lumière. Le principe général est que les apparences qui, appartenant à des perspectives différentes, doivent être regroupées pour constituer ce qu'est une certaine chose à un certain moment, ne doivent pas être toutes considérées comme étant présentes à ce moment précis. Au contraire, elles se propagent à partir de la chose à des vitesses variables, en fonction de la nature des apparences. Puisqu'il n'existe aucun moyen de mettre *directement* en corrélation un moment d'une biographie avec un moment d'une autre, ce regroupement temporel des apparences appartenant à une chose donnée à un moment donné est en partie conventionnel. Sa raison d'être est en partie de garantir la vérification de maximes telles que : « des événements exactement simultanés avec un même événement sont exactement simultanés entre eux », et en partie de garantir une formulation commode des lois causales.

XI. LA PERSISTANCE DES CHOSES ET DE LA MATIÈRE

En dehors de ceux qui peuvent concerner les hypothèses fluctuantes de la physique, trois problèmes principaux se posent à propos de la liaison entre le monde de la physique et le monde des sens, à savoir :

1. la construction d'un espace unique ;
2. la construction d'un temps unique ;
3. la construction de choses ou d'une matière permanentes.

Nous avons déjà considéré le premier et le deuxième de ces problèmes ; il reste à considérer le troisième.

Nous avons vu comment des apparences appartenant à des perspectives différentes et corrélées les unes aux autres sont combinées pour former une unique « chose » à un certain moment du temps global de la physique. Nous devons à présent considérer de quelle manière des apparences situées à des moments différents se combinent du fait qu'elles appartiennent à une même « chose », et de quelle manière nous arrivons à la « matière » persistante de la physique. L'hypothèse d'une substance permanente, qui est techniquement sous-jacente aux procédures de la physique, ne peut évidemment pas être considérée comme métaphysiquement légitime : tout comme une même chose vue simultanément par de nombreuses personnes est une construction, ainsi, une même chose vue à des moments différents par la même personne ou par des personnes différentes doit être une construction, puisqu'en fait elle n'est qu'un certain regroupement de certains « sensibilia ».

Nous avons vu que l'état momentané d'une « chose » est un assemblage de « sensibilia » issus de différentes perspectives, et qui ne sont pas tous simultanés au sein du temps unique qui a été construit, mais qui se propagent à partir de « l'endroit où se trouve la chose » à des vitesses qui dépendent de la nature de ces « sensibilia ». Le moment *où* la « chose » se trouve dans cet état est la limite inférieure des moments auxquels ces apparences se manifestent. Nous devons à présent considérer ce qui nous conduit à parler d'un autre ensemble d'apparences comme appartenant à la même « chose », mais à un moment différent.

Dans ce but, nous pouvons, au moins pour commencer, nous en tenir à une seule biographie. Si nous pouvons toujours indiquer quand deux « sensibilia » appartenant à une biographie donnée sont les apparences d'une unique chose, alors, puisque nous avons vu comment relier des « sensibilia » de biographies différentes comme apparences du même état momentané d'une chose, nous disposerons de tout ce qui est nécessaire à la construction complète de l'histoire d'une chose.

Pour commencer, il faut observer que l'identité d'une chose, pour le sens commun, n'est pas toujours en rapport avec l'identité de la matière pour la physique. Un corps humain est pour le sens commun une même chose qui persiste, alors que pour la physique la matière qui le constitue est en perpétuel changement. On peut dire, en gros, que la conception propre au sens commun se fonde sur la continuité des apparences pour des *sense-data* situés à des distances ordinaires, alors que la conception de la physique se fonde sur la continuité des apparences à de très faibles distances des choses. La conception du sens commun est probablement incapable d'atteindre une parfaite précision. Concentrons par conséquent notre attention sur la conception que se fait la physique de la persistance de la matière.

La première caractéristique de deux apparences d'un même morceau de matière considéré à des moments différents est la *continuité*. Les deux apparences doivent être reliées par une série d'intermédiaires qui, pour autant que le temps et l'espace constituent des séries compactes, doivent eux-mêmes former une série compacte. La couleur des feuilles est différente en automne et en été; mais nous pensons que le changement s'opère graduellement et que, si les couleurs sont différentes à deux moments donnés, il existe des moments intermédiaires où les couleurs se situent entre les deux.

Mais il y a deux considérations importantes à propos de la continuité.

Tout d'abord, elle est largement hypothétique. Nous n'observons jamais une même chose continûment, et supposer que, lorsque nous ne sommes pas en train de l'observer, elle passe, entre deux moments où elle est perçue, par des états intermédiaires, c'est une simple hypothèse. Au cours d'une observation ininterrompue, il est vrai, la continuité est presque vérifiée; mais même dans ce cas, lorsque les mouvements sont très rapides, comme lors d'explosions, la continuité ne peut pas faire réellement l'objet d'une vérification directe. Nous devons donc nous contenter de dire que les *sense-data* se trouvent *autoriser* l'introduction d'un complément hypothétique de « sensibilia » permettant de préserver la continuité, et que, par conséquent, il *se peut* qu'il y ait un tel complément. Toutefois, puisque nous avons déjà fait pareil usage de « sensibilia » hypothétiques, nous laisserons de côté cette question, et nous admettrons de tels « sensibilia », requis pour préserver la continuité.

Deuxièmement, la continuité n'est pas un critère suffisant de l'identité matérielle. Il est vrai que dans de nombreux cas, comme les rochers, les montagnes, les tables, les chaises, etc., toutes choses dont les apparences changent lentement, la continuité suffit ; mais dans d'autres cas, comme celui des parties d'un fluide à peu près homogène, ce critère échoue complètement. On peut passer, selon une gradation sensiblement continue, de n'importe quelle goutte de la mer à un certain moment à n'importe quelle autre goutte à un autre moment. Nous inférons les mouvements de l'eau de mer à partir des effets du courant, mais ils ne peuvent pas être inférés à partir de l'observation sensible directe doublée de l'hypothèse de continuité.

La caractéristique requise en plus de la continuité est la conformité aux lois de la dynamique. En partant de ce que le sens commun considère comme des choses persistantes, et en n'apportant que les modifications qui, de temps à autre, semblent raisonnables, nous arrivons à des assemblages de « sensibilia » qui se trouvent obéir à certaines lois simples, celles de la dynamique. En considérant des « sensibilia » situés à des moments différents comme appartenant au même morceau de matière, nous pouvons définir le *mouvement*, qui présuppose l'hypothèse ou la construction de quelque chose qui persiste tout le temps du mouvement. Les mouvements considérés comme ayant lieu, au cours d'une période où tous les « sensibilia » ainsi que tous les moments de leur apparence sont donnés, seront différents selon la manière dont nous combinons des « sensibilia » situés à des moments différents en tant qu'appartenant au même morceau de matière. Ainsi, même lorsque toute l'histoire du monde est donnée en chaque particulier, la question de savoir quels sont les mouvements qui ont lieu reste arbitraire dans une certaine mesure, même une fois admise l'hypothèse de continuité. L'expérience montre qu'il est possible de déterminer les mouvements de façon à satisfaire les lois de la dynamique, et que cette détermination, approximativement et dans l'ensemble, concorde assez bien avec les opinions du sens commun concernant les choses persistantes. C'est pourquoi cette détermination est adoptée, et conduit à un critère permettant de déterminer, tantôt dans la pratique, tantôt seulement en théorie, si deux apparences situées à des moments différents doivent ou non être considérées comme appartenant au même morceau de matière. La persistance de la totalité de la matière au cours du temps tout entier peut, j'imagine, être garantie par définition.

Pour asseoir cette conclusion, il faut se demander ce que prouve le succès empirique de la physique. Il prouve que les hypothèses de celle-ci, bien qu'invérifiables lorsqu'elles vont au-delà des *sense-data*, ne sont en aucun point en contradiction avec les *sense-data*, mais que bien au contraire, elles sont, idéalement, de nature à rendre calculables tous les *sense-data* lorsqu'une collection suffisante de « sensibilia » est donnée. Or la physique a établi la possibilité empirique de rassembler les *sense-data* en séries, dont chacune peut être considérée comme appartenant à une unique « chose », et se comporte, eu égard aux lois de la physique, de manière différente de séries n'appartenant pas à la même chose. S'il doit être possible de décider sans ambiguïté si deux apparences appartiennent ou non à la même chose, il doit n'exister qu'une seule manière de regrouper des apparences de telle sorte que les choses qui en résultent obéissent aux lois de la physique. Il serait très difficile de prouver que tel est le cas, mais étant donnés les buts que nous poursuivons à présent, nous pouvons laisser de côté cette question, et admettre qu'il n'existe qu'une seule manière de procéder. Nous pouvons donc poser la définition suivante : *les choses physiques sont les séries d'apparences dont la matière obéit aux lois de la physique.* Que de telles séries existent constitue un fait empirique, qui constitue le caractère vérifiable de la physique.

XII. ILLUSIONS, HALLUCINATIONS, ET RÊVES

Il reste à nous demander comment, dans notre système, il sera possible de faire une place aux *sense-data* auxquels fait apparemment défaut la liaison habituelle au monde de la physique. De tels *sense-data* sont d'espèces variées, ce qui exige des traitements légèrement différents. Mais tous appartiennent à l'espèce de ce qu'on appelle « irréel », et c'est pourquoi, avant d'entrer plus avant dans la discussion, certaines remarques logiques s'imposent à propos des conceptions de la réalité et de l'irréalité.

D'après M. A. Wolf[1] :

> La conception de l'esprit comme système d'activités transparentes est, selon moi, également indéfendable en raison de son échec à rendre compte de la possibilité même des rêves et des hallucinations. Il semble impossible de se figurer qu'une activité entièrement découverte, transparente, puisse être orientée vers ce qui n'est pas là, pour appréhender ce qui n'est pas donné.

Ce jugement est de ceux que, probablement, la plupart des gens seraient prêts à endosser. Mais il prête le flanc à deux objections. Tout d'abord, il est difficile de comprendre

---

1. « Natural Realism and Present Tendencies in Philosophy », *Proc. Arist. Soc.*, 1908-1909, p. 165.

comment une activité, aussi non «transparente» qu'elle puisse être, peut être orientée vers un néant : le terme d'une relation ne peut être une pure non-entité. Ensuite, aucune raison n'est donnée, et je suis convaincu qu'aucune ne peut l'être, en faveur de l'affirmation selon laquelle les objets de rêve ne sont pas «là» et ne sont pas «donnés». Commençons par aborder le second point.

1) La croyance que les objets de rêve ne sont pas donnés provient, me semble-t-il, de l'incapacité à distinguer, en ce qui concerne l'état de veille, entre un *sense-datum* et la «chose» correspondante. Dans les rêves, il n'y a aucune «chose» correspondant à celle qu'imagine le rêveur ; si, par conséquent, la «chose» était donnée au cours de la vie éveillée, comme le soutient par exemple Meinong[1], il existerait alors, pour ce qui concerne la nature du donné, une différence entre les rêves et l'état de veille. Alors que si, comme nous l'avons soutenu, ce n'est jamais la chose qui est donnée, mais seulement l'un des «sensibilia» qui la composent, ce que nous appréhendons dans un rêve est tout autant donné que ce que nous appréhendons à l'état de veille.

Un argument identique s'applique à l'idée que les objets de rêve sont «là». Ceux-ci occupent une certaine position dans l'espace privé propre à la perspective du rêveur ; mais ils échouent à entrer en corrélation avec d'autres espaces privés, et donc avec l'espace de perspective. Cependant, dans le seul sens où l'on peut dire qu'une donnée est «là», ils sont «là» tout aussi véritablement que n'importe lequel des *sense-data* présents à l'état de veille.

2) La conception de l'«illusion» ou de l'«irréalité», et la conception corrélative de la «réalité», sont généralement utilisées d'une manière qui enveloppe de profondes confusions logiques. Les mots qui vont par paires, tels que «réel» et «irréel», «existant» et «non existant», «valide» et «non

---

1. *Die Erfahrungsgrundlagen unseres Wissens*, p. 28.

valide », etc., sont tous dérivés d'une unique paire fondamentale, « vrai » et « faux ». Or « vrai » et « faux » s'appliquent
seulement – sauf en des sens dérivés – à des *propositions*. Par
conséquent, partout où les paires indiquées ci-dessus s'appliquent de manière sensée, on doit avoir affaire soit à des propositions soit à des expressions incomplètes, qui n'acquièrent
une signification qu'une fois placées dans un contexte avec
lequel elles forment une proposition. Ainsi ces paires de mots
peuvent être appliquées à des *descriptions*[1], mais non à des
noms propres : en d'autres termes, elles ne peuvent en aucun
cas s'appliquer à des données, mais seulement à des entités ou
des non-entités décrites en termes de données.

Illustrons notre propos avec les termes d'« existence » et de
« non-existence ». Étant donné une donnée quelconque x, il est
dénué de sens d'affirmer ou de nier que x « existe ». Nous
pourrions être tentés de dire : « bien sûr que x existe, sinon il ne
pourrait être une donnée ». Mais un tel énoncé est réellement
dénué de sens, bien qu'il soit sensé et vrai de dire : « mon
sense-datum actuel existe », et qu'il puisse également être vrai
que « x est mon *sense-datum* actuel ». L'inférence menant de
ces deux propositions à « x existe » est de celles qui semblent
irrésistibles aux personnes qui ne sont pas familières de la
logique ; pourtant la proposition apparente qui est inférée est
non simplement fausse, mais à strictement parler dénuée
de sens. Dire « mon *sense-datum* actuel existe » revient à dire
(à peu près) : « il y a un objet dont "mon *sense-datum* actuel"
est une description ». Mais nous ne pouvons dire : « il existe un
objet dont "x" est une description », car « x » (dans le cas dans
lequel nous nous plaçons) est un nom, et non une description.
Le docteur Whitehead et moi-même avons expliqué en détail
ce point ailleurs (*loc. cit.*), à l'aide de symboles sans lesquels
il est difficile à comprendre ; je ne vais donc pas répéter ici

---

1. Cf. *Principia Mathematica*, t. I, 14 et intro., chap. III ; pour la définition
de l'*existence*, *cf.* 14.02.

la démonstration des propositions énoncées ci-dessus, mais poursuivre en les appliquant au problème qui nous occupe.

Le fait que « existence » ne soit applicable qu'aux descriptions est masqué par un emploi de ce qui, d'un point de vue grammatical, constitue des noms propres, qui les transforme en véritables descriptions. C'est par exemple une question légitime que celle de savoir si Homère a existé ; mais « Homère » signifie ici « l'auteur des poèmes homériques », et il s'agit d'une description. De même, nous pouvons nous demander si Dieu existe ; mais alors « Dieu » signifie « l'Être Suprême », ou « l'*ens realissimum* », ou toute autre description qu'on voudra. Si « Dieu » était un nom propre, Dieu devrait être une donnée ; mais alors aucune question ne se poserait à propos de Son existence. La distinction entre l'existence et les autres prédicats, que Kant entrevit obscurément, est mise en lumière par la théorie des descriptions, et l'on voit qu'elle permet d'éliminer complètement l' « existence » des notions métaphysiques fondamentales.

Ce qu'on a dit de l' « existence » s'applique également à la « réalité », qui peut, en fait, être considérée comme un synonyme d' « existence ». En ce qui concerne les objets immédiats présents dans les illusions, les hallucinations et les rêves, il est dénué de sens de demander s'ils « existent » ou sont « réels ». Ils sont là, voilà tout. Pour autant, on peut légitimement s'enquérir de l'existence ou de la réalité de « choses » ou d'autres « sensibilia » inférés à partir de tels objets. C'est l'irréalité de ces « choses » et d'autres « sensibilia », jointe à la négligence du fait qu'il ne s'agit pas de données, qui a conduit à l'opinion selon laquelle les objets des rêves sont irréels.

Nous pouvons à présent appliquer en détail toutes ces considérations aux arguments classiques opposés au réalisme, même si l'on ne fera essentiellement que répéter ce que d'autres ont déjà dit.

1) Il y a tout d'abord la diversité des apparences normales censées être incompatibles. C'est le cas des différentes formes et couleurs qu'une chose donnée présente à différents spectateurs. L'eau qui, chez Locke, semble être à la fois chaude et froide, relève de ce genre de cas. Notre système, qui fait intervenir différentes perspectives, rend parfaitement compte de tels cas, et montre qu'ils ne fournissent aucun argument à l'encontre du réalisme.

2) Il y a les cas où la corrélation établie entre différents sens est inhabituelle. Le bâton tordu lorsqu'il est plongé dans de l'eau en fait partie. Les gens disent qu'il semble tordu tout en étant droit : cela signifie simplement qu'il est droit au toucher, bien que tordu à la vue. Il n'y a aucune « illusion », mais seulement une inférence erronée, si l'on pense qu'on sentirait au toucher que le bâton est tordu. Le bâton semblerait tout aussi tordu sur une photographie, et, comme M. Gladstone avait coutume de dire : « la photographie ne saurait mentir »[1]. Le cas où l'on voit double est du même genre, bien que dans ce cas la cause de la corrélation inhabituelle soit d'ordre physiologique, et ne puisse donc passer en photographie. C'est une erreur que de demander si une « chose » est dédoublée lorsqu'on la voit double. La « chose » est tout un système de « sensibilia », et seuls les « sensibilia » visuels constituant des données du sujet percevant se trouvent dédoublés. Ce phénomène a une explication purement physiologique; en effet, comme nous avons deux yeux, il exige moins d'explication que le *sense-datum* visuel simple que nous tirons normalement des choses sur lesquelles nous fixons notre regard.

3) Venons-en à présent aux cas comme les rêves, qui peuvent, au moment du rêve, ne contenir rien de suspect, mais sont tout de même invalidés en raison de leur prétendue incompatibilité avec des données précédentes ou ultérieures. Il

---

1. À ce sujet, comme à celui du fait de *voir double*, *cf.* E.B. Holt, « The Place of Illusory Experience in a Realistic World », *The New Realism*, p. 305.

arrive souvent, bien entendu, que des objets de rêve ne se comportent pas de la manière habituelle : des objets lourds volent, des objets solides fondent, des bébés se transforment en cochons, ou subissent de plus grands changements encore. Mais aucun de ces événements inhabituels ne se produit *nécessairement* dans un rêve, ce n'est donc pas en raison de tels événements que les objets de rêve sont dits « irréels ». C'est leur manque de continuité avec le passé et le futur du rêveur qui conduit celui-ci à les invalider lorsqu'il est éveillé ; et c'est leur manque de corrélation avec d'autres mondes privés qui les fait être invalidés par les autres. En dehors de cette dernière raison, la raison que nous avons pour les invalider est que les « choses » que nous inférons à partir d'eux ne réussissent pas à se combiner conformément aux lois de la physique avec les « choses » que nous inférons à partir des *sense-data* que nous avons à l'état de veille. Cet élément pourrait être invoqué pour invalider les lois de la physique ; mais il est plus simple de l'invoquer pour invalider les « choses » que nous inférons des data de nos rêves. Les données des rêves sont sans doute des apparences de « choses », mais non de « choses » telles que le rêveur les imagine. Je n'ai aucune envie de combattre des théories psychologiques du rêve, comme celles des psychanalystes. Mais il existe certainement des cas où (quelles que soient les causes psychologiques en jeu) la présence de causes physiques est également tout à fait évidente. Par exemple, une porte battante peut susciter le rêve d'un combat naval, avec des images de batailles entre navires, de mer et de brouillard. Le rêve entier ne sera qu'une apparence du battement de la porte, mais eu égard à l'état particulier du corps (et notamment du cerveau) au cours du sommeil, cette apparence n'est pas de celles qu'on pourrait s'attendre à voir produites par un battement de porte, et en cela le rêveur est conduit à nourrir de fausses croyances. Mais ses *sense-data* n'en sont pas moins physiques, et font partie de ceux qu'une physique achevée pourrait intégrer et calculer.

4) La dernière classe d'illusions à considérer est celle des illusions que l'expérience d'une seule personne ne suffit pas à découvrir, si ce n'est par la découverte de désaccords avec les expériences d'autres personnes. On pourrait concevoir les rêves comme faisant partie de cette classe, s'ils étaient reliés de façon suffisamment nette à l'état de veille ; mais les principaux cas de figure sont constitués par le genre d'hallucinations sensorielles récurrentes qui conduisent à la folie. Ce qui dans de tels cas rend le patient fou, comme le disent les autres, est le fait qu'au sein de sa propre expérience rien ne vient montrer que les *sense-data* hallucinatoires n'ont pas l'espèce habituelle de liaison avec les « sensibilia » d'autres perspectives. Il peut bien sûr l'apprendre du témoignage d'autrui, mais il juge probablement plus simple de supposer que ce témoignage n'est pas vrai, et qu'on le trompe délibérément. Il n'existe à ma connaissance aucun critère théorique qui permette au patient de décider, dans un tel cas, entre deux hypothèses également satisfaisantes : celle de sa folie et celle de la tromperie de ses amis.

D'après tous ces exemples, il semblerait que les *sense-data* anormaux, de l'espèce de ceux que nous considérons comme trompeurs, possèdent intrinsèquement exactement le même statut que tous les autres, et n'en diffèrent qu'au regard des corrélations ou des liaisons causales qui les lient à d'autres « sensibilia » et à des « choses ». Puisque les corrélations et les liaisons habituelles s'intègrent à nos attentes irréfléchies, et semblent même, sauf au psychologue, faire partie de nos données, on en vient à penser, à tort, que dans de tels cas les données sont irréelles, alors qu'elles ne sont que les causes d'inférences erronées. Le fait qu'aient lieu des corrélations et des liaisons de types inhabituels ajoute à la difficulté qu'il y a à inférer les choses à partir des sens et à exprimer la physique en termes de *sense-data*. Mais le caractère inhabituel de ces cas semble toujours pouvoir s'expliquer par la physique ou la physiologie, et ne fait donc naître que des complications, non une objection philosophique.

Aussi conclurai-je qu'aucune objection valide ne s'oppose à la conception qui fait des *sense-data* une partie de la substance actuelle du monde physique, et, de plus, que cette conception est la seule à pouvoir rendre compte du caractère empiriquement vérifiable de la physique. Dans cet article, je n'ai fait que proposer une ébauche préliminaire. En particulier, le rôle joué par le *temps* dans la construction du monde physique est, me semble-t-il, plus fondamental qu'il n'y paraît au vu de l'exposé qui précède. J'espère qu'une élaboration plus poussée permettra de restreindre indéfiniment le rôle joué par les « sensibilia » non perçus, probablement en invoquant l'histoire d'une « chose », afin de suppléer à l'insuffisance des inférences dérivables à partir de son apparence momentanée.

MORITZ SCHLICK

LE TOURNANT DE LA PHILOSOPHIE

PRÉSENTATION
Delphine Chapuis-Schmitz

Quel rôle la philosophie doit-elle jouer dans le champ de la connaissance scientifique? Schlick pense qu'il convient d'apporter à cette question une réponse radicalement nouvelle : la philosophie n'est pas une science, elle est l'activité clarificatrice du sens de nos concepts et des propositions.

Pour annoncer le tournant dans lequel se trouve la philosophie en ce début des années 1930, ce texte prend parfois des accents emphatiques, qui le rapprochent de certains passages du « manifeste » du Cercle de Vienne [1] (1929). Mais ces deux textes ne sont pas seulement proches par leur tonalité : on a là deux lignes directrices de ce même ensemble bigarré qu'était

---

1. On trouve une traduction française du « manifeste » dans l'ouvrage paru sous la direction d'Antonia Soulez, *Le Manifeste du Cercle de Vienne et autres écrits*, Paris, P.U.F., 1984, p. 108-151 ; Paris, Vrin, 2010. À propos du texte de Schlick, on peut noter que son lieu de parution en exergue du premier numéro de la revue *Erkenntnis*, conforte son ton programmatique ; en effet, cette revue co-dirigée par Reichenbach à Berlin et Carnap, alors à Prague, devait devenir le principal organe de diffusion des articles des membres du cercle de Vienne et plus largement des penseurs proches du positivisme logique.

le cercle de Vienne, dont Moritz Schlick était l'une des figures principales, avec Rudolf Carnap et Otto Neurath. Depuis son arrivée comme professeur à l'université de Vienne en 1922, un groupe de penseurs, composés d'étudiants et de professeurs, avait ainsi pris l'habitude de se réunir pour discuter des problèmes les plus actuels en philosophie des sciences, théorie de la connaissance, logique, philosophie du langage. Des études scientifiques avaient donné à tous un bagage suffisamment solide pour pouvoir traiter philosophiquement de ces questions en toute connaissance de cause, et ces discussions fructueuses ont contribué à l'émergence d'un nouveau courant philosophique : le positivisme logique.

Schlick ne fait pas exception pour ce qui est de son intérêt pour les sciences : après des études de physique en Allemagne sous la direction de Max Planck, il écrit en 1915 un article sur la théorie de la relativité, dont Einstein lui-même dira que c'est une des meilleures choses qu'il ait lues sur le sujet. Tout au long de sa vie Schlick suivra de près les derniers progrès de la physique, et notamment ceux de la mécanique quantique, en apportant une contribution importante à la discussion du problème philosophique auquel cette théorie scientifique donne un nouveau souffle : celui de la causalité.

La question du statut de la philosophie par rapport aux sciences fait figure de passage obligé pour qui *fait* de la philosophie. Une telle réflexivité est en effet la condition de résultats théoriques sains, dont on peut légitimer la place et justifier la validité au sein du domaine de la connaissance. Derrière cette question se profile ainsi traditionnellement le problème du type de connaissance qui nous est prétendument livré par la philosophie. Or, c'est là précisément le type de questionnement auquel le texte de Schlick prétend mettre fin. Une telle assurance ne devrait pas nous étonner quand on la replace dans le contexte que nous avons esquissé : les progrès accomplis par les sciences à l'aube du XXᵉ siècle, que ce soit la physique ou sur un autre plan la logique et les mathématiques, ont donné à ceux qui avaient les moyens d'en saisir toute la portée une grande confiance en l'avènement d'une nouvelle ère pour la connaissance. Parallèlement à cela, le statut de la philosophie nécessitait donc lui aussi une réévaluation profonde.

Une des idées du positivisme logique que la postérité a portée en exergue est celle de la critique de la métaphysique. Il apparaît clairement dans ce texte qu'une telle critique ne signe en rien le déclin de la philosophie ; au contraire, elle est annonciatrice d'une nouvelle manière de concevoir et de *pratiquer* la philosophie. Contre les vaines querelles d'école qui voient s'affronter des *théories* prétendant chacune détenir la vérité sur le monde, Schlick affirme que la philosophie est *activité*. Autrement dit, la philosophie ne nous livre aucune connaissance, elle n'est pas une science parmi les sciences : elle est cette activité de réflexion sur ce que nous disons, grâce à laquelle il devient possible de clarifier le statut de nos énoncés, en déterminant s'ils ont ou non un sens cognitif, c'est-à-dire s'ils se rattachent ou non au domaine de la connaissance. De plus, en tant qu'empiriste, Schlick soutient que tout énoncé qui a un sens, et donc tout énoncé de connaissance, doit pouvoir être vérifié dans l'expérience.

Cette idée découle d'une réflexion nouvelle sur le langage et sur la nature de nos énoncés, réflexion rendue possible par cet instrument fructueux que constitue la logique moderne. La logique est ainsi l'outil de cette nouvelle façon de pratiquer la philosophie : elle permet de tracer des lignes de démarcation entre les énoncés qui nous livrent une connaissance véritable, et ceux qui ne sont que verbiage vide de sens.

La thématisation par Schlick du nouveau statut qu'occupe la philosophie par rapport aux sciences découle donc, on le voit, à la fois d'une réévalutation de la connaissance, et d'un déplacement du questionnement épistémologique sur le terrain du langage – en ce sens notamment, sa rencontre avec Wittgenstein a certainement eu une grande influence sur la pensée de Schlick. La philosophie ne perd pas pour autant son

prestige, ce que Schlick s'attache à souligner, puisqu'elle est
cette activité fondamentale qui *précède* toute formulation de
connaissance véritable en délimitant les frontières du domaine
de la connaissance.

Ce texte, s'il s'inscrit sans aucun doute dans la ligne de
pensée du positivisme logique, n'en constitue pas moins une
réponse originale au problème du rapport entre philosophie et
science, et se fait l'annonciateur d'un programme philosophique que Schlick s'est efforcé de tenir, dans sa radicalité
même.

Indications bibliographiques

Moritz SCHLICK

Œuvres complètes publiées par Springer, 4 volumes parus.

Allgemeine Erkenntnislehre, Berlin, J. Springer, 1918; 2ᵉ éd. revue et
augmentée, 1925; trad. fr. Ch. Bonnet, *Théorie générale de la
connaissance*, Paris, Gallimard, 2009.

Form and Content, 1932; trad. fr. D. Chapuis-Schmitz, *Forme et
contenu*, Marseille, Agone, 2003.

Gesammelte Aufsätze, 1926-1936, Vienne, Gerold, 1938; 2ᵉ éd,
Hildesheim, Olms, 1969.

Philosophical Papers, H. L. Mulder et B. van de Velde-Schlick (éd.),
Dordrecht, Boston, D. Reidel, 2 vol., 1978-79.

Autres références

BENOIST Jocelyn, *L'a priori conceptuel. Bolzano, Husserl, Schlick*,
Paris, Vrin, 1999.

HALLER Rudolf (éd.), *Schlick und Neurath. Ein Symposium*, Grazer
Philosophische Studien, 16/17, Amsterdam, Rodopi, 1982.

LAUGIER Sandra (dir.), « Schlick et le tournant de la philosophie »,
Les études Philosophiques, n° 3, juillet-septembre 2001, Paris,
P.U.F..

LE TOURNANT DE LA PHILOSOPHIE *

On a, de temps à autre, mis au concours la question de savoir quels progrès la philosophie avait faits dans une période donnée. On avait l'habitude de délimiter cette séquence temporelle d'un côté par le nom d'un grand penseur, de l'autre par le « présent ». On semblait donc présupposer que la clarté régnait à peu près sur les progrès philosophiques de l'humanité jusqu'à ce penseur, mais que l'on était dans le doute quant aux nouveaux acquis que l'époque la plus récente avait pu y ajouter.

De telles questions expriment clairement une méfiance envers la philosophie du passé à chaque fois le plus récent, et il semble que le problème ainsi posé ne soit qu'une formulation timide de la question : la philosophie a-t-elle vraiment fait un quelconque progrès au cours de cette période ? Car si l'on était sûr qu'il y a là des acquis, alors on saurait assurément aussi en quoi ils consistent.

* Moritz Schlick, « Die Wende der Philosophie » (1930), *Erkenntnis* 1, 1930-1931, p. 4-11. La présente traduction, établie par Delphine Chapuis-Schmitz, est publiée avec l'aimable autorisation du Dr. G. M. H. van de Velde, de Mrs. E. B. B. van der Wolk – van de Velde et de la *Vienna Circle Foundation*, Amsterdam.

Si l'on considère le passé plus lointain avec moins de méfiance, et si l'on est plus enclin à reconnaître dans sa philosophie une évolution ascendante, cela pourrait bien venir de ce que l'on se montre plus respectueux à l'égard de tout ce qui relève déjà de l'histoire. À cela s'ajoute le fait que les anciens philosophèmes ont au moins fait preuve de leur efficacité historique et qu'il est par conséquent possible, quand on les examine, de s'appuyer sur leur portée historique plutôt que sur leur portée objective, et cela d'autant plus que l'on se risque rarement à les distinguer l'une de l'autre.

Mais de tous les penseurs ce sont précisément les meilleurs esprits qui ont rarement cru que la philosophie des époques précédentes (et même celle des modèles classiques) soit parvenue à des résultats solides et durables. Cela résulte de ce qu'au fond chaque nouveau système reprend à chaque fois tout à zéro, de ce que chaque penseur cherche sa propre terre ferme sans vouloir se tenir sur les épaules de ses prédécesseurs. Descartes se perçoit, non sans raison, comme un véritable commencement ; Spinoza croit avoir trouvé, avec l'introduction (il est vrai toute superficielle) de la forme mathématique, la méthode philosophique définitive ; et Kant est convaincu que désormais la philosophie, en s'engageant sur la voie qu'il a empruntée, va enfin prendre le chemin sûr d'une science. D'autres exemples sont inutiles, car presque tous les grands penseurs ont tenu pour nécessaire une réforme radicale de la philosophie et s'y sont eux-mêmes essayés.

Ce destin singulier de la philosophie a été si souvent dépeint et déploré qu'il est déjà trivial ne serait-ce que d'en parler, et que le scepticisme silencieux et la résignation paraissent être la seule attitude qui convienne à la situation. Comme nous l'enseigne, semble-t-il, une expérience de plus de deux millénaires, il n'est plus possible de prendre au sérieux toutes ces tentatives de mettre fin au chaos des systèmes et d'imprimer un tournant au destin de la philosophie. Et le fait que l'homme ait fini par résoudre les problèmes les plus tenaces, comme celui de Dédale, n'est d'aucune consolation pour le connaisseur, car ce qu'il craint c'est précisément que la philosophie ne parvienne jamais à un « problème » véritable.

Je me permets cette référence à l'anarchie, si souvent dépeinte, des opinions philosophiques afin qu'il ne fasse aucun doute que j'ai pleinement conscience de la portée et du poids de la conviction que j'aimerais à présent énoncer. Je suis en effet convaincu que nous nous trouvons au beau milieu d'un tournant de la philosophie en tout point décisif et que nous sommes objectivement en droit de considérer le stérile conflit des systèmes comme terminé. Le temps présent est déjà, je l'affirme, en possession des moyens qui rendent en principe superflu tout conflit de ce genre ; il ne s'agit plus que de les employer avec résolution.

Ces moyens ont été créés en toute discrétion, sans que la plupart de ceux qui font profession de philosopher en enseignant et en écrivant ne s'en aperçoivent, créant ainsi une situation qui n'a rien de comparable avec les précédentes. Que cette situation soit véritablement unique en son genre et le tournant amorcé véritablement décisif, c'est ce que l'on ne peut comprendre qu'en prenant connaissance de ces nouvelles méthodes et en considérant rétrospectivement, à partir du point de vue auquel elles mènent, toutes les tentatives tenues jusque-là pour « philosophiques ».

Ces méthodes ont pour point de départ la logique. Leibniz en a confusément entrevu les premiers rudiments ; Gottlob Frege et Bertrand Russell en ont développé des parties importantes au cours des dernières décennies ; mais c'est Ludwig Wittgenstein qui le premier en est venu au tournant décisif (dans le *Tractatus Logico-Philosophicus* en 1922).

On sait que les mathématiciens ont développé, au cours des dernières décennies, de nouvelles méthodes logiques, et ce tout d'abord pour résoudre leurs propres problèmes dont ils ne pouvaient venir à bout au moyen des formes traditionnelles de la logique. Mais il y a longtemps que la logique qui avait ainsi vu le jour a ensuite démontré sa supériorité à tous égards sur les anciennes formes, qu'elle aura bientôt sans aucun doute totalement supplantées. Cette logique serait-elle donc le grand moyen dont je viens de dire qu'il était capable de nous débarrasser en principe de toutes les querelles philosophiques ? Nous fournirait-elle des préceptes généraux au moyen desquels toutes les questions traditionnelles de la philosophie pourraient, du moins en principe, être résolues ?

Si c'était le cas, je n'aurais guère eu le droit de dire qu'une situation totalement nouvelle avait été créée. En effet, on ne serait alors parvenu qu'à un progrès graduel, pour ainsi dire technique, tout comme la découverte du moteur à essence a finalement permis de résoudre le problème du vol. Mais quelle que soit la valeur de la nouvelle méthode, rien d'aussi fondamental ne peut jamais être accompli par le simple perfectionnement d'une méthode. Aussi n'est-ce pas à elle que nous sommes redevables du grand tournant, mais à quelque chose de tout autre, qu'elle seule a certes rendu possible et suscité, mais qui se joue à un niveau bien plus profond : il s'agit de la compréhension de la nature du logique lui-même.

On a souvent dit, et depuis longtemps, que le logique était en un certain sens le purement formel ; on n'était cependant pas vraiment au clair sur la nature des formes pures. Le chemin qui mène à la clarté sur ce point part du fait que toute connaissance est une expression, une exposition. La connaissance exprime en effet l'état de fait qui est connu en elle, ce qui peut avoir lieu de n'importe quelle façon, dans n'importe quelle langue et dans n'importe quel système arbitraire de signes. Tous ces modes d'exposition possibles, dès lors qu'ils expriment réellement la même connaissance, doivent avoir, précisément pour cette raison, quelque chose en commun ; et ce qu'ils ont en commun est leur forme logique.

Ainsi, toute connaissance n'est connaissance qu'en vertu de sa forme ; c'est grâce à elle que la connaissance expose les états de choses connus. Mais la forme elle-même ne peut pas à son tour être exposée. Elle est la seule chose qui compte dans la connaissance ; tout le reste n'est que le matériau inessentiel et contingent de l'expression, exactement comme l'encre avec laquelle nous mettons par écrit une proposition.

Cette simple idée a des conséquences de la plus grande portée. Elle permet tout d'abord d'en finir avec les problèmes traditionnels de « théorie de la connaissance ». Aux recherches sur le « pouvoir de connaître » humain, pour autant que la psychologie ne peut s'en charger, se substitue la réflexion sur la nature de l'expression, de l'exposition, c'est-à-dire de tout « langage » possible, au sens le plus général du terme. Les questions sur la « validité et les limites de la connaissance » disparaissent. Est connaissable tout ce qui peut être exprimé, et c'est là tout ce sur quoi on peut poser des questions douées de sens. Il n'y a par conséquent aucune question à laquelle on ne puisse pas en principe répondre, ni aucun problème en principe insoluble. Ce que l'on a tenu pour tel jusqu'à présent, ce ne sont pas des questions véritables, mais des suites de mots dépourvues de sens. Elles ont certes l'air d'être des questions, car elles semblent satisfaire aux règles habituelles de la grammaire, mais en vérité elles consistent en des sons vides, parce qu'elles contreviennent aux règles internes profondes de la syntaxe logique découvertes par la nouvelle analyse.

Partout où l'on est en présence d'un problème doué de sens, on peut également toujours en théorie indiquer la méthode qui mène à sa solution, car il s'avère qu'indiquer cette méthode revient au fond à montrer le sens ; il est bien sûr possible que des circonstances factuelles, par exemple nos capacités humaines déficientes, nous en empêchent en pratique. L'acte de vérification auquel aboutit cette méthode de résolution est toujours du même type : c'est l'apparition d'un état de choses déterminé que l'on constate par l'observation, par une expérience vécue immédiate. C'est de fait ainsi que l'on constate la vérité (ou la fausseté) de tout énoncé, dans la vie quotidienne comme dans chaque science. Il n'y a donc aucun autre examen ni aucune autre confirmation des vérités que ceux qui se font par l'observation et la science empirique. Toute science (pour autant que l'on pense par là à son contenu et non aux moyens mis en œuvre par les hommes pour y parvenir) est un système de connaissances, c'est-à-dire de propositions d'expérience vraies. Et l'ensemble des sciences, y compris les énoncés de la vie quotidienne, constitue le système des connaissances. Il n'y a pas, en dehors de cela, de domaine des vérités « philosophiques ». La philosophie n'est pas un système de propositions, elle n'est pas une science.

Mais qu'est-elle alors ? Certes pas une science, mais néanmoins quelque chose d'une si grande importance que l'on pourra continuer à la vénérer, dans le futur comme par le passé, comme la reine des sciences. Il n'est en effet écrit nulle part que la reine des sciences doive elle-même être aussi une science. Nous reconnaissons désormais en elle – et le grand tournant actuel se trouve ainsi caractérisé de façon positive – au lieu d'un système de connaissances un système d'actes. Elle est en effet cette activité par laquelle est constaté ou découvert le sens des énoncés. La philosophie clarifie les propositions ; les sciences les vérifient. Dans les sciences il s'agit de la vérité des énoncés, mais dans la philosophie en revanche de ce que les énoncés veulent véritablement dire. Le contenu de la science, son âme et son esprit, se trouvent bien sûr dans ce que l'on veut dire en fin de compte par ses propositions, et l'activité philosophique de donation de sens est par conséquent l'Alpha et l'Oméga de toute connaissance scientifique. On avait très bien pressenti cela, lorsque l'on disait que la philosophie fournissait aussi bien le fondement que la clé de voûte de l'édifice des sciences ; seule était fausse l'opinion selon laquelle le fondement était constitué de « propositions philosophiques » (les propositions de la théorie de la connaissance) et le bâtiment couronné d'une coupole de propositions philosophiques (appelée métaphysique).

Il est facile de voir que le travail de la philosophie ne consiste pas à établir des propositions, c'est-à-dire qu'on ne peut pas donner de sens à des énoncés au moyen d'autres énoncés. En effet, si j'indique la signification de mes mots par des propositions explicatives et des définitions, c'est-à-dire à l'aide d'autres mots, il faut alors à nouveau demander quelle est la signification de ces mots, et ainsi de suite. Ce processus ne peut se poursuivre à l'infini : il se termine toujours en montrant effectivement ou en exhibant ce que l'on veut dire, c'est-à-dire par des actes réels. Seuls ces derniers ne sont pas susceptibles d'être expliqués plus avant et n'en ont nul besoin. L'ultime donation de sens a donc toujours lieu au moyen d'actions ; celles-ci constituent l'activité philosophique.

Une des plus graves erreurs du passé a été de croire que l'on pouvait à nouveau formuler le sens véritable et le contenu ultime au moyen d'énoncés, c'est-à-dire les exposer sous forme de connaissances. Ce fut l'erreur de la « métaphysique ». L'effort des métaphysiciens a été de tout temps dirigé vers ce but absurde (voir mon essai : « Erleben, Erkennen, Metaphysik »[1], dans les *Kantstudien*, vol. 31, p. 146) : exprimer au moyen de connaissances le contenu des qualités pures (l'« essence » des choses), et donc dire l'indicible. On ne peut pas dire les qualités, on peut seulement les montrer dans l'expérience vécue, mais la connaissance n'a rien à voir avec cela.

Ainsi la métaphysique ne disparaît pas parce que le problème qu'elle cherche à résoudre serait (comme le prétendait Kant) d'une audace qui dépasse les forces de la raison humaine, mais parce que ce problème n'existe pas. Dès que que l'on a mis au jour cette façon erronée de poser le problème, on comprend l'histoire du conflit métaphysique.

1. [N.d.T.] Cet essai de 1926 est repris dans *Gesammelte Aufsätze*, Vienne, Gerold, 1938 ; trad. fr. B. Cassin, « Le vécu, la connaissance, la métaphysique », in A. Soulez (dir.), *Le Manifeste du Cercle de Vienne et autres écrits*, Paris, Vrin, 2010, p. 175-188.

Mais il faut surtout que notre conception, si elle est correcte, se justifie elle aussi historiquement. Il doit s'avérer qu'elle est en mesure de rendre compte un tant soit peu du changement de signification du mot « philosophie ».

Or, c'est réellement le cas. Quand dans l'Antiquité, et à vrai dire jusqu'à l'époque la plus récente, la philosophie était simplement identique à toute recherche scientifique purement théorique, c'était là le signe que la science se trouvait à un stade où elle devait encore considérer que sa tâche principale était la clarification de ses propres concepts fondamentaux ; et l'émancipation des sciences particulières à l'égard de leur mère commune, la philosophie, est l'expression de ce que le sens de certains concepts fondamentaux est devenu suffisamment clair pour que l'on puisse continuer à travailler avec succès avec eux. Si en outre l'éthique et l'esthétique par exemple, et parfois même la psychologie, passent aujourd'hui encore pour des branches de la philosophie, ces disciplines montrent ainsi qu'elles ne disposent pas encore de concepts fondamentaux suffisamment clairs, et que leurs efforts sont bien plutôt dirigés principalement vers le sens de leurs propositions. Et enfin, si la nécessité se fait soudain sentir, au beau milieu d'une science fermement consolidée et en un point quelconque de celle-ci, de réfléchir à nouveau à la vraie signification de ses concepts fondamentaux, et que cela entraîne une clarification plus profonde du sens, on percevra alors aussitôt ce résultat comme éminemment philosophique. Tout le monde s'accorde à dire que par exemple l'acte d'Einstein, qui eut pour point de départ une analyse du sens des énoncés sur le temps et l'espace, fut effectivement un acte philosophique. Nous pourrions encore ajouter ici que les progrès véritablement décisifs de la science, ceux qui font date, sont toujours de ce type, qu'ils représentent une clarification du sens des propositions fondamentales, et que seuls par conséquent y parviennent ceux qui sont doués pour l'activité philosophique. Ce qui signifie que tout grand chercheur est toujours aussi philosophe.

Il est également facile de comprendre, semble-t-il, que des activités intellectuelles qui ne tendent pas à la connaissance pure mais à la conduite de la vie, portent souvent elles aussi le nom de philosophie. Le sage se distingue en effet de la foule déraisonnable précisément en ce qu'il sait indiquer plus clairement qu'elle le sens des énoncés et des questions portant sur les circonstances de la vie, les faits et les désirs.

Le grand tournant de la philosophie signifie également un abandon définitif de certaines fausses pistes, empruntées depuis la seconde moitié du XIXe siècle, qui ont conduit à estimer et évaluer la philosophie de façon tout à fait erronée : je veux parler ici des tentatives visant à revendiquer pour elle un caractère inductif et à croire par conséquent qu'elle était composée de simples propositions hypothétiques. Il ne serait pas venu à l'idée des penseurs anciens de ne prétendre qu'à la seule probabilité pour leurs propositions ; ils auraient repoussé une telle idée comme incompatible avec la dignité de la philosophie. En cela s'exprimait le sûr instinct que la philosophie doit fournir au savoir son tout dernier soutien. Il faut bien sûr voir dans le dogme opposé, selon lequel la philosophie offre des principes *a priori* absolument vrais, une expression des plus malencontreuses de cet instinct, et ce d'autant plus que la philosophie ne consiste nullement en des propositions. Mais nous croyons nous aussi en la dignité de la philosophie et tenons le caractère de l'incertitude et du simplement probable pour incompatible avec elle. Et nous nous réjouissons de ce que le grand tournant rende impossible de lui attribuer un tel caractère. On ne peut en effet absolument pas appliquer les concepts de probabilité ou d'incertitude aux actes donateurs de sens qui constituent la philosophie : il s'agit ici de fixer le sens de tous les énoncés comme quelque chose d'absolument ultime. Ou bien nous avons ce sens et nous savons alors ce que les énoncés veulent dire ; ou bien nous ne l'avons pas, et nous sommes alors face à des mots vides de signification et aucunement face à des énoncés. Il n'y a pas de troisième terme, et il ne peut être question de validité probable. Ainsi, après le grand tournant, la philosophie manifeste plus clairement qu'auparavant son caractère définitif.

Grâce à un tel caractère, on peut également mettre un terme au conflit des systèmes. Je le répète : nous pouvons considérer, au vu des idées esquissées, que ce conflit est dès aujourd'hui en principe terminé, et j'espère que cela pourra apparaître toujours plus distinctement dans les pages de cette revue[1], dans cette nouvelle période de son existence.

Il y aura sans doute encore de nombreux combats d'arrière-garde. Pendant des siècles, encore nombreux seront certainement ceux qui continueront à emprunter les chemins habituels, et les auteurs de philosophie discuteront encore longtemps des vieilles pseudo-questions ; mais on finira par ne plus les écouter, et ils ressembleront à des acteurs qui continuent à jouer avant de remarquer que les spectateurs se sont peu à peu retirés. Il ne sera plus nécessaire alors de parler de « questions philosophiques », parce que l'on parlera de toutes les questions de manière philosophique, c'est-à-dire d'une manière douée de sens et claire.

---

1. [N.d.T.] Il s'agit de la revue *Erkenntnis*, qu'ont dirigée ensemble R. Carnap et H. Reichenbach, et qui peut être considérée comme l'organe de diffusion du cercle de Vienne de 1930 à 1938.

RUDOLF CARNAP

LA TÂCHE DE LA LOGIQUE DE LA SCIENCE

PRÉSENTATION

Sandrine Colas, Delphine Chapuis-Schmitz et Pierre Wagner

La tâche de la logique de la science fut publié en 1934 dans la collection « *Einheitswissenschaft* » [« *Science unitaire* »] dirigée par Otto Neurath, l'une des grandes figures du cercle de Vienne à côté de Moritz Schlick, Hans Hahn, Philipp Frank et Rudolf Carnap lui-même. L'auteur y expose de manière synthétique sa conception du rôle et du statut de la philosophie par rapport à la science. Dans *La Syntaxe logique du langage*, ouvrage dont la première édition, allemande, paraît la même année, il donne un développement plus technique et plus détaillé de cette conception. Selon Carnap, « la philosophie doit être remplacée par la logique de la science – c'est-à-dire par l'analyse logique des concepts et des propositions des sciences » (*La Syntaxe logique du langage*, Avant-propos); elle est pour l'essentiel une activité d'analyse qui porte sur les propositions[1] de la science et elle utilise pour cela les moyens

---

1. Nous traduisons « *Satz* » par « proposition ». Ici, les propositions ne sont rien d'autre que des suites de signes. « *Satz* » ne désigne donc absolument pas

que la logique moderne a développés depuis les travaux de
Frege et de Russell.

Né en 1897 dans le nord-ouest de l'Allemagne, Carnap
suit les cours de Frege à Iéna entre 1910 et 1914, alors qu'il
poursuit des études de philosophie et de mathématiques. Après
avoir travaillé en physique et en philosophie puis hésité entre
ces deux disciplines, il consacre les premières années de sa
carrière à l'étude des fondements de la physique, et notamment au problème de l'espace : c'est le sujet de sa thèse,
publiée en 1921. L'influence de Russell n'est pas moins déterminante que celle de Frege : la lecture de *Notre connaissance
du monde extérieur* (1914) donne à Carnap une impulsion
décisive pour la rédaction de son premier ouvrage, *La
Construction logique du monde* (1928). Si la philosophie
critique de Kant marque également les premiers textes de
Carnap, celui-ci s'écarte nettement du kantisme lorsqu'il
rejoint Vienne en 1926. C'est à cette époque qu'il devient
l'une des figures majeures du cercle de Vienne et de l'empirisme logique, qui rejette le synthétique *a priori* kantien ainsi
que toute forme de métaphysique. De 1934 à 1936, années au
cours desquelles il poursuit des échanges fructueux avec les
logiciens de l'école de Varsovie, Carnap enseigne à l'université allemande de Prague, mais la montée du nazisme le
contraint à quitter l'Europe pour rejoindre les États-Unis en
1936. Il enseigne à l'université de Chicago de 1936 à 1952, à
Princeton de 1952 à 1954, et enfin à l'université de Californie à
Los Angeles, où il meurt en 1970.

Bien que Carnap reconnaisse également l'influence
exercée sur sa propre pensée par Wittgenstein, sa conception
de la philosophie s'écarte délibérément de celle qu'on trouve
dans le *Tractatus logico-philosophicus*. Comme Wittgenstein,
Carnap pense que la philosophie doit permettre de clarifier le

(dans ce texte) la *signification* d'un énoncé ; une proposition est une entité aussi
concrète qu'une phrase appartenant à une langue déterminée.

sens des propositions. Mais contre Wittgenstein, il estime que la philosophie devenue logique de la science est une discipline scientifique à part entière et qu'il est tout à fait possible de tenir un discours sensé sur les propositions de la science prise comme un tout. Cela suppose cependant que puisse être établie une stricte distinction entre plusieurs catégories de propositions. Une fois écartées les pseudo-propositions à teneur métaphysique, qui sont dépourvues de toute signification cognitive (elles sont « *unsinnig* »), restent deux types de propositions : celles qui disent quelque chose sur l'état des choses dans le monde et ont donc une signification empirique (elles sont « *sinnvoll* ») – en font partie toutes les propositions qui sont propres à la science du réel (physique, biologie, sociologie, psychologie, etc.) – et celles qui sont vides de sens (« *sinnlos* ») dans la mesure où elles ne nous apprennent rien sur l'état des choses dans le monde – en font partie toutes les propositions de la science formelle (la logique et les mathématiques), ainsi que les propositions de la logique de la science. La partition des formations linguistiques qui prétendent au titre de proposition en trois catégories – les pseudo-propositions, les propositions synthétiques et les propositions analytiques – est l'une des clés de voûte de l'empirisme logique de Carnap.

La tâche du philosophe telle que la conçoit Carnap consiste premièrement en une activité d'éclaircissement des propositions effectivement utilisées dans la vie ordinaire, dans les sciences ou en philosophie. L'analyse logique de ces propositions – imaginons par exemple le discours d'un philosophe de la tradition qui traiterait de l'esprit – doit permettre de faire le départ entre ce qui, en elles, est du non-sens, ce qui exprime un contenu empirique et ce qui est purement analytique. À partir d'une telle analyse, la tâche du philosophe consiste, deuxièmement, à reconstruire le discours de la science (comprise en un sens large, celle-ci englobe toutes les propositions qui sont reconnues comme vraies) dans un système logique formellement défini, système que Carnap nomme « *Sprache* »[1]. La logique de la science a pour tâche l'étude des « *Sprachen* » qui permettent une telle reconstruction.

À l'époque où Carnap écrit le texte qu'on va lire, il qualifie de « syntaxique » la méthode générale qu'il introduit dans *La Syntaxe logique du langage*. Selon ce point de vue syntaxique, la logique de la science est conçue comme une « mathématique du langage », qui considère les propositions ainsi que les autres formations linguistiques d'un point de vue strictement formel, ce qui exclut toute interrogation qui relèverait de la psychologie, ou qui tenterait d'explorer le rapport du langage au monde. À cette époque, Carnap n'était pas le seul à penser qu'une définition générale de la vérité qui reposerait sur la considération d'un tel rapport serait dénuée de sens parce que toute tentative de mise en rapport globale du langage et du monde impliquerait déjà un point de vue métaphysique. Les publications de Tarski sur le concept de vérité n'étaient pas encore connues, et certains empiristes logiques les rejetèrent lorsqu'ils en prirent connaissance, ce qui ne fut toutefois pas le cas de Carnap dont les travaux prennent un caractère nettement sémantique dès la fin des années trente ; au cours des années quarante, il publiera, entre autres, l'*Introduction à la sémantique* (1942) et *Signification et nécessité* (1947).

Du point de vue syntaxique, la logique de la science doit pouvoir étudier le système de nos propositions et ses propriétés en s'appuyant uniquement sur des caractéristiques formelles. C'est donc d'une manière purement formelle – sans se rapporter à la signification des symboles et des expressions, ni à la référence des termes – que sont définies les règles de

1. Ce mot est traduit tantôt par « langue » tantôt par « langage », selon le contexte. Il s'agit en réalité de ce que nous nommerions plutôt « système » aujourd'hui puisqu'une « *Sprache* » comporte des règles de formation et des règles de transformation, que celles-ci soient données de manière explicite (comme dans le cas des langues logiques) ou implicite (comme dans le cas des langues naturelles).

formation, les règles de transformation, ainsi que des notions comme celles de proposition analytique, de conséquence logique, de contenu – ou teneur logique – d'une proposition, d'identité de contenu, etc. La syntaxe logique est donc une méthode qui rend possible la construction, l'étude métathéorique et la clarification des langues logiques dans lesquelles peuvent être exprimées les propositions de la science et les théories scientifiques. Sans ce travail de clarification conceptuelle, bien des questions qui sont soulevées en science et en philosophie restent confuses. Car aux yeux de Carnap, seule la logique de la science permet un traitement précis et clair d'un grand nombre de questions dont la formulation est habituellement inexacte (cf. les exemples donnés dans la première partie de l'article). Certains adversaires de Carnap objecteront cependant que ce n'est pas à l'aide d'une logique de la science ainsi conçue qu'on peut espérer parvenir à une telle clarification. La possibilité de définir l'analyticité – par des moyens syntaxiques ou d'autres – est l'un des points les plus controversés et l'occasion d'un célèbre débat entre Quine et Carnap[1].

L'une des illusions dont les philosophes sont fréquemment victimes, selon Carnap, provient d'une confusion entre les propositions qui portent sur des objets et celles qui portent sur le langage. Trop souvent, ils ne reconnaissent pas que les débats dans lesquels ils s'engagent se réduisent à une querelle sur le choix d'une langue plutôt qu'une autre[2]. Pour le montrer, Carnap distingue deux modes de discours : le mode « matériel » ou « contentuel » [« *inhaltlich* »] et le mode « formel » [« *formal* »]. Les propositions qui appartiennent au

---

1. Voir notamment Quine, « Carnap and Logical Truth », *in* P. A. Schilpp (éd.), *The Philosophy of Rudolf Carnap*, La Salle, Ill., Open Court, 1963 ; « Two Dogmas of Empiricism », 1951, trad. fr. « Deux dogmes de l'empirisme », in *Du Point de vue logique*, Paris, Vrin, 2003.

2. À l'égard du choix de cette langue, Carnap adopte une attitude tolérante. *Cf.* le « principe de tolérance » énoncé au paragraphe 17 de *La Syntaxe logique du langage*.

mode contentuel du discours attribuent à des objets extralinguistiques certaines propriétés qui, du point de vue de la
syntaxe logique, devraient être attribuées aux *désignations
linguistiques* de ces objets. En conséquence, les propositions du mode contentuel du discours, qualifiées par Carnap
de « pseudo-propositions d'objets », sont des formulations
inexactes de propositions qui, lorsqu'elles reçoivent une
formulation correcte dans le mode formel du discours, se
révèlent être des propositions qui appartiennent à la logique de
la science. L'un des enjeux du développement de la syntaxe
logique consiste à écarter les difficultés métaphysiques qui
naissent de l'utilisation abusive du mode contentuel du
discours, et de faire apparaître le degré auquel notre connaissance est relative à des choix de langage.

La logique de la science remplit également d'autres
fonctions : elle permet notamment de mettre en évidence les
relations syntaxiques entre les différentes langues dont il est
fait usage dans les sciences. Ce qui est en jeu, ici, est l'unité de
la science, dont Neurath fut l'un des principaux et des plus
fervents défenseurs et que Carnap aborde quant à lui d'un
point de vue logique. Car selon Carnap, c'est encore la logique
de la science qui doit permettre d'établir, au niveau d'une
réflexion syntaxique, que toutes les propositions de la science
– qu'elles appartiennent à la psychologie, à la biologie, à la
physique ou à l'une quelconque des autres sciences du réel –
peuvent être exprimées dans une langue unique. Lorsqu'il
ajoute que cette langue unitaire est la langue de la physique, il
exprime son adhésion à la thèse du physicalisme[1].

---

1. Sur le physicalisme et l'unité de la science, *cf.* Carnap, « La langue de la
physique comme langue universelle de la science » (1932), *in* Ch. Bonnet et
P. Wagner (dir.), *L'Âge d'or de l'empirisme logique*, Paris, Gallimard, 2006.
On pourra comparer avec le physicalisme de Neurath, exprimé par exemple *in*
« Soziologie im Physikalismus » (1932), *Erkenntnis* 2, 1931-1932, p. 393-431 ;
trad. fr. R. de Calan, « La sociologie dans le cadre du physicalisme », *in*
Ch. Bonnet et P. Wagner (dir.), *L'Âge d'or de l'empirisme logique*.

Indications bibliographiques

Rudolf CARNAP (bibliographie détaillée *in* Schilpp, *The Philosophy of Rudolf Carnap*, La Salle, Ill., Open Court, 1963).

Der logische Aufbau der Welt, Berlin et Leipzig, 1928; trad. fr. Th. Rivain, *La construction logique du monde*, Paris, Vrin, 2003.

« Überwindung der Metaphysik durch logische Analyse der Sprache », *Erkenntnis* 2, 1931-1932; trad. fr. « Le dépassement de la métaphysique par l'analyse logique du langage » *in* A. Soulez (éd.), *Manifeste du Cercle de Vienne et autres écrits*, Paris, P.U.F., 1985; Paris, Vrin, 2010.

Die logische Syntax der Sprache, 1934; trad. angl. augmentée, *The Logical Syntax of Language*, 1937; trad. fr. J. Bouveresse, *La Syntaxe logique du langage*, à paraître.

« Testability and Meaning », *Philosophy of Science*, 3, 1936; 4, 1937; trad. fr. *Testabilité et signification*, Paris, Vrin, 2013.

Meaning and Necessity, 1947, 2ᵉ éd. augmentée, 1956; trad. fr. F. Rivenc et Ph. de Rouilhan, *Signification et nécessité*, Paris, Gallimard, 1997.

« The Development of my Thinking », *in* Schilpp (éd.), *The Philosophy of Rudolf Carnap*, La Salle, Ill., Open Court, 1963.

Autres références

FRIEDMAN Michael et CREATH Richard (eds), *The Cambridge Companion to Carnap*, Cambridge U.P., 2007.

LAUGIER Sandra (éd.), *Carnap et la construction logique du monde*, Paris, Vrin, 2001.

LEPAGE François, PAQUETTE Michel, RIVENC François (éd.), *Carnap aujourd'hui*, Paris, Bellarmin-Vrin, 2002.

SCHILPP Paul A., *The Philosophy of Rudolf Carnap*, Open Court, LaSalle, 1963.

WAGNER Pierre, « Carnap et la logique de la science », *in* P. Wagner (dir.), *Les Philosophes et la science*, Paris, Gallimard, 2002.

– (ed.), *Carnap's Logical Syntax of Language*, Basingstokes, Palgrave Macmillan, 2009.

LA TÂCHE DE LA LOGIQUE DE LA SCIENCE *

I. LA LOGIQUE DE LA SCIENCE

Les travaux du cercle de Vienne et des groupes apparentés ont pour objet la science, qui est étudiée soit comme un tout, soit dans ses branches particulières; les concepts, les propositions, les démonstrations et les théories qui figurent dans les différents domaines de la science sont analysés, et cela bien moins dans la perspective de son développement historique ou des conditions sociologiques et psychologiques de son activité que dans la perspective logique. On peut qualifier ce domaine de recherche, pour lequel aucune désignation générale ne s'est jusqu'alors imposée, comme théorie de la science, et plus précisément comme *logique de la science*. Par « science », on entend ici la totalité des propositions reconnues comme vraies; en font partie non seulement les affirmations des savants mais également celles de la vie quotidienne; il n'existe aucune frontière précise entre ces deux domaines.

Certains désignent le domaine de recherche en question comme une partie de la philosophie. Mais une telle

* Rudolf Carnap, « Die Aufgabe der Wissenschaftslogik », Vienne, Gerold & Co, 1934. La présente traduction, établie par Sandrine Colas, Delphine Chapuis-Schmitz et Pierre Wagner, est publiée avec l'aimable autorisation de Carus Publishing.

dénomination peut facilement induire en erreur car on attache souvent au terme « philosophie » la connotation d'un domaine différent de la « science ordinaire ». Si l'on regarde le développement historique de notre domaine de recherche, nous devons certainement reconnaître qu'il s'est développé à partir de la philosophie. Mais cela vaut également pour beaucoup d'autres domaines de la science. Ainsi, par exemple, les sciences de la nature et les mathématiques sont sorties, à l'origine, du giron de la philosophie, mais elles s'en sont détachées dès l'Antiquité et elles ont acquis le caractère de domaines scientifiques autonomes. Malgré son origine philosophique, la physique n'est certainement plus conçue par personne comme un domaine de la philosophie. Et les sociologues qui travaillent scientifiquement, c'est-à-dire ceux qui étudient les phénomènes sociaux et leurs rapports selon des méthodes empiriques, sans y mêler de pseudo-thèses métaphysiques, ne considèrent plus aujourd'hui leur domaine de recherche comme une partie de la philosophie. Les psychologues, enfin, pour autant qu'ils travaillent de manière empirique et non métaphysique, en viennent de plus en plus à considérer que leur domaine de recherche est une partie de la science empirique du réel et qu'elle n'appartient pas à la philosophie. De manière analogue, notre domaine de recherche, la logique, ou logique de la science, est maintenant sur le point de se détacher de la philosophie et de devenir un domaine scientifique particulier où l'on travaille selon des méthodes strictement scientifiques et non en s'appuyant sur des vues « supérieures » ou plus « profondes ». Ce domaine, me semble-t-il, est le dernier domaine scientifique à se séparer de la philosophie. Ce qui demeure, ce sont des problèmes du type de ceux que les métaphysiciens ont l'habitude de poser, par exemple : « quelle est la cause première du monde ? », « quel est l'essence du néant ? », « pourquoi y a-t-il quelque chose plutôt que rien ? ». Mais ce ne sont là que des pseudo-problèmes sans aucune valeur scientifique.

Alors que la métaphysique prétend traiter des « raisons profondes » et de l'« essence vraie » des choses, la logique de la science ne se réfère absolument pas aux choses. Car la science, c'est-à-dire la science particulière de tel ou tel domaine d'objets, dit tout ce qu'il y a à dire au sujet des choses et des processus. Il n'y a rien de plus, rien de « plus élevé » à dire au sujet des choses que ce que la science en dit. L'objet de la logique de la science est plutôt la science elle-même en tant que structure ordonnée de propositions. C'est à la biologie en tant que science empirique de dire tout ce qu'il y a à dire sur les organismes et les processus organiques ; il n'y a, en dehors de cela, aucune proposition philosophique sur ces processus, aucune proposition de « philosophie naturelle » sur « la vie ». En revanche, on peut parfaitement procéder à une recherche logique sur des constructions conceptuelles, les hypothèses et les théories de la biologie ; cela appartient à la logique de la science.

La logique de la science comprend par exemple des questions du type suivant (ici, dans une formulation qui n'est pas exacte). Le principe de la constance de la vitesse de la lumière dans la théorie de la relativité est-il une convention ou une proposition factuelle ? La théorie de la relativité générale contient-elle une contradiction logique ? De quelle manière peut-on définir les macro-concepts de la physique (par exemple : la température, la densité, la vitesse du son, etc.) à partir des micro-concepts (champ électromagnétique, champ gravitationnel, électrons, etc.) ? Une certaine théorie T_2 est-elle compatible ou incompatible avec la théorie T_1 ? Si elle est compatible : T_2 est-elle, d'après son sens, contenue dans T_1, ou le contenu de T_2 excède-t-il celui de T_1 ? Dans le dernier cas : quelle est la partie du contenu de T_2 qui va au-delà de celui de T_1 ? Le concept C_n est-il réductible aux concepts $C_1, \ldots C_m$? Les deux concepts C_1 et C_2 (qui ont des définitions différentes) ont-ils la même signification ? Ou peut-on au moins, sur la base des lois de la nature, remplacer l'un par l'autre ? Les deux propositions P_1 et P_2 (qui ont des formulations différentes) ont-elles le même sens ou non? P_2 est-elle une conséquence logiquement nécessaire de P_1? Ou tout au moins nécessaire selon les lois de la nature? Quel est le sens d'une loi de la nature? Le contenu d'une loi excède-t-il celui des propositions d'observation qui ont conduit à établir la loi? Quelle est le sens des propositions probabilistes? Le concept de « probabilité » a-t-il la même signification que celui de « fréquence relative » ?

Quand on s'interroge ici sur le « sens » des propositions et sur la « signification » des concepts, on ne l'entend pas au sens psychologique. On ne se demande pas quelles représentations ou pensées sont attachées à telle ou telle proposition, à tel ou tel concept; cette question appellerait une réponse psychologique, et donc empirique, réponse qui ne pourrait pas du tout être donnée en général, mais qui dépendrait de la personne interrogée et, de plus, des circonstances particulières du moment. On s'interroge bien plutôt sur le « sens » et sur la « signification » au sens *logique*. Mais qu'entend-on par là? Ne risquons-nous pas de retomber dans des spéculations philosophiques lorsque nous invoquons ici le point de vue de la « logique », qui ne serait pas celui de la psychologie? Quels sont donc ces propositions par lesquelles nous répondons aux questions mentionnées plus haut et aux questions similaires de la logique de la science? Nous défendons la conception, déjà formulée par Hume, selon laquelle, en plus des tautologies logico-mathématiques (propositions analytiques), la science ne comprend que les propositions empiriques de la science du réel (voir appendice p. 215). Ici, certains de nos adversaires ont tiqué et ont ainsi effectivement touché un point particulièrement sensible de notre conception générale; voici leur objection : si toute proposition qui n'appartient ni aux mathématiques ni à la science du réel est dénuée de sens, alors toutes les propositions de vos propres ouvrages sont également dénuées de sens! Mais cette opinion n'est pas seulement celle de nos adversaires; certains de ceux qui rejettent avec nous la métaphysique et qui travaillent dans le domaine de la logique de la science, pensent que les propositions de ce domaine sont tout autant dénuées de sens que celles de la métaphysique (voir appendice p. 221). Contre cette position, nous voulons défendre ici la conception selon laquelle *les propositions de la logique de la science sont des propositions de la syntaxe logique du langage.* De cette manière, ces propositions se situent à l'intérieur de la frontière tracée par Hume; car la syntaxe logique – nous le verrons – n'est rien d'autre que la mathématique du langage.

II. LA SYNTAXE LOGIQUE

Par *syntaxe logique* d'une langue quelconque, nous comprenons la théorie des formes des propositions et autres formations linguistiques de cette langue. On y traite des *formes*, ce qui veut dire qu'on ne s'interroge pas sur le sens d'une proposition ni sur la signification des mots qui s'y trouvent, mais que les mots de cette langue sont divisés en types syntaxiques et que, pour une proposition déterminée, on s'interroge uniquement sur le type et la succession des mots qui s'y trouvent. La syntaxe logique ne fait rien de plus que tirer les conséquences analytiques des règles syntaxiques de la langue en question. Ces règles sont de deux types. Les *règles de formation* de la langue déterminent comment des propositions peuvent êtres formées à partir de mots (ou d'autres signes). On a l'habitude de donner ce type de règles dans la grammaire d'une langue; les règles de formation qui sont formulées dans la syntaxe logique ne diffèrent de celles de la grammaire ordinaire telles qu'elles sont formulées dans la science du langage qu'en ce que les premières doivent être strictement formelles, alors que ces dernières font souvent référence à la signification des termes (par exemple : « si un substantif désigne une personne de sexe féminin, un pays ou un bateau … »). La seconde sorte de règles syntaxiques est celle des *règles de transformation* de la langue. Grâce à elles, on établit qu'une proposition peut être déduite d'une ou de plusieurs autres propositions lorsque les propositions remplissent telles ou telles conditions, ces conditions ne faisant référence qu'à la forme des propositions. Les règles de transformation correspondent donc à peu près à ce que l'on nomme en logique des règles d'inférence ; la seule différence est qu'ici on ne fait pas porter les règles, comme chez certains logiciens (psychologistes), sur des jugements en tant qu'actes de la conscience ou en tant que contenus de tels actes, mais sur des propositions en tant que constructions linguistiques. Même les règles de transformation doivent être strictement formelles. Cette exigence n'est pas toujours satisfaite dans la logique traditionnelle ; le développement historique de la logique montre cependant toujours plus clairement qu'elle tend vers ce caractère formel strict, vers la suppression de toute référence à la signification. Et c'est seulement par la méthode symbolique empruntée aux mathématiques que la logique moderne a pu formuler des règles strictement formelles.

Si l'on voulait exposer la syntaxe complète d'une langue naturelle, par exemple celle du français, c'est-à-dire construire le système complet des règles de formation et de transformation qui sont tacitement à la base de l'usage que l'on fait du français, et en tirer des conséquences, on s'apercevrait que ce système de règles est très embrouillé, et en vérité beaucoup plus embrouillé qu'il n'y paraît à première vue. Nous voudrions clarifier ce point à l'aide de quelques exemples. Dans la syntaxe logique, on répartit les mots d'une langue en différents *genres*, en sorte que deux mots appartiennent au même genre si, et seulement si, ils se comportent de la même manière eu égard aux règles de formation, et donc eu égard à la construction des propositions ; autrement dit, si à partir d'une proposition dans laquelle apparaît le premier mot on obtient bien une proposition lorsqu'on substitue le second au premier (ici, on ne prend pas en considération la vérité ou la fausseté des

propositions). Après une telle répartition en genres, on n'a plus
besoin, dans la formulation des règles de formation, de parler
de mots déterminés, mais seulement de genres de mots. En
combien de genres distincts l'ensemble des mots de la langue
française se divise-t-il? Après un rapide coup d'œil dans une
grammaire du français, on pourrait peut-être penser qu'il y a
quelques dizaines de genres de mots : les substantifs masculins,
les substantifs féminins ..., les verbes transitifs ... En y
regardant de plus près, on voit cependant qu'on doit distinguer
plusieurs centaines, voire plusieurs milliers de genres de mots
différents dans la langue française. Tout d'abord, il est clair que
les diverses formes conjuguées appartiennent à des genres
différents (« donner », « donne », ..., « donna », « donnèrent »,
...). En outre, tous les noms au masculin singulier qui sont
sujets d'une phrase n'appartiennent pas au même genre, par
exemple : « crayon » et « courage ». « Mon crayon pèse 5 kg »
est une proposition même si elle est fausse ; « mon courage pèse
5 kg » n'est même pas une proposition fausse ; ce n'est absolument pas une proposition car on ne peut absolument pas
attribuer un poids à une qualité humaine. Nous devons donc
diviser les noms du type en question en sous-types : en noms de
choses, désignations de qualités, noms de nombres, etc. Mais
même ces sous-types ne forment pas encore, en général, des
genres. De nombreux mots forment à eux seuls un genre (nous
disons alors qu'ils sont « isolés »). Par exemple, il y a peu de
mots, il n'y en a même aucun autre, qui puissent figurer dans
toutes les propositions à la place du mot « connaissance »
(« j'en prends — » ; « ma — de ceci ... » ; etc.) Par conséquent,
un système complet des seules règles de formation pour
la langue française serait déjà d'une ampleur colossale.
L'énorme complication du système de règles des langues
naturelles est la raison pour laquelle, lorsqu'on traite de la
syntaxe logique en pratique, soit on analyse seulement
certaines tournures et expressions d'une langue naturelle, soit,
si l'on veut formuler le système complet des règles d'une

langue, on a recours à des langues symboliques construites telles qu'elles ont été développées dans la logique moderne (voir appendice p. 218). Dans ce qui suit, nous dirons simplement « syntaxe » à la place de « syntaxe logique »; cela chaque fois qu'il n'y a aucun danger de confusion avec la « syntaxe » au sens de la linguistique, que les règles de formation ne sont pas exprimées formellement et qu'on n'inclut pas les règles de transformation.

Si une proposition peut être obtenue par application (dans certains cas plusieurs applications) des règles de transformation à partir de certaines autres propositions, on la nomme alors *conséquence* de ces autres propositions. Puisque les règles de transformation sont formulées sans référence à la signification, le concept de « conséquence » est lui aussi formel. À l'aide de ce concept, on peut établir d'autres définitions syntaxiques. Nous allons donner quelques exemples de tels concepts qui sont fréquemment utilisés dans l'analyse logique des propositions de la science. On dit qu'une proposition est *analytique* (ou tautologique) si elle est conséquence de toute proposition, et donc si elle est inconditionnellement vraie, quelles que soient par ailleurs les autres valeurs de vérité. Une proposition est dite *contradictoire,* si toute proposition de la langue en question est conséquence de cette proposition. Une proposition est dite *synthétique,* si elle n'est ni analytique ni contradictoire. En français, les propositions suivantes, par exemple, sont analytiques : « les chevaux sont des chevaux », « un cheval est en bonne santé ou malade », « $2+2=4$ »; les propositions « il y a des chevaux qui ne sont pas des chevaux », « il y a un cheval qui est à la fois en bonne santé et malade », « $2+2=5$ », sont contradictoires; les propositions « ce cheval est malade », « j'ai quatre crayons » sont synthétiques. Les propositions synthétiques sont ce que l'on nomme, dans le langage ordinaire, des « affirmations sur la réalité ». Les propositions de la science du réel, aussi bien les lois universelles que les propositions concrètes qui portent sur certains objets ou certains phénomènes particuliers, sont synthétiques. Ces propositions synthétiques constituent en un certain sens le noyau de la science. Les propositions de la logique et des mathématiques sont analytiques. Considérées du point de vue du but pratique de la science, elles ne servent qu'à faciliter les opérations qu'on effectue avec les propositions synthétiques. On pourrait construire un langage de la science en sorte qu'il ne comporte que des propositions synthétiques; il n'y aurait alors aucune proposition logique ou mathématique, mais on pourrait exprimer la science du réel tout entière sans la diminuer. C'est seulement pour des raisons de simplification technique qu'on ne procède pas ainsi dans la réalité, mais que dans la science, on utilise une langue qui contient également, en plus des propositions synthétiques, les propositions analytiques de la logique et des mathématiques, par exemple celles qu'on a nommées précédemment, mais aussi celles, moins triviales, qu'on ne peut reconnaître comme analytiques au premier coup d'œil. Les mathématiques sont également un secteur de la logique; elles sont constituées des propositions logiques dans lesquelles apparaissent des symboles numériques, des variables numériques et des expressions similaires (par exemple « $2+2=4$»); il n'y a pourtant pas de frontière stricte entre les mathématiques et le reste de la logique. Les propositions analytiques ont bien un caractère syntaxique différent de celui des propositions synthétiques, mais elles ne sont pas situées à un autre niveau. Ces deux sortes de propositions sont utilisées ensemble, elles sont liées les unes aux autres dans des propositions composées (au moyen de « et », « ou », « si », etc.) et sont soumises aux mêmes types de transformations.

Quand on s'interroge sur le *contenu* [*Inhalt*], le *sens* [*Sinn*] d'une certaine proposition P du point de vue logique (qu'il faut distinguer du point de vue psychologique), une telle question ne peut signifier que ceci : qu'apprenons-nous par P? Ou encore : quelles propositions sont conséquences de P, sans être toutefois conséquences de n'importe quelle proposition et sans être, de ce fait, des propositions qui ne disent rien ? Nous donnons donc la définition suivante : par *contenu* [*Gehalt*] d'une proposition P, nous entendons la classe des conséquences de P qui ne sont pas analytiques.

Le concept de « contenu » [*Gehalt*] est l'un des concepts syntaxiques les plus importants. Les contenus des propositions caractérisent leurs relations logiques mutuelles et leur rôle dans le système de la science. Le contenu d'une proposition analytique est vide ; le contenu d'une proposition contradictoire est le contenu total, c'est-à-dire la classe de toutes les propositions non-analytiques de la langue en question. Le contenu d'une proposition synthétique est une partie (propre) du contenu total. Le contenu d'une proposition est alors inclus dans celui d'une autre si et seulement si la première proposition est une conséquence de la seconde. Des propositions qui ont le même contenu disent la même chose, même si elles ont des formes très différentes.

De la même manière que l'identité de sens [*Sinngleichheit*] de deux *propositions* est saisie formellement grâce au concept « équipollent » [*gehaltgleich*], de même nous pouvons saisir formellement le concept d'identité de signification [*Bedeutungsgleichheit*] de deux expressions (des mots par exemple). Ce concept s'appliquera alors à deux expressions si le remplacement de l'une par l'autre ne modifie jamais le sens, donc le contenu, d'une proposition. Nous donnons par conséquent la définition suivante : deux expressions sont dites *synonymes*, si premièrement elles sont du même genre, de sorte que lorsque l'une est substituée à l'autre dans une proposition, il en résulte toujours une proposition, et si deuxièmement la proposition qui résulte d'une telle substitution a toujours un contenu identique à celui de la proposition initiale.

La construction de la syntaxe d'une langue consiste pour l'essentiel en une suite de définitions de concepts syntaxiques. Les règles syntaxiques elles-mêmes appartiennent aux définitions. Car les règles de formation ne sont rien d'autre que la définition du concept de « proposition », et les règles de transformation forment la définition du concept de « conséquence immédiate ». On peut associer à ces deux définitions de départ les définitions d'autres concepts syntaxiques (par exemple : « proposition existentielle », « conséquence », « analytique », « contenu », etc.) La syntaxe complète d'une langue quelconque est constituée de propositions, à savoir de définitions et d'autres propositions analytiques qui reposent sur ces définitions. Les propositions de la syntaxe doivent être formulées à leur tour dans une langue. Nous nommons cette langue le langage syntaxique; la langue dont la syntaxe est exposée est appelée langage-objet. La syntaxe traite des formes des constructions linguistiques, et donc de certaines combinaisons de certains éléments, à savoir les signes d'une langue. Cela peut se faire à l'aide des concepts mathématiques qui sont développés en combinatoire ou en arithmétique. La *syntaxe* n'est rien d'autre que *la mathématique des formes du langage*.

En général, le langage-objet et le langage de la syntaxe sont deux langues distinctes. C'est le cas par exemple lorsque nous formulons la syntaxe de la langue française au moyen de définitions et d'autres propositions qui appartiennent à la langue allemande. Mais le langage-objet et le langage syntaxique peuvent aussi coïncider. Plus précisément : le langage syntaxique peut être un fragment du langage-objet. C'est le cas par exemple quand nous formulons les définitions et les autres propositions de la syntaxe du français dans la langue française elle-même. Et il peut aussi arriver qu'une proposition syntaxique ne concerne pas seulement d'autres propositions de la même langue, mais également elle-même, sans qu'apparaisse aucune contradiction (voir appendice p. 220).

III. LA LOGIQUE DE LA SCIENCE EST LA SYNTAXE LOGIQUE
DU LANGAGE DE LA SCIENCE

Nous avons soulevé précédemment la question du caractère des propositions de la logique de la science. Nous allons maintenant montrer que ce sont des propositions de la syntaxe, au sens précisé plus haut d'une théorie formelle des formes de langage. Cette interprétation est facile à concevoir pour les propositions, les réflexions et les problèmes de la logique de la science qui traitent des propositions et des concepts (d'un domaine scientifique quelconque) et de leurs relations logiques. Mais il y a beaucoup de propositions et de questions de la logique de la science qui, dans leur formulation habituelle, donnent l'impression de porter sur quelque chose de tout autre que les constructions linguistiques ; à savoir, par exemple, les nombres, les propriétés des nombres, les fonctions mathématiques, l'espace et le temps, la relation causale entre deux événements, la relation entre les choses et les impressions sensibles, la relation entre un « processus psychique » et le processus cérébral simultané, certains micro-processus physiques (à l'intérieur d'un atome par exemple), la possibilité de les connaître et leur caractère indéterminé, la possibilité ou l'impossibilité d'un état quelconque, la nécessité ou la contingence de certains processus et autres choses similaires. Un examen plus précis montre toutefois que de telles propositions ne font qu'apparemment référence à des objets extralinguistiques : elles peuvent être traduites en propositions qui ne parlent que de propriétés formelles de constructions linguistiques, donc en propositions syntaxiques. De plus, on trouve fréquemment, dans la logique de la science, des propositions qui traitent certes de constructions linguistiques, toutefois pas, semble-t-il, de leurs propriétés formelles, mais plutôt de la signification des mots, du sens des propositions. Nous verrons que de telles propositions peuvent également être traduites en propositions formelles, syntaxiques.

Nous distinguerons trois types de propositions :

1) *Les véritables propositions d'objets.* [Elles traitent vraiment, et non seulement en apparence, d'objets extralinguistiques.] Exemple : « la rose est rouge ».

2) *Les pseudo-propositions d'objets* ou propositions appartenant au *mode de discours contentuel.* [Elles traitent apparemment d'objets extralinguistiques, par exemple de la rose, mais en réalité elle portent sur la désignation linguistique de cet objet, par exemple le mot « rose »]. Exemple : « la rose est une chose ».

3) *Les propositions syntaxiques* ou propositions appartenant au *mode de discours formel.* [Elles traitent d'une construction linguistique]. Exemple : « Le mot "rose" est une désignation de chose ».

Les commentaires entre crochets sont formulés de manière inexacte. La définition exacte est la suivante : une proposition qui attribue à un objet une certaine propriété P_1 appartient au mode de discours contentuel s'il existe une autre propriété, P_2, syntaxique et parallèle à la propriété P_1. Qu'une propriété syntaxique P_2 soit parallèle à une propriété P_1 doit signifier ici : lorsque P_1 appartient à un objet, et uniquement dans ce cas, P_2 appartient à une désignation de cet objet. Dans les exemples mentionnés plus haut, la propriété « (être) une désignation de chose » est une propriété syntaxique parallèle à la propriété « (être) une chose », car c'est lorsqu'une entité est une chose, et uniquement dans ce cas, que sa désignation est une désignation de chose. C'est pourquoi la proposition « la rose est une chose » appartient au mode de discours contentuel. Elle peut être traduite en une proposition parallèle du mode de discours formel : « "rose" est une désignation de chose ». Il n'existe *a contrario* aucune propriété qui serait parallèle à la propriété « rouge », c'est-à-dire qui serait attribuée à toutes les désignations des choses rouges et à celles-ci seulement, car on ne peut pas examiner la désignation d'une chose (par exemple : « rose », « lune ») pour savoir si elle est ou n'est pas rouge. La proposition « la rose est rouge » n'appartient donc pas au mode de discours contentuel, elle est une véritable proposition d'objet.

Donnons quelques exemples supplémentaires de propositions du mode de discours contentuel et de leur traduction en mode formel.

Mode contentuel	Mode formel
1a. Le cas dans lequel A est plus âgé que B et en même temps B plus âgé que A est impossible.	1b. La proposition « A est plus âgé que B et B est plus âgé que A » est contradictoire.

1a appartient au mode de discours contentuel parce qu'il existe une propriété syntaxique, à savoir « contradictoire », qui est parallèle à la propriété « (logiquement) impossible ». En effet, un cas est impossible si et seulement si la proposition qui l'exprime est contradictoire. À la différence de 1a, la proposition suivante est une véritable proposition d'objet : « le cas dans lequel un homme est de 30 ans plus âgé que son épouse survient rarement », car il n'y a aucune propriété syntaxique parallèle à la propriété de survenir rarement.

Comme le concept « impossible », les autres concepts qu'on appelle modaux – « possible », « nécessaire », « contingent » – appartiennent au mode de discours contentuel.

2a. Le fait que le corps *a* se dilate au moment présent est une conséquence naturelle nécessaire du fait que la température de *a* augmente.	2b. La proposition « *a* se dilate » est une conséquence de la proposition « la température de *a* augmente » et des lois physiques (dans l'état actuel de nos connaissances scientifiques).
3a. Le temps n'a ni commencement ni fin.	3b. Il n'existe pas de plus petite ou de plus grande coordonnée temporelle.
4a. 5 est un nombre.	4b. "5" est la désignation d'un nombre.

Comme la proposition 4a, une proposition appartient aussi au mode de discours contentuel si elle dit d'une entité que c'est une chose, une propriété, une relation, un lieu, un instant, ou quelque chose d'analogue; la proposition parallèle du mode de discours formel dit alors que la désignation en question est une désignation de chose, une désignation de propriété etc. À la différence de la proposition 4a, « 5 est un nombre premier » est une véritable proposition d'objet (mathématique précisément), car il n'y a pas de prédicat syntaxique parallèle au prédicat « nombre premier ».

Les propositions du mode de discours contentuel simulent une référence à un objet là où il n'y en a pas. De ce fait, elles conduisent aisément à des obscurités et des pseudo-problèmes, et même à des contradictions. Par conséquent, dans la mesure du possible, il est préférable d'éviter le mode de discours contentuel, au moins aux endroits cruciaux, et d'utiliser à sa place le mode formel. On évitera ainsi certains pseudo-problèmes philosophiques. Par exemple, les propositions telles que 4a conduisent facilement à la pseudo-question : « que sont réellement les *nombres*? », alors que seule la question suivante est douée de sens : « quelles règles syntaxiques régissent les désignations de nombres? ». Il en va de même en ce qui concerne les pseudo-questions sur l'essence du « temps », de « l'espace », des « choses », du « contenu d'un vécu »; à leur place se posent les questions du caractère syntaxique des désignations correspondantes, donc des coordonnées temporelles etc.

Un autre avantage du mode de discours formel réside dans le fait qu'il nous empêche de négliger l'importante *relativité des thèses de la logique de la science à l'égard du langage*. Des thèses comme « une désignation de chose … », « une désignation de nombre … », « il existe (respectivement : il n'existe pas) de prédicat du second degré » prennent ici la place de thèses absolutistes telles que « une chose est … », « un nombre est … », « il existe des (respectivement : il n'existe pas de) propriétés de propriétés». Par leur référence explicite au langage, ces thèses nous rendent attentifs au fait qu'elles ont besoin d'être complétées par l'indication *du langage auquel* elles se rapportent. Les thèses de la logique de la science peuvent être alors conçues soit *comme des affirmations* se rapportant à une langue présente, historiquement déterminée, ou qui est donnée par des règles, soit *comme des recommandations* se rapportant à un langage à construire (voir l'exemple de la thèse finitiste, appendice p. 222).

Les propositions suivantes, 5a et 6a, traitent certes d'expressions linguistiques, mais de manière contentuelle dans la mesure où elles font référence à la signification et au sens. La traduction dans le mode de discours formel est possible à l'aide des concepts syntaxiques définis plus haut.

5a. Les expressions «hippocampe» et «cheval de mer» ont la même signification.	5b. Les expressions «hippocampe» et «cheval de mer» sont synonymes.
6a. Les propositions «A est plus grand que B» et «B est plus petit que A» ont le même contenu [*Inhalt*] (sens [*Sinn*]). Ils disent la même chose. Ils décrivent le même état de chose.	6b. Les propositions «A est plus grand que B» et «B est plus petit que A» sont équipollentes [*sind gehaltgleich*].

IV. LA LOGIQUE DE LA SCIENCE [1] COMME INSTRUMENT DE LA SCIENCE UNITAIRE

Dans le domaine de la logique de la science, on travaille aujourd'hui sur différents complexes de problèmes. Par là, il

---

1. [N.d.T.] On trouve «Die Wissenschaft» [la science] dans le texte allemand, mais il s'agit manifestement d'une erreur et il faut lire «Die Wissenschaftslogik» [la logique de la science]. Cela est confirmé par ce que l'on trouve dans les appendices où le titre du paragraphe IV est repris (*cf.* p. 222).

devient de plus en plus évident que toutes les questions
de ce domaine sont des questions syntaxiques. Une grande
partie des recherches contemporaines se rapporte à ce que
l'on nomme les *questions des fondements des mathématiques*, donc aux questions soulevées par la syntaxe de la partie
logico-mathématique du langage de la science (voir appendice, p. 222). Les questions de logique de la science relatives à
la *physique* concernent le caractère syntaxique des concepts et
des lois de la physique (voir appendice, p. 224).

Les questions portant sur les *relations syntaxiques entre les
différents sous-langages de l'unique langage de la science* font
partie des questions les plus importantes auxquelles la logique
de la science s'attaque aujourd'hui. Elles sont la version
formelle de ces problèmes qu'on a l'habitude d'appeler, dans la
formulation traditionnelle, problèmes des relations entre les
différents domaines d'objets (ou alors, de façon encore plus
philosophique : entre les différents modes d'être). Il s'agit
avant tout, ici, de jeter des passerelles entre la physique d'un
côté, la biologie, la psychologie et la sociologie de l'autre.

Dans l'étude des relations syntaxiques entre les langages
de la biologie et de la physique, on doit distinguer différentes
questions, selon qu'il s'agit de la relation entre les concepts
ou de la relation entre les propositions, particulièrement les
propositions qui valent universellement dans l'espace et le
temps et qu'on nomme lois. La première question est la
suivante : peut-on classer les *concepts* de la partie du langage
propre à la biologie dans le langage de la physique ? À cette
question, il faut répondre par l'affirmative. Car les concepts
propres à la biologie se rapportent à des états et à des processus
corporels, donc à des régions spatio-temporelles ; et ces
concepts sont certes liés par des lois à des concepts physiques et
de ce fait à des concepts d'observation. Toute proposition du
sous-langage propre à la biologie peut être soumis à un contrôle
empirique, dans la mesure où l'on peut déduire, à partir de cette
proposition et d'autres propositions qui sont déjà scientifi-

quement reconnues, des propositions ayant la forme de propositions d'observation qui peuvent être confrontées à des propositions d'observation effective. La seconde question est la suivante : les *lois* de la biologie ont-elle le même caractère que les lois de la physique ? En répondant affirmativement à la première question, on donne également une réponse affirmative à la seconde. Celle-ci doit être clairement distinguée de la troisième question : les lois de la biologie sont-elles *déductibles* des lois de la physique au sens strict, c'est-à-dire des lois qui sont nécessaires à l'explication des processus des corps inorganiques ? Dans l'état actuel de la recherche en biologie, on ne peut répondre à cette question ; pour pouvoir en décider, de nombreuses recherches expérimentales sont encore nécessaires. – La thèse du *vitalisme,* même dans sa forme moderne (« néovitalisme »), contient des pseudo-concepts. Si l'on s'en détache et qu'on se donne la peine d'extraire le noyau purement scientifique de la thèse vitaliste, on obtient ainsi une réponse négative à la troisième question posée. Les justifications prétendument rigoureuses qu'on a l'habitude de donner en faveur de cette réponse sont cependant tout à fait insuffisantes et sont loin de permettre de décider véritablement de la question.

En ce qui concerne *le problème des passerelles entre le langage de la psychologie et celui de la physique*, on peut poser des questions analogues à celles qui concernent le langage de la biologie. Première question : peut-on classer les *concepts* de la partie du langage propre à la psychologie dans le langage de la physique ? La thèse du *physicalisme*, que nous soutenons (voir appendice 4a, p. 226) répond affirmativement à cette question. La justification est analogue à celle qui concerne les concepts de la biologie : si pour un concept psychologique quelconque, il n'existait aucune loi qui le liât à des concepts de la physique, il y aurait une proposition, exprimant quelque chose au sujet d'une personne à l'aide de ce concept, qui, pour une autre personne, serait alors fondamentalement invérifiable et, de ce fait, scientifiquement inutilisable. De cela découle également une réponse affirmative à la seconde question : les *lois* de la psychologie peuvent-elles être classées dans le langage de la physique, ont-elles le même caractère que les lois de la physique au sens strict ? Cette question ne doit pas être confondue avec la troisième question : les lois de la psychologie sont-elles *déductibles* des lois de la physique au sens strict, ou tout au moins, des lois de la biologie ? Cette question demeure encore ouverte aujourd'hui. Nous sommes présentement encore très loin de voir réalisée une telle déduction. Mais d'autre part, on ne peut pas démontrer, ni même rendre simplement plausible, qu'une telle déduction ne sera jamais réalisable ou est absolument exclue par principe.

De manière analogue, le physicalisme montre, pour *le langage partiel de la sociologie*, que ses concepts et propositions peuvent être classés dans le langage de la physique. Ici également, la question de savoir si l'on peut déduire les lois de la sociologie à partir des lois de la physique au sens strict, des lois de la biologie, ou bien seulement des lois de la psychologie, reste ouverte.

Une des tâches les plus importantes des travaux futurs de la logique de la science consiste en la réalisation des opérations dont le physicalisme affirme la possibilité : la présentation de règles syntaxiques pour la classification des différents concepts de la biologie, de la psychologie et de la sociologie, dans le langage de la physique. Grâce à une telle analyse des concepts de ces sous-langages spécifiques, un *langage unitaire* verra le jour. Ainsi, la division actuelle des sciences sera surmontée. Cette division a une origine mythologique dont les séquelles sont encore visibles chez les savants contemporains. Les concepts centraux qui sont en jeu dans cette séparation des domaines de la science sont encore aujourd'hui entourés de nimbes mystérieux. Les concepts de « vie », d'« âme » (ou chez les auteurs plus prudents : de « processus mentaux », de « psychique », de « conscience »), d'« esprit objectif » (ou chez les auteurs plus prudents : de « normes », d'« esprit national »),

donnent l'apparence d'une sphère en soi, « supérieure », qui
serait opposée à la sphère « basse » du « simple matériel ».
L'origine de cette conception remonte manifestement à
l'époque où l'on différenciait encore la connaissance « divine »
de la connaissance « humaine », les choses « célestes » des
choses « terrestres ». Si nous laissons de côté les connotations
mythologiques et examinons les choses de manière purement
scientifique, nous constatons alors qu'il s'agit là simplement
de certaines distinctions empiriques : dans le premier cas
(« vie »), il s'agit de la distinction entre les processus inorganiques et organiques ; ces derniers sont mis en relief par
certaines caractéristiques empiriquement constatables qui ne
sont pas nettement délimitées ; on peut dire, si l'on veut, que les
processus et les corps de la seconde sorte sont « vivants », dans
la mesure où l'on ne comprend par là rien de plus que le
caractère empirique indiqué. Dans le second cas (« âme »), il
s'agit simplement de la mise en relief d'une classe particulière
de processus organiques ; la délimitation de cette classe n'est
pas univoque, et elle est souvent effectuée d'une manière tout à
fait différente – ce qui en soi est déjà un argument contre une
délimitation qui aurait une signification fondamentale. Si l'on
trace les limites de cette classe au plus large, on y inclut tous les
processus qui, dans un corps organique, sont en relation particulièrement étroite d'une part avec les processus des organes
sensoriels, d'autre part avec les processus des organes moteurs
(en sorte que dans ce cas, on inclut presque tous les processus
organiques). Si l'on trace des limites plus étroites, on inclut
uniquement les processus organiques qui se déroulent dans un
système nerveux, ou en étroite relation avec un tel système.
Dans la délimitation la plus étroite (pour les processus qu'on
appelle « conscients » au sens étroit), on n'inclut que les
processus d'un organisme (et même plus précisément : d'un
système nerveux) pour lesquels il existe une disposition à
réagir verbalement qu'il est facile d'activer. Ici non plus il n'y
aurait rien à objecter à la mise en évidence et à l'examen
spécifique d'une classe de processus délimitée de l'une de ces

façons. Il ne peut s'agir là, cependant, que d'une délimitation effectuée pour des raisons pratiques, de division du travail par exemple, comme cela se passe pour la délimitation et l'examen particulier de n'importe quel processus physique, de la conduction de la chaleur par exemple. Il n'y aurait rien non plus à objecter à ce genre de désignation spéciale des processus, comme « animé » ou « psychique » par exemple, si ce n'est que les termes cités et les autres termes habituels sont trop chargés de connotations et de sentiments inappropriés, du fait de l'origine mythologique que nous avons indiquée. Enfin, dans le troisième cas (« esprit »), les processus des organismes, et en particulier des êtres humains, qui sont mis en évidence sont ceux qui concernent le jeu en commun d'un groupe, conditionné par des relations de stimulus-réponse entre les individus de ce groupe – que ce soit dans les relations à l'intérieur du groupe ou dans les relations d'un groupe à un autre. On voit aisément que dans chacun des trois cas, les délimitations sont beaucoup moins strictes qu'en physique, par exemple entre la gravitation et l'électromagnétisme. Que l'on accorde une énorme importance à de telles distinctions, que depuis l'Antiquité les plus grands problèmes philosophiques soient liés à ces distinctions et que même dans les sciences particulières la recherche s'oriente essentiellement par rapport à elles, cela est dû uniquement au fait qu'il existe de grandes différences de sentiments relativement à ces questions, alors qu'il n'en est rien dans le cas des délimitations internes à la physique. Par là, on ne dit rien des conséquences, souhaitées ou non, que ces sentiments ont dans la vie pratique. On attirera seulement l'attention sur le fait qu'elles ont un effet inhibiteur dans la science, en retardant la compréhension du caractère unitaire des concepts scientifiques. Une fois que cet obstacle sera dépassé grâce au physicalisme, *l'analyse des concepts* des différentes branches de la science *par la logique de la science* pourra montrer de plus en plus clairement l'affinité et l'interdépendance de ces concepts, et former ainsi un *outil pour la construction de la science unitaire* (cf. appendice p. 225).

Compléments et indications bibliographiques
(Les chiffres entre crochets après les noms d'auteurs font
référence à la bibliographie p. 226)

SUR I : LA LOGIQUE DE LA SCIENCE

1. *L'élimination de la métaphysique (sur la p. 197)*

La forme classique de la conception selon laquelle seules les propositions mathématiques et factuelles sont douées de sens, alors que les propositions de la métaphysique sont dénuées de sens, a déjà été énoncée par Hume (*Enquête sur l'entendement humain*, chapitre XII, 3e partie) :

> Il me semble que les seuls objets de la science abstraite, de la démonstration, sont la quantité et le nombre, et que toutes les tentatives faites pour étendre ce genre plus parfait de connaissance au-delà de ces frontières sont de purs sophismes et de pures illusions [...]. Toutes les autres recherches humaines concernent seulement les questions de fait et d'existence ; et celles-ci, on ne peut évidemment pas les démontrer [...]. Quand, persuadés de ces principes, nous parcourons les bibliothèques, que nous faut-il détruire ? Si nous prenons en main un volume quelconque, de théologie ou de métaphysique scolastique, par exemple, demandons-nous : contient-il des raisonnements abstraits sur la quantité ou le nombre ? Non. Contient-il des raisonnements expérimentaux sur des questions de fait et d'existence ? Non. Alors, mettez-le au feu, car il ne contient que sophismes et illusions [1].

---

1. Trad. fr. A. Leroy (1947), reprise dans l'édition de l'*Enquête sur l'entendement humain* de M. Beyssade, Paris, Flammarion, 1983, p. 245-247.

L'élimination de la métaphysique et le point de vue selon
lequel les travaux en théorie de la science sont des travaux de
logique, de logique de la science, remontent historiquement à
deux lignes de développement distinctes. La première ligne
provient de la position avant tout anti-idéaliste des empiristes,
matérialistes et positivistes; il faut citer entre autres ici:
Hume, les philosophes français des Lumières, les matérialistes
français et allemands, Mach, Ostwald, Poincaré, Russell.
L'autre ligne provient du développement de la logique
moderne (voir en 2.); Wittgenstein a montré, par l'analyse
logique du langage, que la métaphysique est vide de sens; sur
ce point, voir aussi Carnap [6], Neurath [3], Hahn [2].

2. *La logique de la science aujourd'hui* (*sur la p. 196*)

Afin de caractériser le domaine de la logique de la science,
on peut citer quelques chercheurs qui travaillent dans ce
domaine. Le *cercle de Vienne* (voir la bibliographie dans
Neurath [2], et dans *Erkenntnis* 1, p. 315) auquel appartiennent, en dehors de Vienne, Carnap (Prague), Feigl (Iowa),
Frank (Prague), Neurath (La Haye); des conceptions voisines
sont soutenues à *Vienne*, par Kraft, Menger, Popper, Zilsel,
etc.; à *Berlin,* par Dubislav, Grelling, Hempel, etc.; dans
les pays scandinaves par Jörgensen, Kaila, etc.; en Pologne,
par Ajdukiewicz, Chwistek, Kotarbinski, Lesniewski,
Lukasiewicz, Tarski, etc. (voir la bibliographie qui se trouve
dans *Erkenntnis* 1, p. 335); à *Istanbul*, par von Mises et
Reichenbach; à *Paris,* par Boll, Langevin, Abel Rey, Rougier;
en *Angleterre,* par Russell, Stebbing, etc.; en *Amérique*, par
Bridgman, Langford, Lewis, Morris, etc. Les travaux des
recueils suivants appartiennent à la logique de la science:
Schriften zur wissenschaftlichen Weltauffasung [*Écrits pour
la conception scientifique du monde*], édités par Schlick et
Frank (J. Springer, Vienne); *Veröffentlichung des Vereins
Ernst Mach Wien* [*Publications du cercle Ernst Mach à*

Vienne] (Artur Wolf, Vienne); le présent recueil, *Einheits-wissenschaft* [*Science unitaire*]. En outre, la plupart des contributions dans les revues suivantes appartiennent à la logique de la science : *Erkenntnis* (F. Meiner, Leipzig, depuis 1930); *Philosophy of Science* (William & Wilkins, Baltimore, U.S.A., depuis 1934; pas toujours dénuée de métaphysique); *Analysis* (Blackwell, Oxford, depuis 1933); *Studia Philosophica* (Lemberg 1934). Les « *Tagungen für Erkenntnislehre der exakten Wissenschaften* » [« *Congrès pour la théorie de la connaissance relative aux sciences exactes* »] ont également été consacrés à la logique de la science : le premier à Prague en 1929 (compte-rendu et bibliographie dans *Erkenntnis* 1, 1930), le second à Königsberg en 1930 (compte-rendu et bibliographie dans *Erkenntnis* 2, 1931).

Il n'existe malheureusement pas encore d'ouvrage qui pourrait servir de première introduction à l'ensemble du domaine de la logique de la science; un aperçu rapide et facile d'accès est donné par Neurath [2] (avec Carnap et Hahn). Voir en iv pour une bibliographie concernant les domaines particuliers de la logique de la science.

SUR II : LA SYNTAXE LOGIQUE

1. *Le développement de la syntaxe logique* (*sur la p. 198*)

On a pu développer le point de vue strictement formel de la syntaxe logique seulement quand il y eut une logique symbolique. La logique symbolique moderne ou *logistique* est la réalisation d'idées de Leibniz. Son développement débuta aux environs de 1850. Le premier système complet, mais aujourd'hui dépassé, fut achevé par Frege en 1893. Dans son prolongement, ce sont avant tout Russell, Whitehead et Hilbert qui ont continué à développer la logistique. Russell [1] est à présent l'ouvrage de référence auquel se rattachent tous les travaux ultérieurs, qui l'étendent ou l'améliorent. Jörgensen [1] donne une présentation complète du développement historique de la logistique.

Frege fut le premier, et pendant longtemps le seul, à réaliser une étude strictement formelle telle que l'exige la syntaxe logique. Mais ce n'est que plus tard que la tâche de la syntaxe logique en tant que théorie du langage fut explicitement formulée et que des ébauches de réalisation en furent données, avant tout par Hilbert (« métamathématique ») et par les *logiciens de Varsovie* (« métalogique »). Une méthode exacte a été créée et appliquée par Gödel [1]. Carnap [11] contient une exposition systématique de la syntaxe logique et la preuve que la syntaxe d'un langage peut être formulée sans contradiction dans ce langage même.

Pour une *introduction* à la logistique : Hilbert [1], Carnap [4] (le premier est plus facile d'accès, le second entre plus dans le détail des applications.); également Russell [3], Behmann [1]. Ces écrits doivent aussi être considérés pour le moment comme une introduction à la syntaxe logique bien qu'ils n'aient pas été écrits dans cette perspective ; une présentation de la syntaxe aisément compréhensible n'existe pas encore.

2. *Exemples relatifs à la méthode symbolique de la logistique* (p. 201)

Au moyen de quelques indications, on donnera une idée de la méthode de la logistique. Au lieu des mots du langage ordinaire, on utilise ici, comme en mathématiques, des lettres et des symboles. 'a', 'b', 'c', … désignent les objets individuels d'un certain domaine d'objets. 'P', 'Q', … désignent des propriétés de ces objets. Que l'objet a possède la propriété P s'exprime habituellement sous une forme symbolique par la proposition 'P(a)'; que a n'a pas la propriété P, par '~P(a)'. Une proposition de la forme 'A∨B', où à la place de 'A' et de 'B' figurent des propositions quelconques, est vraie si et seulement si l'une des deux propositions 'A' et 'B', ou les deux, sont vraies; le signe '∨' correspond donc à peu près au mot français 'ou'. La proposition '(x)[P(x)]' est vrai si et seulement si les propositions 'P(a)', 'P(b)', 'P(c)' etc. sont toutes vraies; cette proposition correspond donc à la proposition 'tout objet possède la propriété P' de la langue française. La proposition '(∃x)[P(x)]' est vraie si et seulement si l'une au moins des propositions de la suite 'P(a)', 'P(b)', etc. est vraie; cette proposition peut donc être traduite en français par la proposition suivante : « au moins un objet possède la propriété P » ou « il existe (au moins) un objet qui a la propriété P ».

De l'interprétation donnée des signes découle la validité des *règles de transformation* suivantes :

1. si deux propositions de la forme 'A∨B' et '~A' sont données, il s'ensuit l'énoncé de la forme 'B' ;

2. d'une proposition de la forme '(x)[P(x)]' on peut déduire une proposition quelconque de la forme 'P(–)' où figure, à la place du trait, n'importe quel nom d'objet; la même chose vaut si à la place de P figure n'importe quelle autre désignation de propriété, du moment qu'elle est la même dans les deux propositions ;

3. d'une proposition de la forme 'P(–)' où à la place du trait figure n'importe quelle désignation d'objet, s'ensuit (c'est-à-dire est déductible) la proposition '(∃x)[P(x)]' ; il en va de même pour les autres désignations de propriétés.

Exemple de déduction. On donne comme prémisses les deux propositions suivantes : '(x) [P(x)∨Q(x)]' (1); '~P(a)' (2). Il suit de (1), d'après la seconde règle : 'P(a)∨Q(a)' (3); de (3) et (2), d'après la première règle 'Q(a)'. Il est ainsi démontré que 'Q(a)' est une *conséquence* des deux propositions de départ. On voit que la déduction procède de manière purement formelle, c'est-à-dire que nous ne nous occupons pas de la signification des signes mais manipulons les signes sur la base des règles de manière mécanique, calculatoire.

L'*analyse logique d'une expression de la langue verbale*
se fait souvent simplement par comparaison avec une langue
symbolique. Cela vaut particulièrement pour les mots logiques
(comme par exemple : « il existe », « chaque », « tous »,
« aucun », « rien », « non », « ou », « si », « autres », « trois »,
« sans », « aussi », et autres mots similaires). Ainsi, on peut
dire par exemple, pour caractériser logiquement la langue
française : le concept d'existence, au sens où il est symbolisé
par $(\exists x)$ dans la langue symbolique indiquée et déterminé,
entre autres, par la troisième règle donnée, sera exprimé dans
la langue française par des expressions telles que 'il y a un …',
'il existe un …' ou simplement par 'un …' (par exemple dans
la proposition « j'ai un crayon », symboliquement : « $(\exists x)$ [j'ai
x et x est un crayon] »). Grâce à une telle comparaison avec une
langue symbolique qui possède des règles exactes, on peut
donner une caractérisation beaucoup plus précise des expressions de la langue française qu'à l'aide des catégories gram-
maticales ordinaires ou que par la traduction dans une autre
langue verbale.

3. *Les contradictions* (p. 204)

Les Grecs, déjà, se sont cassé la tête sur le problème
inhérent à la proposition du menteur qui dit : « je mens
maintenant » ou, en d'autres termes : « cette proposition est
fausse ». Si cette proposition est vraie, ce qu'il dit doit être
exact ; elle est donc également fausse ; et inversement : si elle
est fausse, alors elle est vraie. On croyait jusqu'à maintenant
que cette contradiction provenait du fait que la proposition
parle d'elle-même ; qu'on devait exclure de telles propositions
auto-référentielles pour éviter des contradictions de ce type.
De ce fait, la possibilité de formuler la syntaxe d'une langue
dans cette langue elle-même était également exclue. Un
examen plus précis nous montre toutefois qu'opérer sans
restriction avec les concepts « vrai » et « faux » mène

également à des contradictions, même si l'on n'emploie pas
des propositions qui parlent d'elles-mêmes. L'erreur dans la
proposition du menteur n'est donc pas l'autoréférence, mais le
fait d'opérer d'une façon illégitime avec les concepts « vrai »
et « faux », qui ne doivent être utilisés que selon des règles qui
imposent des précautions particulières (cf. Carnap [12]). Par
conséquent, on peut formuler la syntaxe d'une langue L dans L
elle-même sans risquer de voir apparaître des contradictions,
dans une mesure qui dépend de la richesse de la langue L en
moyens d'expression, à savoir en concepts mathématiques.

SUR III : LA LOGIQUE DE LA SCIENCE EST LA SYNTAXE

Wittgenstein [1] a particulièrement insisté sur le lien étroit
entre la logique de la science (« philosophie ») et la syntaxe,
sans pour autant les considérer, ainsi que nous le faisons,
comme identiques. La différence majeure entre notre conception et celle de Wittgenstein est la suivante : Wittgenstein croit
que ni la syntaxe ni la logique de la science ne sont formulables
par des propositions correctes. « La philosophie n'est pas une
théorie mais une activité. Une œuvre philosophique consiste
essentiellement en éclaircissements. Le résultat de la philosophie n'est pas la production de "propositions philosophiques", mais la "clarification de propositions" » (p. 76)[1]. « Mes
propositions sont des éclaircissements en ceci que celui qui me
comprend les reconnaît finalement comme vides de sens,
lorsque par leur moyen – en passant sur elles – il les a dépassées » (p. 188)[2]. Neurath, en particulier, a dirigé ses attaques
contre la nécessité de tels « éclaircissements » vides de sens
([7] p. 395 *sq.*, [9] p. 29). Carnap [11] montre que la logique de
la science est la syntaxe, et qu'elle est de ce fait formulable de

---

1. Trad. fr. G.-G. Granger, Paris, Gallimard, 1993, p. 57 ; trad. modifiée.
2. *Ibid.*, p. 112.

façon tout aussi exacte que celle-ci ; il expose également en
détail les dangers du mode de discours contentuel.

Les conceptions de Wittgenstein ont eu à maints égards un
effet très stimulant sur le cercle de Vienne. Les sources historiques de ses conceptions sont restées très peu connues jusqu'à
présent, car il n'indique lui-même aucune source (hormis
Frege et Russell). Oskar Kraus (*Wege und Abwege der Philosophie* [*Chemins et détours de la philosophie*], Prague,
1934, chapitre II : « B. Russells "Analyse des Geistes" » ;
tiré de *Arch. ges. Psych.*, 1930) croit pouvoir établir chez
Wittgenstein l'influence significative des travaux de philosophie du langage de Brentano et de ses élèves, en particulier
de Marty. D'autre part, on peut reconnaître une influence de
Weyl, qui adopte un point de vue intuitionniste et est influencé
par Husserl (cf. Carnap [11], p. 139).

SUR IV : LA LOGIQUE DE LA SCIENCE COMME INSTRUMENT DE LA SCIENCE UNITAIRE

1. *La logique de la science des mathématiques* (*p. 209*)

Les questions de la logique de la science qui se rapportent
aux mathématiques, souvent appelées aussi « questions des
fondements des mathématiques », sont des questions concernant la syntaxe de la partie logico-mathématique du langage de
la science. Il importe en premier lieu de distinguer s'il s'agit
d'*affirmations*, qui porteraient sur un système mathématique
présent, par exemple celui des mathématiques classiques, ou
de *recommandations* pour construire le langage mathématique
de telle ou telle façon. Ainsi, le problème des nombres réels ne
concerne pas, par exemple, des « objets idéaux » quelconques,
nommés « nombres réels », qui seraient mystérieux du fait de
leur nature, mais simplement la syntaxe des expressions de
nombres réels dans une langue mathématique déjà présente ou

qui doit être reconstruite de façon nouvelle. La discussion de problèmes de ce type gagne en clarté si l'on traduit la question du mode de discours contentuel, utilisé le plus souvent, dans le mode formel. Considérons par exemple la thèse 1a du finitisme, ou intuitionnisme, et son anti-thèse 2a.

Mode de discours contentuel	Mode de discours formel
1a. L'existence se rapporte toujours à un domaine fini, limité.	1b. Il n'y a pas de propositions existentielles illimitées (dans telle ou telle langue).
2a. L'existence peut aussi se rapporter à un domaine illimité.	2b. Il y a également des propositions existentielles illimitées (dans telle ou telle langue).

La formulation contentuelle 1a, 2a, est absolutiste. Elle conduit à l'erreur consistant à penser que le problème présent pourrait être considéré en soi, sans référence à un système de langage déterminé. Cela donne naissance à une querelle philosophique sans fin sur « l'existence ». Par contre, si les deux thèses sont traduites dans le mode de discours formel 1b, 2b, on voit aussitôt qu'elles sont incomplètes, qu'il faut encore ajouter l'indication de la langue dont il est question. La décision entre les deux thèses dépend dès lors de cet ajout. Par exemple, si l'on se réfère au langage des mathématiques classiques, 1b est fausse, 2b est vraie. Si l'on se réfère au langage des mathématiques intuitionnistes, c'est le contraire. Si les thèses 1b, 2b, ne sont pas conçues comme des affirmations, mais comme des recommandations, la querelle s'évanouit : on construit deux langues différentes. Néanmoins, de nouvelles questions apparaissent ensuite, concernant le caractère syntaxique de ces deux langues. Mais ces questions ne sont plus du type de ces questions philosophiques interminables qui sont liées au mode de discours contentuel. Bien plus, elles peuvent désormais être formulées sur le sol de la syntaxe, à l'intérieur d'une configuration de problèmes déterminée avec exactitude, au moyen de concepts précis, et être traitées selon des méthodes exactes. Il en va de même par exemple pour la querelle concernant le bien-fondé des concepts indéfinis, et tout spécialement, des concepts imprédicatifs. Ici, la question ne doit pas être posée ainsi : « ces concepts sont-ils doués de sens ? », mais dans le mode formel : « voulons-nous admettre des concepts de ce type dans cette langue ou non ? ». Quelques logiciens (les intuitionnistes en particulier) refusent des concepts de ce genre. D'autres veulent en faire usage, parce que sans eux, les mathématiques classiques ne peuvent être construites dans toute leur étendue. Si l'on déplace la question sur le sol de la syntaxe, il ne s'agit plus d'être « doué de sens » ou « dénué de sens » ; il s'agit des conséquences de l'introduction ou de l'exclusion de ces concepts, et en particulier, de la garantie de non-contradiction quand il en est fait usage.

2. *La logique de la science de la physique* (p. 210)

À la logique de la science de la physique appartient par exemple la question de savoir si l'on doit établir des lois statistiques ou déterministes en physique ; et si, lors de l'établissement de lois statistiques, il faut présupposer à leur base des micro-lois qui les déterminent. Aujourd'hui, en particulier, on discute beaucoup du problème soulevé par le concept de probabilité. On s'interroge à ce sujet sur le sens des propositions probabilistes et sur leur méthode de vérification. Si l'on formule cette question de manière formelle, syntaxique : selon quelles règles peut-on déduire, à partir de propositions probabilistes (par exemple, « la probabilité d'obtenir 5 avec ce dé est de 1/6 »), d'autres propositions ? De quelle manière cette déduction conduit-elle à des propositions d'observation (« je vois qu'en jetant le dé, on obtient maintenant le 5 » par exemple) ? Quelles conditions des propositions d'observation doivent-elles remplir pour qu'on puisse dire qu'elles confirment la proposition probabiliste en question ? On a également soulevé, par exemple, la question de savoir si, du fait de la relation d'indétermination de Heisenberg, il n'est pas dénué de sens de parler en même temps de la position et de la vitesse d'une particule ; pour le formuler syntaxiquement : s'il semble approprié de modifier les règles de formation de la langue de la physique de façon à ce que des propositions d'une certaine forme ne soient plus admises.

3. Les problèmes de passerelles (p. 209-214)

Il vaudrait la peine d'engager des recherches historiques pour déterminer à quelles époques et dans quels cercles on a insisté sur les *liens entre les différents domaines du savoir* et travaillé par là à *la science unitaire*. Chez nos contemporains, c'est spécialement Neurath qui insiste depuis longtemps sur l'importance de ces problèmes de passerelles et milite dans nos cercles pour qu'on y travaille. Il s'agit pour une part, de recherches empiriques, pour l'autre de recherches logiques. Aux recherches empiriques qui servent à combler les lacunes aux frontières entre les domaines du savoir appartiennent par exemple les recherches de la physique sur des processus bio-logiques, par exemple les processus électriques à l'intérieur des cellules vivantes, également les recherches physiolo-giques sur les processus dans le système nerveux central, et les recherches béhavioristes sur certains phénomènes de perte des perceptions et des processus de parole, et autres choses sem-blables. Neurath s'efforce de rassembler les résultats de ces recherches effectuées à différents endroits et, dans une pers-pective unitaire, de les insérer dans la science unitaire. En outre, il veut faire progresser la recherche sur les problèmes logiques de passerelles, en liaison avec les résultats empi-riques. Ici, il s'agit des questions syntaxiques des relations entre les différentes langues partielles. L'examen de ces ques-tions a pour but la construction d'un langage de la science qui soit physicaliste et unitaire.

4. *Indications bibliographiques*

a. *Sur le point de vue commun à la science unitaire et au physicalisme* :
Neurath [3], [6], Frank [3], Carnap [7].

b. *Sur la logique de la science des mathématiques et de la logique* :
voir les écrits cités ci-dessus au sujet de la logistique. Au sujet de
l'état actuel des problèmes et des différents courants en conflit :
Fraenkel [1], [2]. Introduction facilement compréhensible : Hahn
[4]. Au sujet de la relativisation du problème de l'intuitionnisme :
Menger [1], [2]. D'autres indications bibliographiques dans
Fraenkel [1] et *Erkenntnis* 2, p. 151.

c. *Sur la logique de la science de la physique* : Schlick [2], Frank [3],
Dubislav [2]. D'autres indications bibliographiques dans ces
ouvrages, ainsi que dans *Erkenntnis* 2, p. 189.

d. *Sur la logique de la science de la biologie*, en particulier au sujet du
débat sur le vitalisme : les chapitres relatifs à cette question dans
Schlick [2], Zilsel [1], et en particulier Frank [3].

e. *Sur la logique de la science de la psychologie* : Neurath [6], [9],
Carnap [3], [8].

f. *Sur la logique de la science de la sociologie* : Neurath [4], [7].

Les écrits désignés par * sont plus accessibles.

AJDUKIEWICZ K., [1] « Sprache und Sinn », *Erkenntnis* 4, 1934.

BEHMANN H., [1], *Mathematik und Logik*, Leipzig, 1927.

CARNAP R., * [1], *Physikalische Begriffsbildung*, Karlsruhe, 1926.

– [2] *Der logische Aufbau der Welt*, (Berlin) Leipzig, 1928 (ne
correspond plus sur tous les points à la conception actuelle).

– [3] *Scheinprobleme in der Philosophie. Das Fremdpsychische und
der Realismusstreit*, Ebendorf.

– [4] *Abriss der Logistik, mit besonderer Berücksichtigung der
Relationstheorie und ihrer Anwendung*, (Schriften z. wiss.
Weltauff.), Vienne, 1929.

– * [5] « Die alte und die neue Logik », *Erkenntnis* 1, 1930. Trad. fr.,
L'ancienne et la nouvelle logique, Paris, 1933.

– * [6] « Überwindung der Metaphysik durch logische Analyse der
Sprache », *Erk.* 2, 1932.

– * [7] « Die physikalische Sprache als Universalsprache der Wissenschaft », *Erk.* 2, 1932. Trad. angl., *The Unity of Science*, (Psyche-Miniatures), Londres, 1934.

– * [8] « Psychologie in physikalischer Sprache. Mit Erwiderungen », *Erk.* 3, 1932.

– [9] « Über Protokollsätze », *Erk.* 3, 1932 (cf. Neurath [8]).

– * [10] « On the Character of Philosophical Problems », *Philos. of Science* 1, 1934.

– [11] *Logische Syntax der Sprache* (Schriften z. wiss. Weltauff.), Vienne, 1934.

– [12] « Die Antinomien und die Unvollständigkeit der Mathematik », à paraître dans *Monatsh. Math. Phys.*

DUBISLAW W., * [1] *Die Philosophie der Mathematik in der Gegenwart*, Berlin, 1932.

– * [2] *Naturphilosophie*, Berlin, 1934.

FEIGL H., * [1] *Theorie und Erfahrung in der Physik*, Karlsruhe, 1929.

FRAENKEL A., [1] *Einleitung in die Mengenlehre*, (chap. IV et V), Berlin (3ᵉ éd.), 1928.

– * [2] « Die heutigen Gegensätze in der Grundlegung der Mathematik », *Erk.* 1, 1930.

FRANK Ph., * [1] « Was bedeuten die gegenwärtigen physikalischen Theorien für die allgemeine Erkenntnislehre ? », *Erk.* 1, 1930.

– * [2] « Der Charakter der heutigen physikalischen Theorien », *Scientia*, 1931.

– * [3] *Das Kausalgesetz und seine Grenzen*, (Schriften z. wiss. Weltauff.), Vienne, 1932.

FREGE G., [1] *Grundgesetze der Arithmetik, begriffschriftlich abgeleitet*, Iéna, I, 1893, II, 1903.

GÖDEL K., [1] « Über formal unentscheidbare Sätze der *Principia Mathematica* und verwandter Systeme I », *Monatsh. Math. Phys.*, 38, 1931.

HAHN H., * [1] « Die Bedeutung der wissenschaftlichen Weltauffassung, insbesondere für Mathematik und Physik », *Erk.* 1, 1930.

– * [2] *Überflüssige Wesenheiten. Occams Rasiermesser*, (Vereins E. Mach), Vienne, 1931.

– [3] « Die Krise der Anschauung », in *Krise und Neuaufbau in den exakten Wissenschaften*, Vienne, 1933.

– * [4] *Logik, Mathematik und Naturerkennen* (*Einheitswiss.*, n° 2), Vienne, 1933.

HILBERT D., ACKERMANN W., *Grundzüge der theoretischen Logik*, Berlin, 1928.

JÖRGENSEN J., [1] *A Treatise of Formal Logic. Its Evolution and Main Branches, with its Relation to Mathematics and Philosophy*, 3 vol., Copenhage, 1931.

– * [2] « Über die Ziele und Probleme der Logistik », *Erk.* 3, 1932.

MENGER K., [1] « Der Intuitionismus », *Bl. f. dt. Philos.* 4, 1930.

– [2] « Die neue Logik », in *Krise und Neuaufbau in den exakten Wissenschaften*, Vienne, 1933.

MISES R. V., * [1] « Über das naturwissenschaftliche Weltbild der Gegenwart », *Naturwiss.* 19, 1931.

NEURATH O., [1] « Definitionsgleichheit und symbolische Gleichheit », *Arch. f. Phil*, 16, 1910.

– * [2] avec Carnap et Hahn, *Wissenschaftliche Weltauffassung. Der Wiener Kreis*, (Vereins E. Mach), Vienne, 1929.

– * [3] « Wege der wissenschaftlichen Weltauffassung », *Erk.* 1, 1930.

– * [4] *Empirische Soziologie. Der Wissenschaftliche Gehalt der Geschichte und der Nationalökonomie* (Schriften z. wiss. Weltauff.), Vienne, 1931.

– [5] « Physicalism. The Philosophy of the Viennese Circle », *Monist* 41, 1931.

– * [6] « Physikalismus », *Scientia* 50, 1931.

– * [7] « Soziologie im Physikalismus », *Erk.* 2, 1931.

– [8] « Protokollsätze », *Erk.* 3, 1932 (cf. Carnap [9]).

– * [9] *Einheitswissenschaft und Psychologie* (Einsheitswiss., n° 1), Vienne, 1933.

REICHENBACH H., * [1] *Ziele und Wege der heutigen Naturphilosophie*, Leipzig, 1931. Trad. fr., *La philosophie scientifique*, Paris, 1932.

ROUGIER L., [1] *Les Paralogismes du Rationalisme*, Paris, 1920.

RUSSELL B., [1] avec WHITEHEAD N., *Principia Mathematica*, I, (1910), 2e éd. 1925; II (1912) 1927; III (1913) 1927.

– [2] *Einführung in die mathematische Logik* (trad. des intro. des Princ. Math. i[1] et i[2]), Munich, 1932.

– [3] *Einführung in die mathematische Philosophie* (1919), Munich, 1932.

SCHLICK M., [1] *Allgemeine Erkenntnislehre*, Berlin (1918), 2ᵉ éd., 1925 (ne correspond plus sur tous les points à la conception actuelle).

– [2] « Naturphilosophie », in *Lehrbuch der Philosophie*, Dessoir (éd.), Berlin, 1925.

– * [3] « Die Wende der Philosophie », *Erk.* 1, 1930 [1].

– [4] « Die Kausalität in der gegenwärtigen Physik », *Naturwiss.* 19, 1931.

– * [5] « Positivismus und Realismus », *Erk.* 3, 1932.

TARSKI A., [1] « Fundamentale Begriffe der Methodologie der deduktiven Wissenschaften I », *Monatsh. Math. Phys.* 37, 1930.

WITTGENSTEIN L., [1] *Tractatus logico-philosophicus, with an introduction by B. Russell* (édition parallèle allemand-anglais), Londres, 1922, (également sous le titre « Logisch-philosophische Abhandlung », avec une préface de Russell, *Ann. Naturphil.* 14, 1921.)

ZILSEL E., [1] « Naturphilosophie », *in* Schnass, *Einführung in die Philosophie*, Osterwieck, 1928.

1. [N.d.T.] Traduit dans le présent recueil, p. 177.

KARL POPPER

PROBLÈMES FONDAMENTAUX DE LA LOGIQUE DE LA CONNAISSANCE
(*LOGIQUE DE LA RECHERCHE*, CHAPITRE I)

PRÉSENTATION

Christian Bonnet

Karl Popper est né à Vienne en 1902. Il étudie la philosophie, la psychologie, la physique et les mathématiques, et soutient en 1928 une thèse de doctorat sous la direction de Karl Bühler. Bien qu'il n'ait lui-même jamais fait partie du Cercle de Vienne ni participé directement à ses activités, il est en contact dès la fin des années vingt avec plusieurs de ses membres. Après avoir émigré en 1937 en Nouvelle-Zélande, où il enseigne la philosophie, il s'installe en Grande-Bretagne en 1945. Professeur à la *London School of Economics* jusqu'en 1969, il meurt en 1994.

Le texte que nous présentons ici est le premier chapitre de *Logik der Forschung*, paru en 1934 (le livre est daté de 1935) à Vienne, chez Julius Springer, dans la série « Schriften zur wissenschaftlichen Weltauffassung » que dirigeaient Moritz Schlick et Philipp Frank. Outre plusieurs recensions favorables, dont celles de Carnap et de Hempel, le livre fut l'objet

dès sa parution de nombreuses discussions parmi les membres
du Cercle de Vienne; et Popper, dans son autobiographie,
attribue à ces circonstances de la publication et de la réception
de son livre le fait qu'il ait été l'objet d'un malentendu et qu'on
ait pu lui-même le prendre pour un positiviste logique, « ou au
mieux pour un positiviste logique qui remplaçait la
vérifiabilité par la falsifiabilité »[1].

Or, n'aura-t-il de cesse de rappeler, la falsifiabilité[2] ne doit
pas être entendue comme un nouveau critère de sens qui
viendrait se substituer à la vérification, mais comme un critère
de démarcation (*Abgrenzungskriterium*) qui trace une ligne
de partage entre les énoncés, également doués de sens, de la
science et de la métaphysique – critère que ne saurait en aucun
cas fournir le vérificationnisme, puisque ce dernier revient « à
mettre sur le même plan les systèmes théoriques des sciences
de la nature et ceux de la métaphysique » et, loin d'éliminer la
métaphysique, en consacre bien plutôt, en dépit de ses intentions déclarées, l'« intrusion dans la science empirique »[3].

Ainsi, si notre texte s'ouvre, très classiquement, sur une
première section consacrée au problème de l'induction, ce
dernier cesse toutefois d'être ici le plus fondamental des
« problèmes fondamentaux de la logique de la connaissance »
au profit du problème de la démarcation (*Abgrenzungs-
problem*), dont la solution seule est à même de résoudre
– certes négativement, c'est-à-dire par le rejet de l'induction –
le problème de l'induction lui-même. Dans la mesure en effet
où la méthode poppérienne de la falsification est strictement
déductive et ne suppose aucune preuve inductive, la contradiction relevée par Hume, entre l'exigence empiriste assurément légitime selon laquelle l'expérience seule peut en

1. K. Popper, *La quête inachevée*, trad. fr. R. Bouveresse, Paris, Calmann-
Lévy, 1981, p. 125.

2. Autrement dit, chez Popper, la possibilité d'être falsifié, c'est-à-dire non
pas contrefait, mais rendu faux ou réfuté.

3. Cf. *infra*, p. 250-251.

dernière instance décider du sort de nos théories et le caractère logiquement illégitime de toute preuve inductive, disparaît. L'exigence empiriste se trouve du même coup redéfinie : ne sont plus désormais tenues pour empiriques les seules propositions entièrement décidables (*vollentscheidbar*), c'est-à-dire tout à la fois vérifiables et falsifiables, mais ce caractère est également reconnu à celles de nos propositions qui ne sont que partiellement décidables (*teilentscheidbar*), autrement dit à nos théories, dès lors qu'elles sont susceptibles d'être falsifiées par l'expérience, ou plus précisément par des propositions empiriques particulières comme celles qui décrivent nos perceptions.

Ces « propositions de base » ne sont elles-mêmes pas fondamentalement différentes des théories qu'elles permettent de tester : elles restent par principe toujours soumises au contrôle intersubjectif, en quoi consiste toute objectivité, et ne constituent donc nullement un socle ultime qui serait soustrait à la critique et à la falsifiabilité. Par cette conception de la « base empirique » et son refus d'un fondement ultime de la science, Popper intervient de façon originale et décisive dans le débat sur les « propositions protocolaires » ouvert par Carnap et Neurath.

Mais cette réception « autrichienne » de *Logik der Forschung* est sans commune mesure avec celle que connaît à partir du début des années soixante la traduction anglaise du livre parue en 1959 sous le titre de *The Logic of Scientific Discovery*[1]. Le débat ne se limite plus désormais à l'alternative de l'inductivisme vérificationniste et du déductivisme réfutationniste, mais a pour objet une représentation de la science, commune à l'un et à l'autre, mise à mal par des auteurs qui, récusant la prise en compte du seul contexte de justification, entendent faire valoir les droits de l'histoire et du contexte de découverte. Ainsi, Kuhn juge que la caractérisation

---

1. London, Hutchinson, 1959.

poppérienne de la science ne correspond pas au régime de la « science normale », laquelle s'emploie à résoudre des énigmes dans le cadre existant, et il estime que « l'expérience anormale », qui provoque la crise et amène un changement de paradigme, ne peut être elle-même à proprement parler considérée comme une falsification et « pourrait tout aussi bien [être appelée] vérification puisqu'[elle] consiste à faire triompher le nouveau paradigme sur l'ancien »[1].

Cette conception va de pair chez Kuhn avec l'idée d'une incommensurabilité des théories entre elles (cf. le texte p. 285 dans le volume II du présent ouvrage : « Commensurabilité, compatibilité et communicabilité ») également présente chez Feyerabend (1924-1994) qui radicalise, pour sa part, le rôle dévolu chez Popper à l'imagination dans la formation des hypothèses en une forme d'anarchisme – ou de « dadaïsme » – épistémologique, en vertu duquel « le seul principe qui n'entrave pas le progrès est : *tout est bon* »[2]. De manière générale, le défi que constitue, pour toute épistémologie rationaliste, le problème de Duhem-Quine est au centre des discussions suscitées par les thèses de Popper. Prenant acte, comme Kuhn et Feyerabend, de ce que « nous ne pouvons ni prouver les théories, ni les réfuter »[3], ne serait-ce que dans la mesure où il est impossible d'opérer un strict partage entre théorie et expérience, Imre Lakatos (1922-1974) s'attache quant à lui à substituer au « falsificationnisme dogmatique » un « falsificationnisme méthodologique » et explique le progrès de la connaissance par le recours à des « programmes de recherche » comportant un « noyau dur » déclaré infalsifiable par décision

1. Th. Kuhn, *La Structure des révolutions scientifiques* [1962], trad. fr. L. Meyer, Paris, Flammarion, 1983, p. 203.

2. P. Feyerabend, *Contre la méthode* [1975], trad. fr. B. Jurdant et A. Schlumberger, Paris, Seuil, 1979, p. 20.

3. I. Lakatos, *Histoire et méthodologie des sciences. Programmes de recherche et reconstruction rationnelle* [1986], trad. fr. C. Malamoud, J.-F. Spitz et L. Giard (dir.), Paris, P.U.F., 1994, p. 13.

méthodologique. Cette analyse du pouvoir heuristique des programmes de recherche est aujourd'hui développée de manière originale par les travaux d'Elie Zahar (cf. le texte p. 383 dans le volume II du présent ouvrage).

Connue du public francophone sous le titre *La Logique de la découverte scientifique*[1], l'édition française de *Logik der Forschung* est en fait une traduction de traduction faite à partir de la version anglaise. La traduction ici proposée a, quant à elle, été faite sur le texte allemand[2] auquel on nous permettra par conséquent de rendre son titre original de *Logique de la recherche*.

Indications bibliographiques

Karl POPPER

The Open Society and its Enemies, Londres, Routledge and Kegan Paul, 1945 ; *La Société ouverte et ses ennemis*, trad. fr. J. Bernard et Ph. Monod, 2 vol., Paris, Seuil, 1979[3].

Conjectures and Refutations, Londres, Routledge and Kegan Paul, 1963 ; *Conjectures et réfutations*, trad. fr. M.-I. et M. B. de Launay, Paris, Payot, 1985.

Objective Knowledge, Oxford, Oxford University Press, 1972 ; *La Connaissance objective*, trad. fr. J.-J. Rosat, Paris, Aubier, 1991.

Die beiden Grundprobleme der Erkenntnistheorie, Tübingen, J. C. B. Mohr (Paul Siebeck), 1979 ; *Les Deux problèmes*

---

1. Trad. fr. N. Thyssen-Rutten et Ph. Devaux, Paris, Payot, 1973.
2. La 2ᵉ édition allemande est de 1966. Elle comporte, ainsi que les rééditions ultérieures (dont la huitième, sur laquelle nous avons travaillé : Tübingen, J. C. B. Mohr, 1984), outre de nouveaux appendices distingués par une étoile de ceux de 1934, de nouvelles notes (ou compléments de notes) également signalées par une étoile.
3. Cette traduction abrégée est notamment amputée d'une partie importante des notes. Aussi maintenons-nous, dans la traduction des notes de notre texte, la référence à l'édition anglaise, Popper renvoyant en effet ici à plusieurs reprises à des passages précisément absents de l'édition française.

fondamentaux de la théorie de la connaissance, trad. fr.
Ch. Bonnet, Paris, Hermann, 1999.

*The Postscript to the Logic of Scientific Discovery. I. Realism and the
Aim of Science*, Londres, Hutchinson, 1983; *Le Réalisme et la
science*, trad. fr. D. Andler et A. Boyer, Paris, Hermann, 1990.

*The Postscript to the Logic of Scientific Discovery. II. The Open
Universe*, Londres, Hutchinson, 1982; *L'Univers irrésolu*,
trad. fr. R. Bouveresse, Paris, Hermann, 1984.

*The Postscript to the Logic of Scientific Discovery. III. Quantum
Theory and the Schism in Physics*, Londres, Hutchinson, 1982;
La Théorie quantique et le schisme en physique, trad. fr.
E. M. Dissakè, Paris, Hermann, 1996.

Autres références

BOUVERESSE Renée, *Karl Popper*, Paris, Vrin, 1978.

– (éd.), *Karl Popper et la Science d'aujourd'hui*, Paris, Aubier, 1989.

– et Hervé BARREAU (éd.), *Karl Popper. Science et philosophie*, Paris,
Vrin, 1991.

BOYER Alain, *Introduction à la lecture de Karl Popper*, Paris, Presses
de l'École Normale Supérieure, 1994.

FEYERABEND Paul, *Against Method*, Londres, New Left Books, 1975;
Contre la méthode, trad. fr. B. Jurdant et A. Schlumberger, Paris,
Seuil, 1979.

KUHN Thomas, *The Essential Tension*, Chicago, The University
of Chicago Press, 1977; *La Tension essentielle*, trad. fr.
M. Biezunski, P. Jacob, A. Lyotard-May, G. Voyat, Paris,
Gallimard, 1990.

LAKATOS Imre, MUSGRAVE Alan (éd.), *Criticism and the Growth of
Knowledge*, Cambridge, Cambridge University Press, 1970.

LAKATOS Imre, *Histoire et méthodologie des sciences. Programmes
de recherche et reconstruction rationnelle*, trad. fr. C. Malamoud
et J.-F. Spitz (dir.), L. Giard, Paris, P.U.F., 1994.

SCHILPP Paul A. (éd.), *The Philosophy of Karl R. Popper*, La Salle,
Ill., Open Court, The Library of Living Philosophers, 1974.

ZAHAR Elie, *Essai d'épistémologie réaliste*, Paris, Vrin, 2000.

PROBLÈMES FONDAMENTAUX DE LA LOGIQUE DE LA CONNAISSANCE *

L'activité du chercheur consiste à formuler des propositions et des systèmes de propositions et à les contrôler de manière systématique. Dans les sciences empiriques, ce sont surtout des hypothèses, des systèmes théoriques qui sont formulés et contrôlés par l'observation et l'expérimentation.

Nous voulons établir que la tâche de la logique de la recherche ou logique de la connaissance consiste à soumettre cette procédure, c'est-à-dire la méthode empirico-scientifique de la recherche, à une analyse logique.

Mais quelles sont les méthodes empirico-scientifiques ? Qu'appelons-nous « science empirique » ?

1. LE PROBLÈME DE L'INDUCTION

Selon une conception largement répandue, mais que nous ne partageons pas, les sciences empiriques peuvent être

* « Grundprobleme der Erkenntnislogik », chap. 1 de Karl Popper, *Logik der Forschung*, Vienne, Julius Springer, « Schriften zur wissenschaftlichen Weltauffassung », 1935; 2ᵉ éd. aug. Tübingen, Mohr, 1966. La présente traduction, réalisée par Christian Bonnet d'après la 8ᵉ éd. de 1984, est publiée avec l'aimable autorisation de Mrs Mew.

caractérisées par ce qu'on appelle la méthode inductive. La logique de la recherche serait par conséquent la logique inductive, elle serait l'analyse logique de cette méthode inductive.

On appelle habituellement inférence inductive ou induction une inférence qui va des *propositions particulières*, qui décrivent par exemple nos observations, nos expérimentations, etc., aux *propositions universelles*, c'est-à-dire aux hypothèses et aux théories.

Or il n'est rien moins qu'évident que nous soyons logiquement en droit d'inférer de propositions particulières, aussi nombreuses soient-elles, à des propositions universelles. Une telle inférence peut en effet toujours se révéler fausse : comme on le sait, un nombre aussi grand soit-il d'observations de cygnes blancs ne nous donne pas le droit de conclure que *tous* les cygnes sont blancs.

On appelle problème de l'induction la question de savoir s'il y a des inférences inductives légitimes et dans quel cas.

On peut aussi formuler le problème de l'induction comme étant la question de la validité des propositions empiriques universelles, c'est-à-dire des hypothèses et des systèmes théoriques des sciences empiriques. Ces propositions doivent en effet « valoir sur la base de l'expérience », mais nous ne pouvons en premier lieu formuler les expériences (observations, résultats d'expérimentations) que dans des propositions particulières. Quand on parle de la « validité empirique » d'une proposition universelle, on entend par là que sa validité peut être ramenée à celle de propositions d'expérience particulières et donc être fondée sur des inférences inductives. La question de la validité des lois de la nature n'est par conséquent qu'une autre forme de la question de la légitimité de l'inférence inductive.

Si l'on essaie de justifier de quelque manière que ce soit les inférences inductives, on doit alors formuler un « *principe d'induction* », c'est-à-dire une proposition qui autorise à mettre les inférences inductives sous une forme logiquement acceptable. Un tel principe d'induction est, selon la conception des tenants de la logique inductive, de la plus grande importance pour la méthode scientifique :

> ... ce principe décide de la vérité des théories scientifiques. Vouloir le bannir de la science ne signifie rien d'autre que retirer à la science la décision sur la vérité et la fausseté des théories. Mais il est clair que la science n'aurait alors plus le droit de distinguer ses théories des idées créées arbitrairement par les poètes [1].

Un tel principe d'induction ne peut pas être une tautologie logique, une proposition analytique : s'il y avait un principe d'induction tautologique, il n'y aurait pas de problème de l'induction, car les inférences inductives seraient alors des transformations tautologiques, exactement comme les autres inférences logiques (déductives). Le principe d'induction doit par conséquent être une proposition synthétique, une proposition dont la négation est non contradictoire (logiquement possible). On doit donc se demander quelles raisons plaident en faveur de la formulation d'un tel principe, c'est-à-dire comment il peut être scientifiquement *justifié*.

Les tenants de la logique inductive soulignent certes « que le principe d'induction est reconnu sans réserve par la science tout entière et qu'il n'y a personne pour douter sérieusement de ce principe, y compris dans la vie quotidienne » [2]. Mais même s'il en était ainsi – même la « science tout entière » pourrait

1. H. Reichenbach, « Kausalität und Wahrscheinlichkeit », *Erkenntnis* 1 (1930), p. 186, (*cf.* aussi « Die philosophische Bedeutung der modernen Physik » p. 64 *sq.*). * Voir en outre les remarques de Russell sur Hume citées à la section 2 de mon *Post-scriptum*.

2. H. Reichenbach, « Die philosophische Bedeutung der modernen Physik », *Erkenntnis* 1 (1930), p. 67.

après tout se tromper – nous défendrions cependant la conception selon laquelle l'introduction d'un principe d'induction est superflue et conduit nécessairement à des contradictions logiques.

Que des contradictions soient à tout le moins difficilement évitables est assurément (depuis Hume) hors de doute[*1]. Le principe d'induction ne peut être bien sûr qu'une proposition universelle. Si l'on essaie de le concevoir comme un principe « empiriquement valide », surgissent à nouveau immédiatement ces mêmes questions en raison desquelles il avait été introduit. Pour justifier le principe d'induction, il nous faudrait en effet avoir recours à des inférences inductives pour lesquelles nous devrions donc présupposer un principe d'induction d'un ordre supérieur, etc. Une conception empirique du principe d'induction échoue donc en ceci qu'elle conduit à une *régression à l'infini*.

Kant a tenté d'échapper à cette difficulté par un coup de force, en considérant le principe d'induction (auquel il a donné la forme d'un « principe de causalité ») comme « valide *a priori* »; mais son ingénieuse tentative pour *justifier a priori* des jugements synthétiques n'a pas réussi.

Les difficultés de la logique inductive que nous évoquons sont, croyons-nous, insurmontables; et même pour la conception la plus souvent défendue aujourd'hui selon laquelle les inférences inductives ne fourniraient certes aucune « validité stricte » mais cependant un certain *degré de « certitude » ou de « probabilité »*. Les inférences inductives seraient par conséquent des « inférences probables »[1].

[*1]. Les passages décisifs de Hume sont cités à l'appendice *VIII, en regard des notes 4, 5 et 6; voir aussi *infra* la note 2 de la section 81.

[1]. *Cf.* J.M.Keynes, *A Treatise on Probability* (1921); O.Külpe, *Vorlesungen über Logik* (1923); Reichenbach (qui parle d'« implications probables »), « Axiomatik der Wahrscheinlichkeitsrechnung », *Mathematische Zeitschriften* 34, 1932 (ainsi que de nombreux autres travaux).

> Nous avons qualifié le principe d'induction de moyen servant à décider de la vérité en science. Il nous faut plus précisément dire qu'il sert à décider de la probabilité. Car en science l'alternative … n'est pas la vérité ou la fausseté, mais il n'y a pour les propositions scientifiques que des degrés continus de probabilité dont les limites supérieure et inférieure inaccessibles sont la vérité et la fausseté[1].

Nous pouvons ici faire abstraction du fait que les tenants de la logique inductive qui défendent cette conception utilisent un concept de probabilité que nous rejetterons en raison de sa forme hautement inappropriée (cf. section 80). Les difficultés dont il est ici question ne sont en effet pas effleurées par le recours à la « probabilité ». Car si l'on attribue aux propositions induites un certain degré de probabilité, on doit à nouveau en appeler à un principe d'induction – modifié en conséquence – et le justifier à son tour. Et si l'on présente le principe d'induction lui-même non pas comme « vrai », mais comme simplement « probable », cela ne change rien : la « logique de la probabilité » conduit tout autant que toute autre forme de logique inductive soit à une régression à l'infini soit à l'apriorisme[*1].

La conception que nous allons développer ici s'oppose radicalement à toutes les tentatives de logique inductive. On pourrait la caractériser comme une théorie de la *méthode déductive de contrôle*.

Pour pouvoir discuter cette conception (« déductiviste »[2]), il nous faut tout d'abord éclaircir l'opposition entre la

---

1. H. Reichenbach, « Kausalität und Wahrscheinlichkeit », *Erkenntnis* 1 (1930), p. 186.

*1. Une formulation détaillée de cette critique se trouve *infra* au chap. x, en particulier à la note 2 de la section 81 et au chap. *II du *Post-scriptum*.

2. Il se pourrait bien que ce soit Liebig (*Induktion und Deduktion*, 1865) qui ait été le premier à rejeter la méthode inductive au nom de la recherche en science de la nature ; il vise Bacon. Duhem (*La Théorie physique, son objet, sa structure*, 1906) a défendu des idées clairement « *déductivistes* ». [*Mais on trouve aussi chez Duhem des vues inductivistes, par exemple au chap. 3 de la

psychologie empirique *de la connaissance* et la *logique de la connaissance*, laquelle ne s'intéresse qu'aux relations logiques. Le préjugé en faveur de la logique inductive est en effet étroitement lié à une confusion entre questions de psychologie de la connaissance et de théorie de la connaissance – confusion qui, soit dit en passant, a de fâcheuses conséquences non seulement en théorie, mais aussi en psychologie de la connaissance.

2. ÉLIMINATION DU PSYCHOLOGISME

Nous avons, en commençant, caractérisé l'activité du chercheur en disant qu'il formule et contrôle des théories.

La première moitié de cette activité, à savoir la formulation des théories, ne nous semble ni être susceptible ni avoir besoin d'une analyse logique : la question de savoir comment il se fait qu'une idée nouvelle vient à l'esprit – qu'il s'agisse d'un thème musical, d'une intrigue dramatique ou d'une théorie scientifique – intéresse certes la psychologie empirique mais pas la logique de la connaissance. Celle-ci ne s'intéresse pas aux *questions de fait* (Kant : *quid facti*) mais seulement aux *questions de validité* (*quid juris*), c'est-à-dire aux questions consistant à se demander si et comment une proposition peut être justifiée, si elle est contrôlable, si elle dépend logiquement de certaines autres propositions ou si elle est en contradiction avec elles, etc. Mais pour qu'une proposition puisse être examinée dans cet esprit, du point de vue de

première partie, où nous apprenons que Descartes n'a été conduit à sa loi de la réfraction que par expérimentation, induction et généralisation]; ainsi que V. Kraft (*Die Grundformen der wissenschaftlichen Methoden*, 1925); *cf.* aussi Carnap («Die physikalische Sprache als Universalsprache der Wissenschaft» *Erkenntnis* 2, 1931-1932, p. 440. [«La langue de la physique comme langue universelle de la science», trad. fr. D. Chapuis-Schmitz *in* Ch. Bonnet et P. Wagner (dir.), *L'Âge d'or de l'empirisme logique*].

la logique de la connaissance, elle doit déjà être présente : quelqu'un doit l'avoir formulée et l'avoir soumise à la discussion logique.

Nous distinguerons donc rigoureusement la manière dont nous parvenons à une idée des méthodes et des résultats de sa discussion logique et nous nous en tiendrons à cette définition de la tâche de la théorie de la connaissance ou de la logique de la connaissance, d'après laquelle (contrairement à la psychologie de la connaissance) elle a uniquement à examiner les méthodes du contrôle systématique auquel toute idée, pour être prise au sérieux, doit être soumise.

On pourrait ici nous objecter qu'il serait plus adéquat de définir la tâche de la théorie de la connaissance comme consistant à «reconstruire rationnellement» le processus de découverte d'une connaissance. Mais cela dépend de *ce qu'*on veut reconstruire. Si l'on veut reconstruire les processus qui ont accompagné le *déclenchement* de l'idée, alors nous repoussons la suggestion qui nous est faite de voir là la tâche de la logique de la connaissance. Nous croyons que ces processus ne peuvent être examinés que d'un point de vue psycho-empirique et ont peu à voir avec la logique. Il en va autrement s'il s'agit de reconstruire rationnellement le processus par lequel une idée est soumise après coup à un *examen*, c'est-à-dire par lequel elle est, alors seulement, découverte en tant que découverte, connue en tant que connaissance. Dans la mesure où le chercheur porte un jugement critique sur son idée, la modifie ou la rejette, on pourrait aussi concevoir notre analyse méthodologique comme une reconstruction rationnelle des processus intellectuels en question. Non qu'elle décrive ces processus tels qu'ils se déroulent réellement, car elle ne donne que l'ossature logique de la procédure de contrôle. Mais c'est précisément là ce qu'on pourrait sans doute entendre par la reconstruction rationnelle d'un processus de connaissance.

On a souvent l'habitude d'exprimer notre conception (dont les résultats de notre recherche sont toutefois indépendants), selon laquelle il n'y a pas de méthode logique, susceptible d'être reconstruite rationnellement, pour découvrir quelque chose de nouveau, en disant que toute découverte contient un « élément irrationnel » ou est une « intuition créatrice » (au sens de Bergson). Einstein parle de manière semblable de « [...] la recherche de ces lois les plus générales [...] dont on peut tirer l'image du monde par pure déduction. Aucune méthode logique ne conduit à ces lois [...], mais seulement l'intuition fondée sur l'empathie avec l'expérience »[1].

3. LE CONTRÔLE DÉDUCTIF DES THÉORIES

La méthode de contrôle critique, ou de sélection des théories, est d'après ma conception toujours la suivante : au moyen de la déduction logique, on tire de l'anticipation encore non justifiée, de l'idée, de l'hypothèse ou du système théorique des conséquences qui sont comparées entre elles ainsi qu'à d'autres propositions, en établissant les relations logiques (comme celles d'équivalence, de dérivabilité, de compatibilité, de contradiction) qui existent entre elles.

On peut ici distinguer en particulier quatre directions dans lesquelles l'examen s'effectue : la comparaison logique des conséquences entre elles qui permet de contrôler la non-contradiction interne du système ; un examen de la forme logique de la théorie ayant pour but d'établir si elle a le caractère d'une théorie scientifique empirique, c'est-à-dire par exemple si elle n'est pas tautologique ; la comparaison avec d'autres théories pour établir notamment si la théorie à examiner, au

---

1. Allocution pour le soixantième anniversaire de Max Planck. Le passage cité commence par : « La tâche la plus haute du physicien est donc la recherche ... » (cité d'après : Einstein, *Comment je vois le monde* [1934], trad. fr. modifiée M. Solovine et R. Hanrion, Paris, Flammarion, 1979, p. 123-124). On trouve auparavant des idées semblables chez Liebig, *op. cit.* ; *cf.* aussi E. Mach, *Prinzipien der Wärmelehre* (1896), p. 443 *sq.*

cas où les différents examens la confirmeraient, pourrait être considérée comme un progrès scientifique ; enfin l'examen par « application empirique » des conséquences qui en sont tirées.

Ce dernier examen doit établir si les affirmations nouvelles de la théorie se confirment aussi en pratique, par exemple dans des expérimentations scientifiques ou dans une application technique pratique. La procédure d'examen est ici aussi une procédure déductive. Sont déduites du système (au moyen de propositions déjà reconnues) des conséquences singulières autant que possible contrôlables ou réalisables empiriquement (« prédictions »), parmi lesquelles on choisit spécialement celles qui ne sont pas déductibles de systèmes connus ou sont en contradiction avec eux. Puis on prend une décision concernant ces conséquences – et d'autres – en tenant compte de leur application pratique, des expérimentations, etc. Si la décision est positive, si les conséquences singulières sont reconnues, *vérifiées*, le système a provisoirement résisté à l'examen et nous n'avons aucune raison de le rejeter. Si intervient une décision négative, si les conséquences sont *falsifiées*, leur falsification atteint aussi le système duquel elles ont été déduites.

La décision positive ne peut jamais soutenir le système que provisoirement. Il peut toujours à nouveau être invalidé par des décisions négatives ultérieures. Aussi longtemps qu'un système résiste à des contrôles déductifs minutieux et rigoureux et n'est pas dépassé par le développement progressif de la science, nous disons qu'il a été *confirmé*[*1].

Aucun élément de logique inductive n'intervient dans la procédure ici esquissée. Nous n'inférons jamais de la validité des propositions singulières à celle des théories. Même par leurs conséquences vérifiées, les théories ne peuvent jamais se révéler « vraies » ou même seulement « probables ».

[*1]. Sur ce terme, *cf.* la note [*1] avant la section 79 et la section [*29] de mon *Post-scriptum*.

Notre recherche consistera à analyser plus en détail les méthodes de contrôle déductives qui n'ont été ici que brièvement esquissées et à montrer que nous pouvons, dans le cadre de cette conception, résoudre les questions qu'on qualifie habituellement de questions de « théorie de la connaissance » et que tous les problèmes posés par la logique inductive peuvent donc être résolus, sans que cela engendre de nouvelles difficultés.

4. LE PROBLÈME DE LA DÉMARCATION

La plus sérieuse des objections que l'on puisse soulever contre notre rejet de la méthode inductive vient sans doute de ce que nous semblons renoncer du même coup à une marque décisive de la science empirique, faisant ainsi naître le danger d'un glissement de la science empirique vers la métaphysique. Mais ce qui nous décide à rejeter la logique inductive, c'est précisément que nous ne pouvons voir dans cette méthode inductive aucun *critère de démarcation* approprié, c'est-à-dire aucune marque du caractère empirique, non métaphysique d'un système théorique.

Le problème consistant à trouver un tel critère, permettant de faire le partage entre d'une part la science empirique et d'autre part les mathématiques et la logique, mais aussi les systèmes « métaphysiques », est appelé par nous *problème de la démarcation*[1].

Ce problème avait déjà été vu par Hume qui avait essayé de le résoudre[2], mais il n'a été mis au centre des problèmes

---

1. *Cf.* outre cela (et les sections 1 à 6 et 13 à 24), ma communication « Ein Kriterium des empirischen Charakters theoretischer Systeme » *in Erkenntnis* 3 (1933), p. 426, *reproduite maintenant ici dans l'appendice *I.
2. *Cf.* les dernières phrases de l'*Enquiry on Human Understanding*. * Comparer au prochain paragraphe par exemple la citation de Reichenbach

de théorie de la connaissance que par Kant. Si (conformément à Kant) on qualifie le problème de l'induction de « problème de Hume », on pourrait alors qualifier le problème de la démarcation de « problème de Kant ».

Des deux problèmes, auxquels se ramènent presque tous les autres problèmes de théorie de la connaissance, celui de la démarcation est sans doute le problème fondamental : la prédilection de la théorie empiriste de la connaissance pour la « méthode de l'induction » peut tout naturellement s'expliquer par le fait que l'on a cru trouver dans cette méthode un critère de démarcation approprié, ce qui est en particulier le cas de ces tendances empiristes que l'on désigne généralement du terme de « positivisme ».

Le positivisme ancien ne voulait reconnaître comme scientifiques [ou légitimes] que les *concepts* qui « viennent de l'expérience », comme ceux qui peuvent être logiquement ramenés aux concepts empiriques élémentaires (sensations, impressions, perceptions, expériences vécues remémorées ou autres choses de ce genre). Le positivisme moderne voit en général plus clairement que la science n'est pas un système de concepts mais un système de *propositions**[1] et ne veut reconnaître comme « scientifiques » ou « légitimes » que les propositions qui peuvent être logiquement ramenées à des propositions empiriques élémentaires (en particulier des « jugements de perception », des « propositions élémentaires », des « propositions protocolaires » ou autres choses de

dans le texte correspondant à la note 1 de la section 1 [note 1, p. 239 de la présente traduction].

*1. Je m'aperçois maintenant que je surestimais le « positivisme moderne », lorsque j'ai écrit ce paragraphe. J'aurais dû penser au fait que *de ce point de vue* le début très prometteur du *Tractatus* de Wittgenstein – « Le monde est la totalité des faits, non des choses » – était annulé par la fin de l'ouvrage où Wittgenstein condamne celui qui « n'a pas donné de signification, dans ses propositions, à certains signes ». Voir aussi mon *Open Society and its Enemies*, vol. 2, chap. 1, section II et le chap. *1 de mon *Post-scriptum*, particulièrement les sections *11 (note 5), *24 (les cinq derniers paragraphes) et *25.

ce genre)*1. Il est clair que ce critère de démarcation est identique à l'exigence de la logique inductive.

Du fait que nous rejetons la logique inductive, ces tentatives de démarcation sont pour nous également inutilisables. Mais le problème de la démarcation n'en a pour nous que plus d'importance : la solution du problème consistant à indiquer un critère de démarcation utilisable est décisif pour toute théorie de la connaissance non inductiviste.

Le positivisme conçoit le problème de la démarcation de manière « naturaliste », comme la recherche non d'une stipulation appropriée, mais d'une différence pour ainsi dire « de nature » entre la science empirique et la métaphysique. Il cherche sans cesse à prouver que la métaphysique est un discours dépourvu de sens – « sophisme et illusion » (comme dit Hume) à mettre « au feu » *2.

Dans la mesure où l'on n'entend rien d'autre, par définition, par « dépourvu de sens » que « n'appartenant pas à la science empirique », il serait trivial de caractériser la métaphysique au moyen de ce terme, car on a bien sûr généralement défini la métaphysique comme non empirique. Mais le positivisme croit naturellement pouvoir en dire beaucoup plus sur la métaphysique que le simple fait qu'elle contient des propositions non empiriques. Il y a indubitablement dans le terme « dépourvu de sens » une évaluation dépréciative : il ne s'agit

*1. Cela n'est bien sûr pas une question de nom. Lorsque j'ai inventé le nouveau nom de « proposition de base » (voir *infra*, sections 7 et 28), je l'ai fait seulement parce que j'avais besoin d'une expression qui ne soit *pas* chargée de la connotation de « jugement de perception ». Mais ce terme a malheureusement été aussitôt repris par d'autres et précisément utilisé avec la signification que je voulais éviter. *Cf.* aussi *infra*, p. 76 et mon *Post-scriptum*, section *29.

*2. Hume condamnait de cette manière, à la dernière page, sa propre *Enquiry*, comme plus tard Wittgenstein, à la dernière page, son propre *Tractatus* (voir note 2 de la section 10).

pas de démarcation, mais de dépassement[1], d'anéantissement de la métaphysique. Là où le positivisme a toutefois essayé de préciser plus rigoureusement son concept de sens, ces efforts ont pour l'essentiel abouti à définir les « propositions douées de sens » (par opposition aux « pseudo-propositions dépourvues de sens ») au moyen du critère de démarcation de la logique inductive formulé plus haut.

Cela se montre de manière particulièrement nette dans le cas de Wittgenstein chez qui toute « proposition douée de sens » doit pouvoir être logiquement ramenée[1] aux « propositions élémentaires », qui sont caractérisées, ainsi du reste que toutes les « propositions douées de sens », comme des « images de la réalité »[2]. Le critère wittgensteinien du sens est par conséquent conforme au critère de démarcation de la logique inductive que nous avons décrit plus haut, à condition de remplacer les mots « scientifique », « légitime » par l'expression « doué de sens ». Mais cette tentative de démarcation échoue sur le problème de l'induction. Le radicalisme positiviste anéantit aussi, en même temps que la métaphysique, la science de la nature, car les lois de la nature ne peuvent pas elles non plus être *logiquement* ramenées à des propositions empiriques élémentaires. Si l'on applique de manière conséquente le critère wittgensteinien du sens, les lois de la nature, dont la recherche est « la plus haute tâche du

---

1. Carnap, *Erkenntnis* 2 (1931-1932), p. 219 *sq.* [« Le dépassement de la métaphysique par l'analyse logique du langage », *in* A. Soulez (dir.), *op. cit.*, p. 155 *sq.*]. Mill utilise déjà l'expression « dépourvu de sens » d'une manière semblable, * sans doute sous l'influence de Comte : cf. *Appendice général du système de politique positive* [Paris, 1854], p. 140, *Œuvres*, Paris, Anthropos, 1970, t. X. Voir aussi mon *Open Society*, vol. II, note 51 du chap. 1.

1. Wittgenstein, *Tractatus logico-philosophicus* (1918-1922), proposition 5. * Comme cela a été écrit en 1934, je me rapporte naturellement ici *seulement* au *Tractatus* (« se montre » est une des expressions favorites de Wittgenstein dans cet ouvrage).

2. *Ibid.*, propositions 4.01, 4.03, 2.221.

physicien » (Einstein[1]), sont elles aussi dépourvues de sens, c'est-à-dire ne sont pas des propositions véritables (légitimes). Et une telle conception, qui tente de démasquer le problème de l'induction comme « sans objet », comme un pseudo-problème, a de fait été défendue [par Schlick] : « Le problème de l'induction consiste dans la justification logique des *propositions universelles* portant sur la réalité… Nous reconnaissons avec Hume qu'il n'y a aucune justification logique pour elles. Il ne peut pas y en avoir, parce qu'elles ne sont *pas de véritables propositions* »[2*1].

Le critère de démarcation de la logique inductive ne conduit donc ni à une démarcation – mais à la mise sur le même plan des systèmes théoriques des sciences de la nature et de

1. *Cf.* note 1 de la section 2 [note 1, p. 244 de la présente traduction].

2. M. Schlick, *Naturwissenschaften* 19 (1931), p. 156 (pas d'italiques dans l'original), [« La causalité dans la physique contemporaine », trad. fr. C. Vautrin, *in* Ch. Bonnet et P. Wagner (dir.), *L'Âge d'or de l'empirisme logique*]. Schlick écrit à propos des lois de la nature (*op. cit.*, p. 151) : « On a souvent remarqué qu'on ne peut jamais véritablement parler de la vérification absolue d'une loi, puisque nous nous réservons pour ainsi dire toujours tacitement le droit de la modifier sur la base d'expériences ultérieures. Si je peux dire, en passant, quelques mots de la situation logique, la circonstance qui vient d'être mentionnée signifie qu'une loi de la nature n'a pas au fond le caractère d'un "énoncé" mais représente plutôt une "instruction pour la formation des énoncés" ». * (La « formation » devait sans aucun doute inclure ici la transformation et la dérivation.) D'après Schlick, cette théorie constituait la teneur d'une communication personnelle que lui aurait faite Wittgenstein. Voir aussi la section *12 de mon *Post-scriptum*.

*1. L'idée de traiter les lois scientifiques comme des pseudo-propositions – et de résoudre ainsi le problème de l'induction – a été attribuée par Schlick à Wittgenstein (*cf.* mon *Open Society*, notes 46 et 51 *sq.* du chap. 1 du vol. II). Mais cette idée est en réalité beaucoup plus ancienne. Elle fait partie des idées traditionnelles de l'instrumentalisme que l'on peut retrouver jusque chez Berkeley et même avant (*cf.* par exemple mon travail « Three Views Concerning Human Knowledge » in *Contemporary British Philosophy*, 1956, ainsi que « A Note on Berkeley as a Precursor of Mach » in *The British Journal for the Philosophy of Science* IV, 4, 1953, p. 26 *sq.* Ces deux textes se trouvent également dans mes *Conjectures et Réfutations*. D'autres remarques sur ce thème se trouvent à la note *1 qui précède le chap. 12. Le problème est également traité dans mon *Post-scriptum* aux sections *11 à *14 et *19 à *26).

ceux de la métaphysique (qui, à en juger du point de vue du dogme positiviste du sens, ne sont les uns et les autres que des pseudo-propositions dépourvues de sens) – ni à une élimination de la métaphysique, mais à son intrusion dans la science empirique [1].

Contrairement à ces tentatives « antimétaphysiques », nous ne concevons pas notre tâche comme consistant à dépasser la métaphysique mais à caractériser la science empirique de manière appropriée et à *définir* les concepts de « science empirique » et de « métaphysique » – et de telle manière que nous puissions, en vertu de cette caractérisation, dire d'un système de propositions si son examen approfondi a de l'intérêt pour la science empirique.

Notre critère de démarcation devra donc être considéré comme la *proposition d'une stipulation*. On peut avoir différentes opinions touchant l'opportunité d'une stipulation. Mais il ne peut cependant y avoir de discussion rationnelle et argumentée qu'entre gens qui poursuivent un même but. Quant au choix de ce but, il est seulement l'affaire d'une décision sur laquelle il ne peut pas y avoir de discussion argumentée [*1].

Quiconque, par conséquent, considère que le but ou la tâche de la science empirique consiste à formuler un système de propositions absolument certaines et indiscutablement vraies [2], devra repousser les définitions que nous proposerons ici. De même pour quiconque cherche « l'essence de la science dans sa dignité » et trouve celle-ci dans la « totalité », dans la « pure vérité et l'essentialité » [3] : on ne peut guère attribuer

1. *Cf.* la section 78 (par ex. la note 1). * Voir aussi mon *Open Society*, notes 46, 51 et 52 du chap. 1, vol. II et ma contribution de janvier 1955 au vol. Carnap de la *Library of Living Philosophers*, P. A. Schilpp (éd.), ainsi maintenant que le chap. 11 de mes *Conjectures et réfutations*.

*1. Je suis d'avis qu'une discussion rationnelle est toujours possible entre personnes qui ont un intérêt pour la vérité et sont prêtes à s'accorder une mutuelle attention.

2. C'est la conception de Dingler, *cf.* la note 1 de la section 19.

3. C'est la conception de O. Spann (*Kategorienlehre*, 1924).

semblable « dignité » à la physique théorique moderne (dans laquelle *nous* voyons la plus parfaite réalisation, à ce jour, de ce que nous appellerons la « science empirique »).

Nous partons de l'idée que la science a d'autres buts. Nous tiendrions pour une rechute déguisée dans le positivisme dogmatique la tentative de les justifier et de les présenter comme les vrais, ou authentiques, buts de la science. Nous croyons ne pouvoir argumenter en faveur de nos stipulations que d'*une* manière : en analysant leurs conséquences logiques, en montrant leur fécondité et leur pouvoir explicatif pour ce qui concerne les problèmes de la théorie de la connaissance.

Nous admettons sans ambages que dans nos stipulations nous nous laissons guider, en dernière instance, par notre évaluation, notre préférence. Quiconque attache comme nous du prix à la rigueur logique et à la liberté à l'égard des dogmes, quiconque cherche une application pratique possible, quiconque est captivé par l'aventure de la recherche, laquelle nous confronte sans cesse à des questions nouvelles, imprévues et sans cesse nous pousse à tester des réponses auparavant insoupçonnées, pourra sans doute approuver les stipulations que nous proposerons.

En nous laissant guider par des évaluations dans nos propositions, nous ne commettons nullement l'erreur que nous avons reprochée au positivisme, à savoir en finir avec la métaphysique à coup de jugements de valeur. Nous ne refusons même pas toute « valeur » à cette dernière pour la science empirique, car on ne peut pas nier que, à côté des raisonnements métaphysiques qui ont été un frein au développement de la science, il y en ait aussi eu (mentionnons seulement l'atomisme spéculatif) qui l'aient favorisé. Et nous soupçonnons que la recherche scientifique, vue d'un point de vue psychologique, n'est même pas possible sans une croyance – qui échappe à toute discussion scientifique et donc si l'on veut

« métaphysique » – à des idées théoriques [purement spécula-
tives et] parfois extrêmement obscures [1].

Nous pensons cependant que la tâche principale de la
logique de la connaissance est de fournir un concept de la
science empirique qui en fixe le plus univoquement possible
l'usage linguistique indécis et de la sorte permette aussi
notamment une claire démarcation par rapport à ces éléments
métaphysiques qui, d'un point de vue historico-génétique,
sont parfois si profitables.

5. L'EXPÉRIENCE COMME MÉTHODE

La tâche consistant à formuler une définition utile de la
« science empirique » présente certaines difficultés. Celles-ci
tiennent entre autres à ce qu'il peut y avoir de *nombreux*
systèmes théoriques déductifs qui, du point de vue de leur
structure logique, sont construits de manière largement
analogue à la « science empirique » reconnue à un certain
moment. On a aussi l'habitude d'exprimer cela en disant qu'il
y a un très grand nombre, et vraisemblablement un nombre
infini, de « mondes logiquement possibles ». Mais le système
auquel nous donnons le nom de « science empirique » ne doit
représenter qu'*un* « monde réel », le « monde de notre réalité
empirique » [*2].

Si nous essayons de formuler cette idée d'une manière
logiquement plus rigoureuse, nous pouvons distinguer trois
exigences auxquelles doit répondre le système théorique
« empirique » : être *synthétique* (représenter un monde « possible » qui ne soit pas contradictoire); satisfaire au critère de

---

1. *Cf.* aussi sur ce point Planck, *Positivismus und reale Außenwelt* (1931) et
Einstein, « La religiosité de la recherche », *in Comment je vois le monde* [1934],
trad. fr. M. Solovine et R. Hanrion, Paris, Flammarion, 1979, p. 20. * Voir aussi
la section 85 de mon *Post-scriptum*.

*2. *Cf.* Appendice *X.

démarcation (cf. les sections 6 et 21) et donc *ne pas* être *métaphysique* (il doit représenter un « monde empirique » possible); être *distingué* d'une manière quelconque des autres systèmes semblables (en tant qu'il représente « *notre* monde empirique »).

Mais comment en est-il distingué? Manifestement par la méthode de contrôle, donc au moyen de cette méthode déductive que nous nous sommes donné pour but d'exposer.

Dans cette conception, l'« expérience » apparaît comme une *méthode* déterminée pour distinguer un système théorique. La science empirique n'est pas seulement caractérisée par sa forme logique, mais en outre par une méthode déterminée. (Mais c'est aussi la conception de la logique inductive qui tente de caractériser la science empirique par la « méthode inductive »).

La logique de la connaissance, qui doit examiner cette méthode pour distinguer la science empirique, peut être qualifiée de théorie de la méthode empirique – de *théorie de ce que nous appelons* « *expérience* ».

6. LA FALSIFIABILITÉ COMME CRITÈRE DE DÉMARCATION

Le critère de démarcation de la logique inductive – la démarcation au moyen du concept positiviste du sens – revient à exiger que toutes les propositions de la science empirique (tous les « énoncés doués de sens ») soient *définitivement décidables* : elles doivent avoir une forme telle que soient logiquement possibles *aussi bien leur vérification que leur falsification*. Nous lisons ainsi chez Schlick[1] : « ... un véritable énoncé doit pouvoir être définitivement vérifié », et encore plus

---

1. M. Schlick, *Naturwissenschaften* 19 (1931), p. 150 [« La causalité dans la physique contemporaine », *op. cit.*].

clairement chez Waismann[1] : « Si l'on ne peut en aucune manière indiquer quand une proposition est vraie, alors cette proposition n'a absolument aucun sens; car le sens d'une proposition est la méthode de sa vérification ».

Mais, d'après notre conception, il n'y a pas d'induction [*2]. L'inférence qui va des énoncés particuliers vérifiés par l'« expérience » [quel que soit ce qu'on entend par ce mot] à la théorie est logiquement illicite, et les théories ne sont par conséquent jamais vérifiables empiriquement. Si nous voulons éviter l'erreur positiviste consistant à exclure les systèmes théoriques des sciences de la nature [*3], au moyen du critère de démarcation, nous devons choisir ce dernier de telle manière que même des propositions qui ne sont pas vérifiables puissent être reconnues comme empiriques.

Mais nous ne voulons toutefois reconnaître comme empirique qu'un système susceptible d'un *contrôle* par l'« expérience ». Cette considération nous suggère de proposer comme critère de démarcation non pas la vérifiabilité

---

1. F. Waismann, *Erkenntnis* 1, p. 229 [« Logische Analyse des Wahrscheinlichkeitsbegriffs »].

*2. Je ne parle bien sûr pas ici de ce que l'on appelle « induction mathématique ». Je conteste seulement qu'il y ait quelque chose comme de l'induction dans la prétendue « science inductive », qu'il existe une « méthode inductive » ou des « inférences inductives ».

*3. Dans sa *Logische Syntax* (1937 p. 321 *sq.*) [N.d.T. La *Logische Syntax der Sprache* date en réalité de 1934, mais Popper donne la pagination de la traduction anglaise, publiée en 1937], Carnap a admis que c'était une erreur (il s'y référait à ma critique); il l'a fait encore plus précisément dans *Testability and Meaning*, où il a reconnu que des lois universelles ont non seulement une valeur pratique (*convenient*) mais sont même essentielles (*essential*) pour la science (*Philosophy of Science* 4, 1937, p. 27). Cependant, dans ses inductivistes *Logical Foundations of Probability* (1950), il revient à un point de vue très semblable à celui critiqué ici : comme il trouve que les lois universelles ont une probabilité nulle (p. 511), il est contraint de dire (p. 575) que nous n'avons certes pas besoin d'exclure de la science toutes les lois, mais que la science peut très bien s'en passer.

mais la *falsifiabilité* du système[*1]. En d'autres termes, nous n'exigeons pas que le système puisse, au moyen de la méthode empirique, être distingué définitivement de manière positive, mais exigeons que la forme logique du système permette de le distinguer négativement au moyen du contrôle méthodique : *un système de la science empirique doit pouvoir être mis en échec par l'expérience*[2].

(Nous ne qualifierons pas d'empirique la proposition : « Ici il pleuvra ou il ne pleuvra pas demain », dans la mesure où elle n'est pas réfutable ; mais en revanche la proposition « Ici il pleuvra demain »).

Diverses objections peuvent être soulevées contre le critère de démarcation proposé ici. On s'étonnera peut-être, pour commencer, que nous exigions de la science empirique – laquelle doit nous informer positivement – quelque chose de négatif : sa réfutabilité. Cette objection a peu de poids, car nous montrerons [sections 31-46] qu'une proposition d'une théorie scientifique nous informe d'autant plus positivement sur « notre monde » qu'elle peut, en vertu de sa forme logique, entrer en contradiction avec des propositions particulières

---

[*1]. On remarquera que je propose la falsifiabilité comme critère de démarcation et *non comme critère de sens*. Il faut en outre remarquer que j'ai déjà nettement critiqué plus haut (à la section 4) le recours au concept de « sens » comme critère de démarcation et que je m'en prends de nouveau et encore plus nettement au dogme du sens à la section 9. Prétendre que j'aurais professé la falsifiabilité à titre de critère de sens est donc tout simplement une légende (bien que, de manière étonnante, de nombreuses réfutations de ma théorie s'autorisent de cette légende). La falsifiabilité établit une distinction entre deux types de propositions entièrement douées de sens : celles qui sont falsifiables et celles qui ne le sont pas. La falsifiabilité trace une ligne de partage à l'intérieur du langage doué de sens et non autour de lui. Voir aussi l'appendice [*I], ainsi que les chap. 1 et 11 de mon livre *Conjectures et réfutations* (1963).

2. Des idées proches se trouvent par exemple chez Frank, *Le Principe de causalité et ses limites* [1931], trad. fr. J. du Plessis de Grenédan, Paris, Flammarion, 1937, chap. I, § 10, p. 36 ; Dubislav, *Die Definition* (3e éd., 1931), p. 100 *sq.* (*cf.* aussi la note 1 de la section 4).

possibles. (Ce n'est pas sans raison que les lois de la nature s'appellent des «lois»: elles disent d'autant plus qu'elles interdisent plus).

On pourrait également essayer de retourner contre nous notre critique du «critère de démarcation de la logique inductive» et soulever contre la falsifiabilité, comme critère de démarcation, des objections semblables à celles que nous avons soulevées contre la vérifiabilité. Mais cela non plus ne présente pas de difficultés: notre conception s'appuie sur une asymétrie entre vérifiabilité et falsifiabilité qui tient à la forme logique des propositions universelles[*1]. Celles-ci ne peuvent en effet jamais être déduites de propositions particulières, mais peuvent entrer en contradiction avec des propositions particulières. On peut donc, par des inférences purement déductives (au moyen de ce que dans la logique classique on appelle le *modus tollens*), inférer de propositions particulières la *fausseté* de propositions universelles (le seul mode d'inférence strictement déductif qui progresse pour ainsi dire dans la «direction inductive», c'est-à-dire des propositions particulières aux propositions universelles).

Une troisième objection semble plus sérieuse. C'est celle selon laquelle, bien qu'il existe une telle asymétrie, un système théorique ne peut toutefois jamais, pour diverses raisons, être définitivement falsifié. Certains expédients sont, il est vrai, toujours possibles pour échapper à une falsification – comme l'introduction d'hypothèses auxiliaires *ad hoc* ou la modification *ad hoc* des définitions. Il est même possible, sans contradiction logique, d'adopter tout simplement le point de vue consistant par principe à ne pas reconnaître les expériences falsifiantes. Le scientifique n'a certes pas l'habitude de procéder de cette manière, mais, considérée d'un point de vue logique, une telle démarche est possible et la valeur logique du critère

---

*1. On trouve maintenant une discussion plus précise de cette asymétrie à la section *22 de mon *Post-scriptum*.

de démarcation proposé semble par conséquent à tout le moins problématique.

Il nous faut reconnaître le bien-fondé de cette objection. Mais toujours est-il que nous ne retirerons pas notre proposition de choisir la falsifiabilité comme critère de démarcation. Nous essaierons en effet [à la section 20 et suivantes] de caractériser la *méthode empirique* précisément par son refus de cette procédure que l'objection qui vient d'être indiquée présente à juste titre comme logiquement autorisée. Selon notre proposition, cette méthode se caractérise par le fait qu'elle expose, en toute circonstance, le système à contrôler à une falsification. Son but n'est pas de sauver les systèmes intenables, mais au contraire de sélectionner, par la mise en concurrence la plus sévère possible, celui qui est relativement le plus résistant.

Par le critère de démarcation proposé, le problème humien de l'induction – la question de la validité des lois de la nature – est mis sur le chemin d'une solution. Ce problème a son origine dans l'apparente contradiction entre la « thèse fondamentale de tout empirisme » – la thèse selon laquelle seule l'« expérience » peut trancher sur les énoncés de la science empirique – et l'intelligence qu'a Hume du caractère irrecevable des preuves inductives. Cette contradiction ne se produit que si l'on postule que toutes les propositions de la science empirique doivent être « entièrement décidables », c'est-à-dire vérifiables *et* falsifiables. Si l'on supprime ce postulat et que l'on admet aussi comme empiriques les propositions « partiellement décidables », unilatéralement décidables, qui peuvent être contrôlées par des tentatives méthodiques de falsification, la contradiction disparaît : la méthode de falsification ne présuppose aucune inférence inductive,

mais seulement les transformations tautologiques non problématiques de la logique déductive [1].

7. LE PROBLÈME DU FONDEMENT DE L'EXPÉRIENCE
(LA « BASE EMPIRIQUE »)

Pour que la falsifiabilité soit un critère de démarcation
utilisable, il doit y avoir des propositions empiriques particulières susceptibles de figurer comme majeures dans les inférences falsifiantes. Notre critère de démarcation semble ainsi
ne faire que déplacer le problème, en ramenant la question du
caractère empirique des théories à la question du caractère
empirique des propositions particulières.

Mais on a ainsi déjà gagné quelque chose : il n'est pas rare
que la question de la démarcation soit d'une importance
pratique immédiate pour les systèmes théoriques, tandis que la
question du caractère empirique des propositions particulières
ne joue en revanche à peu près aucun rôle dans la pratique de la
recherche scientifique. Il arrive certes souvent qu'on se trouve
en présence d'erreurs d'observation, et donc de propositions
particulières « fausses », mais on n'a guère l'occasion de
qualifier une proposition particulière de « non empirique » ou
de « métaphysique ».

Les *problèmes de la base empirique*, c'est-à-dire les
questions concernant le caractère empirique des propositions
particulières, ou la méthode de leur contrôle, jouent par
conséquent dans la logique de la recherche un tout autre rôle
que la plupart des autres questions qui nous occuperons.
Tandis que celles-ci sont, dans la plupart des cas, en étroite
relation avec la pratique de la recherche, les problèmes de la

---

1. *Cf.* sur ce point ma communication signalée à la note 1 de la section 4
[note 1, p. 246 de la présente traduction], * et reproduite ici en appendice *I,
ainsi que mon *Post-scriptum*, particulièrement la section *2.

base ont presque exclusivement un intérêt de pure *théorie* de la connaissance. Nous serons toutefois amenés à en traiter, dans la mesure où ils ont donné lieu à de nombreuses confusions. C'est le cas, en particulier, en ce qui concerne les relations entre les *propositions* de base (ainsi que nous appellerons les propositions qui peuvent être les majeures d'une falsification empirique, par exemple des constatations de faits) et les *expériences* perceptives.

On a souvent considéré les expériences perceptives comme des sortes de justifications de ces propositions et l'on a cru que ces dernières étaient « fondées » par les expériences, que leur vérité pouvait être « immédiatement reconnue » grâce à elles, rendue « évidente » par elles, etc. Toutes ces expressions témoignent manifestement d'une [saine] tendance à attirer l'attention sur l'étroite relation existant entre les propositions de base et nos expériences perceptives. Mais comme on avait en même temps [très justement] le sentiment que *des propositions ne peuvent être logiquement justifiées que par des propositions*, on décrivait cette relation inexpliquée par les expressions obscures que nous venons de mentionner, lesquelles n'expliquent rien mais masquent les difficultés ou, dans le meilleur des cas, les reformulent d'une manière plus ou moins imagée.

La solution passe ici aussi, selon nous, par la stricte séparation de la formulation psychologique et de la formulation logico-méthodologique des questions. Nous devons distinguer entre nos *expériences subjectives de conviction*, qui ne peuvent jamais justifier des propositions mais peuvent seulement être l'objet d'une recherche scientifique, plus précisément psycho-empirique, et les *relations logiques objectives* des systèmes de propositions des sciences.

Nous traiterons à nouveau de manière détaillée des « problèmes de la base » (aux sections 25 à 30). Mais nous ferons ici au préalable quelques remarques sur la question de l'objectivité scientifique, afin de préciser les termes « objectif » et « subjectif » qui viennent d'être utilisés.

8. OBJECTIVITÉ SCIENTIFIQUE ET CONVICTION SUBJECTIVE

Les mots « objectif » et « subjectif » font partie de ces expressions philosophiques lourdement chargées du poids d'usages contradictoires et de discussions inachevées et souvent interminables.

Notre manière d'utiliser ces termes est proche de l'usage kantien. Kant utilise le mot « objectif » pour caractériser les *connaissances scientifiques* en tant que *justifiables* (indépendamment de l'arbitraire individuel). Les justifications « objectives » doivent en principe pouvoir être contrôlées et reconnues par tout un chacun : « Quand quelque chose est valide pour chacun, pour peu qu'il soit seulement doué de raison, la raison en est objectivement suffisante » [1].

Or nous ne tenons certes pas les théories scientifiques pour justifiables (vérifiables) mais bien pour contrôlables. Nous dirons donc : l'objectivité des propositions scientifiques consiste en ce qu'elles doivent être *intersubjectivement contrôlables* [*1].

Le mot « subjectif » se rapporte, chez Kant, à nos expériences de conviction (de différents degrés [2]). Quant à la manière dont elles se produisent, c'est à la psychologie de

---

1. Kant, *Critique de la raison pure*, Théorie transcendantale de la méthode, chap. II, troisième section (B 848).

*1. J'ai entre-temps généralisé cette formulation ; car le *contrôle* intersubjectif n'est qu'un aspect très important de l'idée plus générale de *critique* intersubjective, en d'autres termes un aspect de l'idée de contrôle rationnel réciproque par la discussion critique. Cette idée plus générale est discutée avec une certaine précision dans mes ouvrages *Open Society and its Enemies* (chap. 13 et 14 du vol. II), *Misère de l'historicisme* (section 32) et *Conjectures et réfutations*.

2. Cf. Kant, *Critique de la raison pure*, chap. II, troisième section (B 848)

l'établir. Elles peuvent se produire « par exemple d'après les lois de l'association »[1]. Des raisons objectives peuvent aussi intervenir à titre de « *causes* subjectives du jugement »[2], dans la mesure où nous pouvons en effet examiner sérieusement ces raisons et être convaincus de leur solidité.

Kant a sans doute été le premier à voir que l'objectivité des propositions de la science empirique était liée de la manière la plus étroite à la formation des théories, à la formulation d'hypothèses, de propositions universelles. C'est seulement là où certains événements (expérimentations) se répètent en vertu de régularités, c'est-à-dire peuvent être reproduits, que les observations que nous avons faites peuvent en principe être contrôlées par tout un chacun. Nous avons l'habitude de ne pas prendre scientifiquement au sérieux même nos propres observations, tant que nous ne les avons pas nous-mêmes contrôlées par des observations ou des essais répétés et ne nous sommes pas convaincus qu'il ne s'agissait pas seulement d'une unique « coïncidence fortuite », mais de phénomènes qui, du fait qu'ils se produisent régulièrement et sont reproductibles, sont en principe contrôlables intersubjectivement[3].

Ainsi quiconque pratique la physique expérimentale a bien sûr déjà observé ces « effets » surprenants et inexplicables, qui peuvent même se reproduire un certain nombre de fois et finissent par disparaître sans laisser de trace. Mais il ne parlera

1. Cf. Kant, *Critique de la raison pure*, § 19 (B 142).
2. Cf. Kant, *Critique de la raison pure*, chap. II, troisième section (B 849).
3. Kant a formulé sa découverte, selon laquelle l'objectivité des propositions scientifiques a pour conséquence qu'elles doivent avoir la forme de théories à tout moment contrôlables et donc universelles, de manière quelque peu obscure dans son « principe de la succession dans le temps suivant la loi de causalité » (qu'il a même cru pouvoir prouver *a priori* au moyen du raisonnement indiqué). Nous ne formulons aucun principe de ce genre (section 12), mais maintenons que les propositions scientifiques, puisqu'elles doivent être contrôlables intersubjectivement, ont toujours le caractère d'hypothèses.
* *Cf.* aussi la note *1 de la section 22.

pas encore dans de tels cas d'une découverte scientifique (bien qu'il s'efforcera sans doute de découvrir les conditions qui permettent de reproduire le phénomène). L'*effet physique* de portée scientifique peut même être précisément défini par ceci qu'il peut être régulièrement reproduit par quiconque renouvelle les conditions de l'expérience de la manière prescrite. Aucun physicien sérieux ne présentera à la communauté scientifique comme une découverte des « effets occultes » pour la reproduction desquels il ne peut donner aucune instruction, car cette « découverte » serait vite rejetée comme une chimère en raison du résultat négatif des tests[1]. (Cela a pour conséquence qu'une discussion sur la question de savoir s'il y a des événements singuliers non répétables ne peut en principe pas être tranchée dans le cadre de la science : elle est « métaphysique »).

Nous en revenons maintenant à un point de la section précédente, à savoir notre thèse selon laquelle des expériences subjectives de conviction ne peuvent jamais justifier la vérité des propositions scientifiques, mais seulement jouer, dans le cadre de la science, le rôle d'un objet de recherche scientifique, et plus précisément de recherche psycho-empirique. Peu importe ici l'intensité des expériences de conviction. Je peux être convaincu de la vérité d'une proposition, de l'évidence d'une perception, pénétré de la force de mon expérience, le moindre doute peut me paraître absurde. Mais la

---

1. On trouve même dans la littérature physique des exemples particuliers d'effets dont l'existence a été affirmée par des chercheurs sérieux mais dont le contrôle a conduit à des résultats négatifs. Un exemple récent connu est le résultat positif inexpliqué de l'expérience de Michelson constaté par Miller (1921-1926) au mont Wilson, après qu'il eut lui-même auparavant (de même que Morley) reproduit le résultat négatif de Michelson. Mais comme les contrôles ultérieurs ont été à nouveau négatifs, on tient généralement aujourd'hui le résultat négatif pour décisif et on considère que les résultats divergents de Miller ont été « causés par des sources d'erreur inconnues ». * *Cf.* la section 22, note *1, ainsi que la correspondance entre Max Born et Einstein (lettre 43 du 6 août 1922).

science peut-elle pour autant admettre cette proposition ? Peut-elle la fonder sur le fait que Monsieur X est convaincu de sa vérité ? Cela serait incompatible avec son caractère d'objectivité. Le « fait », pour moi si certain, que j'aie effectivement aussi cette conviction ne peut intervenir dans la science objective qu'à titre d'*hypothèse* psychologique, laquelle a bien sûr besoin du contrôle intersubjectif. Le psychologue, à l'aide de théories psychologiques et autres, déduira de l'hypothèse selon laquelle j'ai de telles expériences de conviction des prédictions concernant mon comportement, qui pourront être confirmées ou non par un test expérimental. Il est donc tout à fait indifférent du point de vue de la théorie de la connaissance que mes convictions aient été faibles ou fortes, qu'elles aient eu un caractère d'« évidence » ou de simple « présomption » : cela n'a rien à voir avec la justification des propositions scientifiques.

Des considérations de ce genre n'apportent bien sûr pas de réponse à la question de la base empirique. Elles ne font qu'en révéler toute l'acuité : si nous exigeons l'objectivité des propositions de base, comme de toutes les autres propositions scientifiques, nous nous ôtons la possibilité de ramener logiquement, d'une quelconque manière, la « décision sur la vérité » des propositions scientifiques à nos expériences vécues. Les propositions qui décrivent nos expériences vécues, et donc celles qui décrivent par exemple nos perceptions (« propositions protocolaires »), ne sauraient elles-mêmes se voir conférer ici un statut privilégié, mais elles n'apparaissent dans la science que comme des énoncés psychologiques, c'est-à-dire – dans l'état actuel de la psychologie – comme une classe d'hypothèses dont le contrôle intersubjectif ne se distingue assurément pas par une rigueur particulière.

Quelle que soit notre réponse à la question de la base empirique, si nous maintenons que les propositions scientifiques sont objectives, ces propositions, qui constituent la base empirique, doivent elles aussi être objectives, c'est-à-dire contrôlables intersubjectivement. Or la possibilité du contrôle intersubjectif consiste en ce que d'autres propositions contrôlables peuvent être déduites des propositions à contrôler. Si les propositions de base doivent elles aussi être contrôlables intersubjectivement, alors il ne peut pas y avoir dans la science de propositions « absolument dernières », c'est-à-dire de propositions qui ne peuvent plus à leur tour être contrôlées et falsifiées par la falsification de leurs conséquences.

Nous en arrivons par conséquent à l'idée suivante : on teste les systèmes théoriques en en déduisant des propositions d'une moindre généralité. Ces propositions, puisqu'elles sont censées être contrôlables intersubjectivement, doivent être à leur tour testables de la même manière – et ainsi de suite *ad infinitum*.

On pourrait penser que cette conception conduit à une régression à l'infini et qu'elle est par conséquent intenable. Nous avons nous-même fait usage de l'objection du *regressus ad infinitum* dans la discussion du problème de l'induction et le soupçon se fait jour que cette objection pourrait maintenant être retournée contre la méthode déductive de contrôle que nous défendons. Mais ce soupçon est injustifié. Les propositions à contrôler ne peuvent et ne doivent jamais être *justifiées* par le contrôle déductif. Une régression à l'infini est donc hors de question. La situation que nous venons de décrire, c'est-à-dire la possibilité de poursuivre les contrôles *ad infinitum* [liée à notre rejet de la thèse selon laquelle il y a des propositions « dernières » – des propositions qui n'ont pas besoin d'être examinées] pose toutefois assurément un problème ; car on ne peut manifestement pas poursuivre un contrôle *ad infinitum*, mais on doit bien finir par y mettre un terme à un certain moment. Mais nous aimerions dès à présent faire remarquer que cela n'est nullement en contradiction avec la possibilité, que nous postulons, pour *toute* proposition scientifique d'être contrôlée. Nous n'exigeons pas en effet que toute proposition soit de fait *contrôlée*, mais seulement que toute proposition soit *contrôlable* – autrement dit, qu'il ne puisse pas y avoir dans la science de propositions qui doivent simplement être acceptées, parce qu'il n'est, pour des raisons logiques, pas possible de les contrôler.

PHILIPP FRANK

INTERPRÉTATIONS ET FAUSSES INTERPRÉTATIONS PHILOSOPHIQUES DE LA THÉORIE QUANTIQUE

PRÉSENTATION

Pierre Wagner

Philipp Frank (Vienne, 1884 – Cambridge, Mass., 1966) étudie la physique sous la direction de Ludwig Boltzmann et soutient sa thèse de doctorat en 1907. Il occupe, à la suite d'Einstein, la chaire de physique théorique de l'université allemande de Prague de 1912 à 1938. À cette date, il émigre aux États-Unis où il enseigne à l'université Harvard jusqu'à sa retraite en 1954. Frank est connu pour sa biographie d'Einstein et son œuvre de philosophe reste largement à découvrir.

Son vif intérêt pour la philosophie des sciences se manifeste très tôt puisqu'il publie dès 1907 « Kausalgesetz und Erfahrung » [« Loi causale et expérience »], article dans lequel il s'inspire de Poincaré pour montrer que le principe de causalité est une définition purement conventionnelle et non une vérité *a priori*. C'est également à cette époque que se forme ce qu'on appelle parfois « le premier cercle de Vienne », dont les membres les plus actifs sont Hans Hahn, Otto Neurath et Philipp Frank lui-même[1].

Ce cercle fut le premier creuset où se forma l'empirisme logique, bien avant que celui-ci n'acquît une reconnaissance internationale, notamment grâce à une série de congrès qui furent organisés à Prague, Heidelberg, Paris, Copenhague, Cambridge (Angleterre) et Cambridge (Massachusetts) entre 1929 et 1939. Le texte qu'on va lire est celui que Frank présenta au deuxième congrès international pour l'unité de la science qui se tint à Copenhague du 21 au 26 juin 1936 et qui portait comme titre « Das Kausalproblem » [« Le problème de la causalité »]. L'exposé de Frank fut précédé par celui de Niels Bohr, « Causalité et complémentarité »[2], et devait être suivi par celui de Moritz Schlick[3]. Mais les participants apprirent lors du congrès que le fondateur du cercle de Vienne venait d'être assassiné par l'un de ses étudiants.

Dans ce texte, Frank fait directement référence à la notion de complémentarité que Niels Bohr avait introduite en 1927 et qui est l'un des éléments de base de ce qui fut appelé ultérieurement « l'interprétation de Copenhague » de la mécanique quantique[4]. Plus précisément, le problème ici soulevé est celui de la description de certaines expériences de physique qui semblent aboutir à des contradictions. La complémentarité (dans cet usage précis, ce mot désigne une relation d'exclusion mutuelle) doit permettre d'écarter ces contradictions. Ainsi, lorsqu'il s'agit de mesurer certaines caractéristiques des

1. *Cf.* Ph. Frank, « Introduction. Historical background » *in* Frank, *Modern Science and its Philosophy*.

2. N. Bohr, « Kausalität und Komplementarität », *Erkenntnis*, 6, 1936, p. 293-303.

3. M. Schlick, « Quantentheorie und Erkannbarkeit der Natur » [« La théorie quantique et la connaissabilité de la nature »], *Erkenntnis*, 6, 1936, p. 317-326.

4. *Cf.* N. Bohr, *Physique atomique et connaissance humaine*, Paris, Gallimard, 1991. Cette édition établie par Catherine Chevalley comporte une introduction et un glossaire auxquels le lecteur pourra se référer utilement.

particules, certains dispositifs expérimentaux permettent de déterminer la position des particules, alors que d'autres dispositifs permettent de déterminer leur vitesse. Mais aucun dispositif ne permet de déterminer à la fois la position et la vitesse d'une particule. Bohr exprime cela en disant qu'il y a des arrangements expérimentaux, et donc des descriptions de ces arrangements, qui sont « complémentaires », ce qui signifie qu'ils s'excluent mutuellement. Ici, le physicien fait face à un problème qui a clairement une portée épistémologique puisque les limites rencontrées dans la possibilité de décrire l'expérience ont des conséquences directes sur les limites de notre possibilité de connaître ce qui est donné dans l'expérience.

Sur cette question, Frank défend, avec Bohr, une position anti-réaliste, ce qui le conduit à critiquer certaines formulations qu'on rencontre fréquemment. Certains disent, par exemple, qu' « il est impossible de mesurer en même temps la position et la vitesse d'une particule en mouvement ». Or cette manière de présenter les choses suppose que les particules ont effectivement une position et une vitesse déterminées, bien que ces grandeurs demeurent inaccessibles à notre connaissance. La position et la vitesse des particules jouent donc ici le même rôle que les « choses en soi » que certains philosophes postulent tout en reconnaissant qu'elles sont inconnaissables. Selon Frank, cette manière de s'exprimer conduit à d'innombrables pseudo-problèmes que bien des philosophes croient néanmoins devoir chercher à résoudre.

La théorie quantique nous apprend justement, selon Bohr, que si nous voulons rester cohérents, nous ne devons pas chercher à parler des particules comme de réalités physiques indépendantes de leur description ; et que, par conséquent, l'usage que nous faisons habituellement du langage doit être restreint lorsqu'il s'agit de décrire les propriétés des particules. La formulation suivante ne contient aucun présupposé réaliste : « il n'y a aucune description du monde à un instant donné qui contienne à la fois la position et la vitesse d'une particule », car elle ne suppose pas que la particule dont il est question existe indépendamment de sa description.

Si l'interprétation réaliste conduit à des pseudo-problèmes, c'est parce qu'elle introduit une réalité qui dépasse l'expérience et qu'elle est ainsi conduite à produire des énoncés métaphysiques qui n'ont plus aucun sens scientifique. Frank décrit également une seconde étape dans la genèse des fausses interprétations de la théorie quantique, lorsque par une légère modification des termes, on redonne un sens aux énoncés obtenus lors de la première étape, ce qui a pour effet de les transposer dans des domaines qui n'ont plus aucun rapport avec la physique (on obtient alors, par exemple, des énoncés de morale). Il dénonce ainsi l'usage idéologique qui est fait des énoncés de la physique en montrant comment et pourquoi s'opère une telle déviation.

Dans ce texte, sa critique porte surtout sur les physiciens qui n'ont qu'une culture philosophique superficielle et qui espèrent néanmoins pouvoir mettre leur compétence de physicien au service d'idées que Frank considère comme de purs et simples préjugés philosophiques. Le contexte intellectuel de l'époque explique certainement pourquoi, selon Frank, c'est toujours le même ensemble d'orientations philosophiques qui est défendu à l'aide de fausses interprétations des théories. Cet ensemble regroupe notamment le spiritualisme, le vitalisme, l'idéalisme, ou encore la vision du monde selon laquelle la nature tout entière possède une unité organique [1]. Au nombre des questions philosophiques les plus débattues à la suite du développement de la mécanique quantique on compte évidemment le problème de la causalité et du libre-arbitre [2], ce qui

---

1. *Cf.* Ph. Frank, *La Fin de la physique mécaniste*.
2. *Cf.* par exemple M. Planck, « Kausalgesetz und Willensfreiheit » (1923), « Die Kausalität in der Natur », *in* Planck, *Wege zur physikalischen Erkenntnis*, Leipzig, Hirzel, 1933 ; trad. fr. J. du Plessis de Grenédan, « La loi causale et le libre arbitre » et « La causalité dans la nature », *in* Planck, *Initiations à la physique*, Paris, Flammarion, 1941. W. Heisenberg, *Die physikalischen*

explique le sujet choisi par les organisateurs de la conférence de Copenhague en 1936. Dans son exposé, Frank n'aborde cependant pas cette question de manière directe ; elle apparaît seulement comme l'un des problèmes pour la solution desquels furent élaborées ce que Frank dénonce comme de fausses interprétations de la théorie quantique.

Selon Frank, les savants, comme un grand nombre de personnes cultivées, sont souvent imbus d'un reste de philosophie traditionnelle qui les incline à penser qu'il y a une réalité indépendante de l'expérience, que la science a pour tâche d'en découvrir la nature ou les propriétés, et que l'expérience ne permet pas toujours de percer toutes les vérités que cette réalité recèle [1]. Ce genre de préjugé explique la prédilection des savants pour les interprétations réalistes. Or Frank défend *a contrario* une position strictement instrumentaliste, selon laquelle il n'y a aucun sens à parler d'une réalité qui dépasserait ce qui nous est donné dans l'expérience. Il ne conçoit pas la science comme le moyen de percer la surface des faits pour atteindre une réalité sous-jacente mais comme un instrument à notre usage. Voici ce qu'il écrit au sujet de « l'instrument science » : « Toutes les sciences ont pour but de prévoir les événements futurs et d'en diriger le cours dans la mesure du possible, à partir des événements immédiatement présents » [2]. Les théories scientifiques sont des systèmes de signes qui sont coordonnés aux expériences vécues et grâce auxquels nous pouvons anticiper l'avenir par des prédictions.

Prinzipien der Quantentheorie, Leipzig, Hirzel, 1930 ; trad. fr. B. Champion et E. Hochard, *Les Principes physiques de la théorie des quanta*, Paris, Gauthier-Villars, 1932. E. Cassirer, *Determinismus und Indeterminismus in der modernen Physik*, Göteborgs Högskolas Arsskrift, vol. 42, 1936. A. Kojève, *L'idée du déterminisme dans la physique classique et dans la physique moderne*, Paris, Librairie Générale Française, 1990 (manuscrit de 1932, T. Brachet et D. Auffret (éd.)).

1. Sur les préjugés de ce genre, *cf.* Frank, « Que signifient les théories physiques contemporaines pour la théorie générale de la connaissance ? ».

2. Ph. Frank, *Le Principe de causalité et ses limites*, p. 15.

La critique des fausses interprétations de la théorie quantique n'implique cependant pas que soit écartée toute possibilité d'utiliser dans un autre domaine les résultats obtenus en physique. Au reste, Bohr lui-même avait proposé d'introduire la notion de complémentarité non seulement en physique mais également en biologie, en psychologie et en anthropologie. Frank pense lui aussi qu'il est parfaitement légitime de s'inspirer de l'usage qui est fait en physique du terme « complémentarité » pour soulever des questions similaires dans des domaines comme la biologie ou la psychologie. Mais à quelles conditions ce genre d'extension ou de transposition est-il légitime ? La physique nous apprend que le langage usuel ne peut pas être utilisé sans restriction lorsqu'il s'agit de décrire certaines expériences effectuées sur des particules. Une difficulté similaire ne pourrait-elle pas apparaître en psychologie ? Demandons-nous donc si une description adéquate de certains phénomènes psychologiques bien précis ne requiert pas que le langage de la psychologie ordinaire soit restreint à certains égards. Rien n'exclut en effet que nous soyons un jour contraints, pour les besoins d'une psychologie scientifique, de modifier l'usage du langage ordinaire en sorte que certaines descriptions d'arrangements expérimentaux apparaissent ici aussi comme étant « complémentaires ». On voit quelle prudence caractérise le type d'extension ou de transposition qui est ainsi suggéré ; si Frank estime que les interprétations philosophiques de la théorie quantique sont éminemment contestables, c'est bien sûr parce que leurs auteurs ont beaucoup moins de scrupules et qu'ils croient pouvoir utiliser les théories physiques pour résoudre ce qu'ils considèrent comme les grands problèmes de la philosophie.

Sur la manière dont il convient d'étendre au domaine de la biologie le raisonnement par lequel on est passé de la physique classique à la théorie quantique, les positions qui furent exprimées par Bohr et Frank lors du colloque de Copenhague sont divergentes. Bohr n'adhère pas au physicalisme revendiqué

par Frank, qui se réfère quant à lui aux thèses de Neurath et de
Carnap. Il est clair, cependant, que l'intérêt principal du texte
ne réside pas, pour l'essentiel, dans ce genre de question. Cet
intérêt ne se limite pas non plus à l'examen des fausses interprétations de la théorie quantique. Dans un ouvrage paru dans
une traduction anglaise en 1938, Frank reprend le texte de
1936, l'enrichit de nouveaux exemples, et ajoute une seconde
partie qui est consacrée, cette fois, à la théorie de la relativité [1].
Même si la mécanique quantique et la théorie de la relativité
sont des exemples que l'auteur privilégie, la portée de ce texte
est beaucoup plus large : outre la question du réalisme et celle
des interprétations de la mécanique quantique, le problème
général qu'il soulève est celui des conditions auxquelles une
théorie scientifique est susceptible d'éclairer ce qu'on appelle
communément les « problèmes philosophiques ».

Indications bibliographiques

Philipp FRANK

« Kausalgesetz und Erfahrung » [« Loi causale et expérience »],
    Ostwald's *Annalen der Naturphilosophie*, 6, Leipzig, 1907,
    p. 443 *sq.* Trad. angl. « Experience and the law of causality » *in*
    Frank, *Modern Science and its Philosophy.*

« Was bedeuten die gegenwärtigen physikalischen Theorien für die
    allgemeine Erkenntnislehre ? », *Die Naturwissenschaften*, 17,

---

1. *Cf.* Ph. Frank, *Interpretations and misinterpretations of modern physics.*
Les interprétations de la théorie de la relativité firent bien sûr l'objet de nombreux débats, par exemple avec Schlick, Einstein et Reichenbach. Schlick,
« Die philosophische Bedeutung des Relativitätsprinzips », [« La signification
philosophique du principe de relativité »], *Zeitschrift für Philosophie und
philosophische Kritik*, 159, 1915, p. 129-175. Einstein, « Physics and reality »,
Journal of the Franklin Institute, 221, 1936, p. 313-347 ; trad. fr. « Physique et
réalité », *in* Einstein, *Œuvres choisies*, vol. 5, Paris, Éditions du CNRS-Seuil,
1991, p. 125-152. H. Reichenbach, « La signification philosophique de la
théorie de la relativité », *Revue philosophique de la France et de l'étranger*, 96,
1922, p. 5-61.

1929, p. 971-977 et p. 987-994. Également *Erkenntnis*, 1, 1930-1931, p. 126-157. Trad. fr. P. Wagner, « Que signifient les théories physiques contemporaines pour la théorie générale de la connaissance ? », *in* Ch. Bonnet et P. Wagner (dir.), *L'Âge d'or de l'empirisme logique*, Paris, Gallimard, 2006.

Das Kausalgesetz und seine Grenzen, Vienne, J. Springer, 1932 ; *Le Principe de causalité et ses limites*, trad. fr. J. du Plessis de Grenédan, Paris, Flammarion, 1937. Trad. angl. *The Law of Causality and its Limits*, Dordrecht, Kluwer, 1998.

Interpretations and misinterpretations of modern physics [*Interprétations et fausses interprétations de la physique moderne*], Paris, Hermann, 1938.

Foundations of Physics [*Fondements de la physique*], Chicago, University of Chicago Press, 1938.

Das Ende der mechanistischen Physik, Vienne, Gerold, 1935 ; *La Fin de la physique mécaniste*, trad. fr. J. Liénard, Paris, Hermann, 1936.

Between physics and Philosophy [*Entre physique et philosophie*], Cambridge, Mass., Harvard University Press, 1941.

Einstein, his life and times, New York, A. A. Knopf, 1947. Trad. angl. G. Rosen d'après un manuscript allemand ; *Einstein, sa vie et son temps*, trad. fr. A. George, Paris, A. Michel, 1950 ; Paris, Flammarion, 1991.

Modern Science and its Philosophy [*La Science moderne et sa philosophie*], Cambridge, Mass., Harvard University Press, 1949.

Philosophy of Science : the link between science and philosophy [*Philosophie de la science : le lien entre science et philosophie*], Englewood Cliffs, N. J., Prentice-Hall, 1957.

Autres références

Stöltzner Michael, « Vienna Indeterminism II: From Exner to Frank and von Mises », *in* P. Parrini, W. Salmon, M. Salmon (eds.), *Logical Empiricism. Historical and Contemporary Perspectives*, Pittsburgh, University of Pittsburgh Press, 2003.

– « Philipp Frank and the German Physical Society » *in* W. DePauli-Schimanovich, E. Köhler, F. Stadler (eds.), *The Foundational Debate*, Vienna Circle Institute Yearbook 3, Dordrecht, Kluwer, 1995, p. 293-302.

INTERPRÉTATIONS ET FAUSSES
INTERPRÉTATIONS PHILOSOPHIQUES
DE LA THÉORIE QUANTIQUE[*]

I. COMMENT NAISSENT LES INTERPRÉTATIONS PHILOSOPHIQUES DES THÉORIES PHYSIQUES ?

Presque chaque nouvelle théorie physique est utilisée, peu après son apparition, comme une contribution à la résolution de questions philosophiques dont on débat depuis des siècles et de la solution desquelles on ne s'est jamais approché d'un seul pas. Les exemples se présentent d'eux-mêmes. Lorsque J. J. Thomson[1] montra que toute particule électriquement chargée possède des propriétés d'inertie au même titre qu'une masse mécanique, et qu'il donna une formule pour calculer la masse mécanique de la particule à partir de sa charge et de sa taille, on en tira des arguments pour soutenir que toute matière n'est qu'apparence. On y vit un argument *pour* la vision spiritualiste du monde et *contre* le matérialisme.

---

[*] Philipp Frank, « Philosophische Deutungen und Missdeutungen der Quantentheorie », *Erkenntnis*, 6, Leipzig, Felix Meiner, 1936, p. 303-317. La présente traduction est établie par Pierre Wagner.

1. [N.d.T.] Joseph John Thomson (1856-1940) est connu notamment pour ses travaux sur l'électron. Il reçut le prix Nobel en 1906.

On avança des interprétations similaires lorsque apparut l'énergétique [1] et qu'on décrivit les phénomènes plutôt comme des transformations d'énergie que par des chocs entre masses. La théorie de la relativité, quant à elle, introduisit l'espace non-euclidien à quatre dimensions à la place de l'espace euclidien à trois dimensions où se déroulent les phénomènes directement observables de la vie quotidienne. Et la mécanique ondulatoire décrivit les phénomènes physiques à l'aide du concept de probabilité, et donc, selon l'expression qui fut utilisée, à l'aide d'un facteur purement « spirituel », au lieu de se servir de particules ayant une masse. Partout, à l'heure qu'il est, le point de vue spiritualiste semble prendre la place de la simple matière.

On attacha avec une intensité toute particulière des interprétations de ce type à la théorie, due à Niels Bohr [2], de la nature complémentaire de certaines descriptions physiques; on espérait en tirer des arguments en faveur de la biologie vitaliste et de la liberté du vouloir.

Si l'on passe en revue toutes ces interprétations, il en ressort un fait qu'on peut constater empiriquement, à savoir qu'elles sont toutes au service d'une certaine orientation dans la façon de voir le monde. Ce ne sont pas des orientations diverses qui s'expriment là; c'est au contraire toujours la même.

Galilée et Newton repoussèrent la physique anthropomorphique du Moyen Âge hors de la vie scientifique consciente. Mais une aspiration nostalgique non-satisfaite

---

1. [N.d.T.] Doctrine qui, vers la fin du XIXe siècle, s'opposa à l'atomisme et au programme mécaniste. Selon cette doctrine, qui fut notamment illustrée par Pierre Duhem et Wilhelm Ostwald, la physique devait être fondée sur la thermodynamique et prendre le concept d'énergie comme concept de base. *Cf.* dans le présent ouvrage, vol. II, p. 394.

2. [N.d.T.] Ce physicien danois (1885-1962) est connu pour ses travaux sur la structure de l'atome et sur la complémentarité en mécanique quantique. Il reçut le prix Nobel en 1922.

est toujours restée présente : réaliser l'unité de la nature vivante et inanimée, unité qui était présente dans la physique médiévale et qui fut détruite dans la physique moderne. Restait un seul problème qu'on ne parvenait jamais à résoudre correctement : comprendre au moyen de la physique les phénomènes de la vie. Car telle était la condition nécessaire d'une conception unitaire de la nature, après qu'eut disparu la conception anthropomorphique de la physique, qui s'accordait si bien avec la conception vitaliste de la vie.

Lors de chaque tournant dans l'histoire des théories physiques, tournants qui ont toujours été accompagnés d'une certaine obscurité dans les formulations, cette aspiration nostalgique non-satisfaite se frayait avec force un chemin hors de l'inconscient ; elle cherchait, sous les traits d'une « interprétation philosophique », à utiliser les nouvelles théories physiques pour annoncer un retour imminent à la physique anthropomorphique du Moyen Âge et rétablir ainsi l'unité perdue de la nature. C'est dans la physique spiritualiste que devait résider la possibilité de comprendre également les phénomènes de la vie.

On entend parfois affirmer qu'il existe aussi une interprétation philosophique des théories physiques au service d'une vision du monde métaphysico-matérialiste. Mais cette manière de concevoir symétriquement le spiritualisme et le matérialisme est très superficielle. Il n'existe aujourd'hui absolument aucune « métaphysique matérialiste » comme courant intellectuel vivant ; un tel courant est, tout au plus, défendu pour le domaine de la physique par les philosophes et les savants qui souhaitent creuser un fossé aussi large que possible entre la physique et la biologie, afin de conquérir un espace libre pour une métaphysique spiritualiste dans le domaine des phénomènes de la vie ou même ceux de la société.

Si en revanche on entend par « matérialisme » l'opinion selon laquelle tous les phénomènes de la nature peuvent être ramenés aux lois de la mécanique newtonienne, cela n'est absolument pas une proposition métaphysique ; il s'agit au contraire d'une hypothèse de physique dont le caractère incorrect est aujourd'hui prouvé, mais qui reste une proposition de physique, bien qu'elle soit fausse. Cette proposition fausse n'est aujourd'hui défendue par aucun des courants qu'on a coutume de désigner, de manière polémique, comme « matérialistes » : ni par le « matérialisme dialectique » de la Russie soviétique, ni par les « physicalistes » issus du cercle de Vienne.

L'interprétation philosophique des théories physiques au service de la conception spiritualiste du monde est un phénomène dont on peut donner une analyse psychologique et logique.

Du point de vue psychologique, voici à peu près ce qu'on doit constater : comme toute autre personne cultivée, le physicien adopte comme vision « philosophique » du monde ce qui subsiste des théories préscientifiques ; dans notre milieu culturel, cela consiste essentiellement en un vague idéalisme ou spiritualisme, tel qu'on l'apprend généralement dans les cours de philosophie les plus courants. Les propositions de cette philosophie sont obscures et difficilement compréhensibles. Le physicien est heureux s'il trouve dans sa science des propositions qui, par leur formulation, ressemblent aux propositions de la philosophie idéaliste. Il est souvent fier de pouvoir, grâce à sa discipline particulière, contribuer à éclaircir un peu les doctrines générales qui sont importantes pour cette vision du monde. Ainsi, la moindre ressemblance dans les termes suffit déjà pour inciter le physicien à offrir une proposition de sa science comme soutien pour la philosophie idéaliste.

Lorsque J. J. Thomson parle de masse « réelle » et de masse « apparente », le physicien qui a une culture philosophique est tout disposé à mettre en relation cette manière de s'exprimer avec la différence entre monde « réel » et monde « apparent ». La proposition selon laquelle la masse mécanique n'est qu'apparente est alors conçue comme une confirmation de l'idéalisme philosophique, selon lequel la matière n'est qu'apparence.

Mais ce qui offre un plus grand intérêt scientifique, c'est d'examiner la structure logique de ces fausses interprétations philosophiques. Le raisonnement qui y conduit s'effectue en deux étapes.

Tout d'abord, certaines propositions de la physique, qui sont en réalité des énoncés portant sur des phénomènes observables, sont conçues comme des énoncés portant sur un monde métaphysique réel. Dans un premier temps, ces énoncés sont, au point de vue scientifique, dépourvus de sens, puisque aucune observation ne permet de les confirmer ou de les réfuter.

La première étape consiste donc dans le passage à une proposition métaphysique dépourvue de sens. Lors de la seconde étape, par une toute petite modification des termes, cette proposition est alors transformée en une proposition qui possède à nouveau un sens, mais plus dans le domaine de la physique; elle exprime le souhait que les hommes se conduisent d'une certaine manière. Cette proposition n'est alors plus métaphysique, c'est une proposition de morale ou quelque chose de semblable.

Il n'est pas difficile de donner d'innombrables exemples de ce processus en deux étapes. Prenons le plus simple, qui a déjà été souvent utilisé : celui de la masse électromagnétique. J. J. Thomson a établi la proposition purement physique selon laquelle tout corps électriquement chargé possède une inertie mécanique qui peut être calculée à partir de la charge. On a rattaché à cela l'hypothèse également physique selon laquelle la masse *entière* des corps peut être calculée de cette manière.

Cette hypothèse fut alors formulée comme une proposition métaphysique portant sur le « monde réel » par laquelle on dit que dans le monde réel, il n'y a aucune masse mécanique, aucune matière. Cette proposition n'a évidemment aucun contenu scientifique. Aucun fait observable n'est conséquence de cette proposition.

Dans la seconde étape, on affirme que le monde matériel comme simple « apparence » est sans importance face au monde de l'esprit et que de ce fait, dans ses actions, l'homme peut ou doit négliger la transformation du monde matériel au profit de son propre perfectionnement spirituel.

Lorsque des groupes influents formulent de tels souhaits, cela est bien sûr d'une grande importance pour l'existence humaine et c'est quelque chose de tout à fait significatif. Mais il n'existe, à l'évidence, aucune espèce de relation logique avec la théorie électromagnétique de la matière; c'est seulement cette fausse interprétation en deux étapes qui produit une telle relation.

L'essentiel, dans cette fausse interprétation, c'est le passage par le monde métaphysique « réel ». L'erreur d'interprétation ne peut donc être évitée que si l'on essaye de produire un « court-circuit » direct entre la proposition de physique et la proposition de morale. Cela est possible par exemple en appliquant de manière conséquente la langue de la physique que Neurath et Carnap ont proposée comme « langue universelle de la science »[1].

Du point de vue de la « syntaxe logique » de Carnap, il s'agit toujours, dans ces fausses interprétations, de l'emploi du « mode contentuel du discours »[2]. L'opposition entre masse « apparente » et masse « réelle » apparaît ainsi comme un énoncé portant sur un fait du monde observable, alors qu'en

---

1. [N.d.T.] *Cf.* Carnap, « Die physikalische Sprache als Universalsprache der Wissenschaft » (1932), *Erkenntnis*, 2, 1931-1932, p. 432-465; trad. fr. D. Chapuis-Schmitz, « La langue de la physique comme langue universelle de la science », *in* Ch. Bonnet et P. Wagner (dir.), *L'Âge d'or de l'empirisme logique*. O. Neurath, « Soziologie im Physikalismus » (1932), *Erkenntnis*, 2, 1931-1932, p. 393-431; trad. fr. R. de Calan, « La sociologie dans le cadre du physicalisme », *in* Ch. Bonnet et P. Wagner (dir.), *ibid.*

2. [N.d.T.] Sur la syntaxe logique et le mode contentuel du discours, *cf.* dans le présent volume le texte, p. 194.

réalité il s'agit uniquement d'une convention syntaxique sur l'usage du mot « réel ». Seule la formule qui met en relation la charge électrique et l'inertie est un énoncé qui porte sur le monde observable.

Les fausses interprétations de la théorie de la relativité et de la théorie quantique ont une structure logique tout à fait semblable. La première est utilisée pour donner un fondement à la croyance en la prédestination, la seconde pour fournir des arguments scientifiques en faveur de la « spontanéité de l'action » et de la « volonté libre ».

II. LES CONCEPTIONS DE LA MÉCANIQUE QUANTIQUE EN TERMES DE COMPLÉMENTARITÉ ET LEURS INTERPRÉTATIONS

On comprendra beaucoup mieux les fausses interprétations philosophiques de la mécanique quantique si l'on considère que les mêmes tendances sont ici à l'œuvre que pour l'interprétation des théories précédentes, et que le processus suit exactement le même cours, au point de vue psychologique comme au point de vue logique.

Il faut d'abord se faire une idée claire de ce que signifie la conception en termes de complémentarité dans la physique elle-même.

On trouve souvent la formulation suivante : « il est impossible de mesurer en même temps la position et la vitesse d'une particule en mouvement ». Le monde est donc, comme pour la mécanique classique, rempli de simples particules qui ont une position et une vitesse déterminées que nous ne pouvons cependant jamais parvenir à connaître. Cette présentation des choses, dans laquelle les états des particules jouent le même rôle que celui de la « chose en soi » dans la philosophie idéaliste, conduit à d'innombrables pseudo-problèmes. Elle introduit des objets physiques, à savoir des particules ayant une certaine position et une certaine vitesse, au sujet desquelles les lois de la physique quantique ne disent absolument rien. Ces états jouent un rôle semblable à celui du système de référence au repos absolu que l'on veut souvent ajouter comme complément à la théorie de la relativité, mais qui ne figure dans aucune proposition de la physique. Dans les deux cas, la raison de cet ajout est que de telles expressions apparaissaient à des étapes antérieures de la physique, et que la philosophie scolaire en a fait des constituants du « monde réel » ; de ce fait, ils doivent être conservés à jamais.

Selon une autre manière de présenter les choses, les particules, « de façon générale, ne possèdent pas en même temps une position et une vitesse déterminées ». Le seul ennui, me semble-t-il, dans cette manière de s'exprimer, c'est que l'assemblage de mots : « particules ayant une position ou une vitesse indéterminées » va à l'encontre des règles syntaxiques qui régissent l'usage des mots « particule », « position », « indéterminé » dans la physique usuelle et dans la vie quotidienne. Il n'y aurait bien sûr rien à objecter si l'on introduisait, pour les fins de la mécanique quantique, une nouvelle syntaxe pour ces mots. À l'intérieur de la physique, on pourrait alors utiliser sans danger des combinaisons de mots telles que « particules ayant une position indéterminée ». Et il y a de nombreux travaux sur la théorie quantique qui sont tout à fait corrects et dans lesquels c'est effectivement le cas. On arrive cependant à de grossières erreurs de compréhension dès qu'on étend également cet usage du langage là où il n'est plus question de la théorie quantique. On ne peut effectuer le passage à d'autres domaines qu'en considérant les particules qui ont une position indéterminée comme des constituants du « monde réel » – et l'on se trouve alors au cœur des fausses interprétations philosophiques décrites au paragraphe I.

Je pense que, comme point de départ pour une formulation correcte de l'idée de complémentarité, il faut s'en tenir aussi exactement que possible à la formulation que N. Bohr a donnée en 1935 dans sa réponse aux réserves exprimées par Einstein à l'égard de la mécanique quantique contemporaine [1]. Comme Bohr l'a également souligné dans la conférence qu'il a prononcée ici même [2], la mécanique quantique ne parle ni de particules ayant une position et une vitesse mais qui ne pourraient pas être observées de manière précise, ni de particules ayant une position et une vitesse indéterminées; au lieu de cela, elle parle d'arrangements expérimentaux dans la description desquels les expressions « position d'une particule » et « vitesse d'une particule » ne peuvent pas être utilisées en même temps. Si dans la description d'un arrangement expérimental l'expression « position de la particule » peut être utilisée, alors l'expression « vitesse d'une particule » *ne* peut *pas* être utilisée dans la description de ce même arrangement expérimental, et inversement. Les arrangements expérimentaux, dont on peut décrire les uns à l'aide de l'expression « position d'une particule » et les autres à l'aide de l'expression « vitesse » – ou, pour le dire plus précisément : « impulsion » –, sont nommés arrangements *complémentaires*; et les descriptions : descriptions *complémentaires*.

Si l'on s'en tient précisément à cette terminologie, on ne courra jamais le danger d'une conception métaphysique de la complémentarité en physique. Car ici, il est clair qu'on ne dit rien au sujet d'un « monde réel », ni au sujet de sa nature, ni au sujet de la possibilité de le connaître, ni au sujet de son indétermination.

La formulation de la complémentarité qu'on rencontre fréquemment, selon laquelle la description « spatio-temporelle »

---

1. [N.d.T.] N. Bohr, « Can Quantum-mechanical Description of Physical Reality Be Considered Complete ? » [« La description de la réalité par la mécanique quantique peut-elle être considérée comme complète ? »], *Physical Review*, 48, 1935, p. 696-702. Il s'agit de la réponse de Bohr à l'article de Einstein, Podolsky et Rosen qui porte le même titre et qui fut publié dans la *Physical Review*, 47, 1935, p. 777-780.

2. [N.d.T.] Cf. *supra*, présentation, p. 268.

et la description « causale » doivent être complémentaires, comporte un grand risque, celui de nous entraîner vers des interprétations métaphysiques. C'est ainsi que se trouve souvent caché le fait que pour une particule isolée on n'énonce par là absolument rien d'autre que la complémentarité de la position et de l'impulsion, ou de la position temporelle et de l'énergie. Par « description causale », en effet, on entend ici uniquement la description qui se fait à l'aide des principes de la conservation de l'énergie et de l'impulsion, ce qui ne s'accorde pas tout à fait avec ce qu'on entend habituellement par causalité. Dans les présentations populaires, au nombre desquelles on doit également compter celles d'un bon nombre de physiciens, cela n'apparaît pas clairement. Ce manque de clarté vient de l'usage qui est fait des expressions « espace, temps et causalité » qui, ainsi regroupées, jouent un rôle quelque peu mystérieux dans la philosophie idéaliste. Si par « description spatio-temporelle » on entend simplement l'indication de coordonnées et d'un instant, et par description « causale » l'application de la conservation de l'énergie et de l'impulsion, alors on peut bien sûr également conserver la ter-minologie dont nous avons parlé et que l'on aime à employer. Mais elle perd alors l'attrait de ce qui est mystérieux et on ne peut plus s'en servir pour tracer une voie menant de la phy-sique à la philosophie idéaliste, et favoriser ainsi les fausses interprétations que nous avons dépeintes au paragraphe I.

Lorsqu'on se trouve une bonne fois au milieu des formulations métaphysiques, on peut facilement en arriver à de très grosses erreurs d'interprétation. Je ne citerai, à titre d'exemple, que celle d'un physicien très important. Voici ce que dit A. Sommerfeld[1] dans *Scientia* (1936) :

---

1. [N.d.T.] Arnold Sommerfeld (Königsberg 1868-Munich 1951) joua un rôle important dans les premiers développements de la théorie quantique et il compléta le modèle de l'atome qui est dû à Bohr. Parmi ses élèves figurent Pauli et Heisenberg. L'article cité est « Wege zur physikalischen Erkenntnis »

Si nous traitons le corps humain d'un point de vue physiologique, nous devons parler d'événements corpusculaires
locaux. Nous ne pouvons assigner aucune localisation au principe psychique, mais nous devons en traiter – ce qui correspond
également au point de vue des psycho-physiologues – comme
s'il était plus ou moins omniprésent dans le corps, de même que
l'onde est liée au corpuscule d'une manière qu'on ne peut
indiquer.

On voit ici très clairement comment toute formulation
métaphysique peut facilement être aussitôt utilisée pour étayer
un énoncé de la philosophie idéaliste qui ne ressemble qu'à
moitié au premier, par sa consonance.

Si l'on veut énoncer l'idée de complémentarité pour la
physique de la façon la plus étroitement liée à la formulation
de Bohr, en sorte qu'elle ne fournisse l'occasion d'aucune
fausse interprétation métaphysique mais qu'elle puisse être
transposée à des domaines extérieurs à la physique, voici à peu
près comment on devra essayer de procéder.

La langue dans laquelle figurent des phrases comme « la
particule se trouve en cette position et possède cette vitesse »
est adaptée aux expériences qui portent sur des phénomènes
mécaniques ordinaires et elle ne peut pas être correctement
utilisée pour décrire des processus atomiques. Il est cependant
possible d'indiquer un groupe d'arrangements expérimentaux
dans le domaine atomique pour la description desquels on peut
utiliser l'expression « position d'une particule ». Mais dans la
description de ces expériences – et c'est en cela que consiste
l'idée de Bohr – on *ne* peut *pas* utiliser l'expression « vitesse
d'une particule ». Certaines parties de la langue de la mécanique ordinaire peuvent donc être utilisées dans le domaine
atomique. Mais les arrangements expérimentaux pour la

[« Méthodes pour la connaissance physique »], *Scientia*, vol. 51, 1936,
p. 181-187.

description desquels ces parties peuvent être utilisées s'excluent mutuellement.

Des propositions métaphysiques dépourvues de sens apparaissent cependant aussitôt si l'on dit que la «réalité» elle-même est «duale», ou qu'elle présente «différents aspects».

III. LA COMPLÉMENTARITÉ COMME ARGUMENT
POUR LE VITALISME ET LE LIBRE-ARBITRE

Bien des physiciens et des philosophes ont essayé de tirer parti de la doctrine de Bohr sur la complémentarité des concepts physiques pour produire des arguments en faveur de l'impossibilité de comprendre physiquement la biologie et la psychologie. On peut distinguer ici un argument *psychologique* et un argument *biologique*.

Voici à peu près ce que dit le premier : si l'on veut décrire un état psychique à l'aide d'expressions psychologiques, cet état est si fortement modifié par l'observation de soi qu'il ne s'agit plus de l'état originel. On ne peut pas être en colère et, dans le même temps, observer et décrire sa colère. L'existence d'un état psychique est incompatible avec l'observation de cet état.

Voici à peu près ce que dit l'argument biologique : si l'on veut décrire l'état d'un organisme vivant par des grandeurs physiques, la mesure de ces grandeurs représente une si forte atteinte pour l'organisme qu'elle doit lui être fatale. La description d'un être vivant par des grandeurs physiques est incompatible avec la vie elle-même.

L'argument psychologique est, dans le fond, certainement correct. Qu'on ne puisse pas fonder une psychologie logiquement cohérente sur des propositions obtenues par observation de soi est une doctrine reconnue de longue date – déjà par A. Comte – qui appartient à toute conception positiviste de la science. On doit passer à l'observation objective des actions humaines et des mouvements qui expriment quelque chose, comme l'exige le béhaviorisme américain, et conformément aux analyses logiques que Carnap et Neurath ont données des propositions portant sur les phénomènes psychiques[1]. Si la psychologie est formulée de manière «béhavioriste» ou «physicaliste», l'argument psychologique coïncide avec l'argument biologique.

Si l'on applique l'idée de complémentarité de Bohr, on peut formuler le rôle de l'observation de soi dans la psychologie à peu près de la manière suivante : il y a, dans ce domaine, certains arrangements expérimentaux qui peuvent être décrits à l'aide des propositions et des expressions obtenues à partir de l'observation de soi. Mais d'autres situations de notre vie sont telles qu'on ne peut pas les décrire avec ces expressions. Il n'y a là, cependant, aucune contradiction. Dans la vie psychique comme en physique, il y a des situations complémentaires, et, pour leur description, des langues complémentaires.

Si l'on y prête attention, on verra également sans difficulté ce qu'on peut tirer de l'analogie avec la théorie quantique pour la compréhension du *libre-arbitre*. Avant que Bohr eût découvert la complémentarité, M. Planck[2] avait déjà avancé l'argument suivant, en faveur de la compatibilité du libre-arbitre avec la causalité en physique : si l'homme pouvait calculer à l'avance ses actions futures à partir de la situation

---

1. [N.d.T.] *Cf.* par exemple Carnap, «Psychologie in physikalischer Sprache» [«La psychologie dans la langue de la physique»], *Erkenntnis*, 3, 1932-1933, p. 107-142 ; Carnap, «Les concepts psychologiques et les concepts physiques sont-ils foncièrement différents ?», *Revue de Synthèse*, t. 10, n° 1, 1935, p. 43-53. Neurath, *op. cit.*, cf. *supra* note 1, p. 280.

2. [N.d.T.] M. Planck (Kiel 1858-Göttingen 1947) fit l'hypothèse que les atomes émettent et absorbent l'énergie en quantités discrètes, ce qui fut à l'origine du développement de la physique quantique. Il reçut le prix Nobel en 1918 pour ses travaux sur la radiation du corps noir. On trouvera les références de quelques textes de Planck sur la causalité et le libre arbitre, *supra*, note 2, p. 270.

physique présente, cette connaissance agirait sur l'état présent, par exemple sur les molécules de son cerveau, ce qui modifierait aussi le futur. Il n'est donc nullement possible de calculer le futur à l'avance. Par conséquent, la volonté libre ne peut pas entrer en contradiction avec la causalité physique des événements qui se produisent dans le corps humain.

Mais de cela, il suit uniquement que l'homme ne peut pas calculer à l'avance ses actions futures à partir de ce que lui indique l'observation de soi. Il serait cependant toujours possible de calculer à l'avance les actions d'autres hommes, même à partir d'observations purement physiques.

Si l'on applique ici l'idée de complémentarité de Bohr, on peut donner à l'ensemble une structure logique plus solide. Voici par exemple ce qu'il est alors possible de dire : eu égard au comportement humain, on décrit certaines situations à l'aide de l'expression « libre-arbitre »; dans d'autres conditions expérimentales, on ne peut pas utiliser cette expression. Il s'agit donc là de situations complémentaires, de types de descriptions complémentaires, mais nullement d'une contradiction. Dans la conférence qu'il vient de prononcer[1], Bohr lui-même a souligné, que ses considérations sur la complémentarité ne pouvaient pas être utilisées pour produire un argument en faveur du « libre-arbitre », mais seulement pour exposer de manière adéquate l'état du problème en théorie de la connaissance.

Il me semble cependant qu'il y a également quelques réserves à faire sur l'usage du mot « libre-arbitre » pour décrire certaines situations correspondant aux arrangements expérimentaux en physique. Des expressions comme « position d'une particule » sont des expressions de la physique de la vie ordinaire qui, à cause de la complémentarité, ne restent applicables dans la physique de l'atome qu'à certaines situations spécifiques. De même, le « libre-arbitre » devrait être une

---

1. [N.d.T.] Cf. *supra*, p. 268.

expression tirée de la psychologie de la vie ordinaire ne pouvant plus être appliquée, dans la psychologie scientifique, que dans des conditions expérimentales bien déterminées. À mon avis, cependant, ce n'est pas le cas. « Libre-arbitre » n'est pas une expression tirée de la physique de la vie ordinaire mais une expression métaphysique ou théologique. Dans la vie ordinaire, « liberté » ne veut jamais rien dire d'autre que « liberté à l'égard d'une contrainte extérieure » ou alors, tout au plus, « liberté à l'égard de l'ivresse ou de l'hypnose ». Or cela n'a absolument rien à voir avec le concept philosophique de libre-arbitre. Si donc on peut dire à bon droit, en suivant Bohr, qu'il y a certaines situations où le mot « libre-arbitre » peut être utilisé de manière appropriée pour une description, ce qu'on entend par là, c'est toujours uniquement ce concept de la psychologie de la vie ordinaire qui n'a rien de philosophique ; et on ne peut absolument rien en conclure en ce qui concerne le libre-arbitre au sens philosophique. Il faut simplement se poser la question de savoir si la mécanique quantique et la conception de la complémentarité ont changé quoi que ce soit pour la principale situation dans laquelle on utilise le concept de libre-arbitre en pratique. J'entends bien sûr par là l'application du concept de liberté à la question de la responsabilité d'un criminel et à la question corrélative de sa punition, sévère ou clémente. Ici, il suffit de formuler avec précision l'idée de complémentarité tout entière et de suivre attentivement toute la chaîne des idées qui conduit jusqu'à la punition du criminel pour voir aussitôt qu'il n'en ressort aucune conséquence. Il est donc très douteux que l'usage de l'expression « libre-arbitre » soit approprié lorsqu'il s'agit d'appliquer l'idée de complémentarité à la psychologie.

Si, cependant, conformément aux conceptions nouvelles du béhaviorisme et du physicalisme, on ne fonde pas la psychologie sur des propositions contenant des énoncés qui portent sur l'observation de soi, mais sur des énoncés qui portent sur le comportement de personnes-test, alors le point de vue de la complémentarité en psychologie telle qu'on vient de la dépeindre disparaît, et la psychologie devient une partie de la biologie. L'argument psychologique de Bohr se réduit alors à l'argument biologique. Il s'agit de savoir si le comportement des organismes vivants peut être exposé au moyen de lois dans lesquelles ne figurent que des grandeurs physiques.

Si l'on veut décrire un être vivant dans les termes de la physique, on doit alors indiquer l'état de chacun de ses atomes ; tel est le point de départ de Bohr. Or les observations nécessaires à cela ont des effets physiques si forts sur l'être vivant qu'il y trouve la mort. Un être vivant ne peut pas être décrit au moyen de la physique de façon aussi exacte que dans le cas des atomes de corps inanimés. Car ceux-ci peuvent être décrits dans les limites indiquées par la relation d'incertitude de Heisenberg, alors que les grosses molécules protéiques, auxquelles la vie est liée, sont détruites même par des interventions qui laissent subsister l'atome.

Les expériences qui décrivent l'organisme vivant dans ses fonctions caractéristiques d'être vivant sont donc menées dans des conditions expérimentales tout à fait différentes de celles qui servent à décrire l'organisme comme un système physique. Selon Bohr, il s'agit là d'arrangements expérimentaux « complémentaires », qui sont décrits dans des « langues complémentaires ». Par conséquent, si les phénomènes de la vie sont exposés dans une langue qui n'est pas celle de la physique ou de la chimie, cela est logiquement tout à fait irréprochable et ne constitue pas un glissement vers un vitalisme spiritualiste.

Cette manière qu'a Bohr de s'exprimer, qui se distingue nettement de celle de la plupart de ses « interprètes philosophiques », est assurément défendable. Quant à savoir si elle est appropriée, on peut faire quelques remarques à ce sujet. L'argumentation tout entière tire sa force de l'analogie avec l'argumentation qui a conduit de la physique classique à la physique quantique et qui, en cet endroit, a justifié l'énoncé selon lequel les phénomènes atomiques ne peuvent pas être décrits dans la langue de la physique classique. Pour déterminer les limites de la pertinence de cette analogie, nous allons donc comparer les deux raisonnements.

Dans le passage à la physique quantique, voici l'inférence qui est faite : selon la physique classique, on doit pouvoir, par principe, imaginer des expériences qui permettent de mesurer avec une précision arbitrairement grande la position et la vitesse des plus petites particules individuelles. Cependant, les phénomènes qu'il est possible de mettre en évidence de manière expérimentale dans le domaine atomique – par exemple l'effet Compton – montrent, à la lumière d'une analyse plus précise, qu'une telle possibilité de les mesurer entrerait en contradiction avec l'expérience. La description dans le langage de la physique classique n'est donc pas applicable aux phénomènes atomiques.

Si nous voulons répéter ce raisonnement pour le passage de l'inanimé au vivant, voici ce que nous devons dire : nous considérons comme expérimentalement démontré qu'une observation qui utilise des moyens physiques et qui est suffisamment précise pour pouvoir décrire physiquement de manière exacte les atomes particuliers d'un corps vivant a un impact si fort qu'elle provoque la mort de cet organisme. Il s'ensuit à nouveau que la physique classique, augmentée pour obtenir la physique quantique (celle des atomes inanimés) est insuffisante pour la description des phénomènes de la vie, puisque le fait que tout acte de mesure exact soit fatal à l'organisme est incompatible avec l'applicabilité de la physique aux organismes vivants.

La force de la théorie quantique vient de ce qu'on n'a pu trouver aucune hypothèse de physique classique portant sur l'atome qui fût en accord avec le comportement expérimentalement démontrable des corps observables. S'il était possible de démontrer une hypothèse sur les atomes par une mesure directe de leur état mécanique sans que cela entre en contradiction avec les faits empiriques, alors il y a toujours une hypothèse, à l'intérieur du cadre de la physique classique, qui serait restée. Mais puisque cette contradiction existe pour la mécanique quantique, celle-ci va bien au-delà de la physique classique.

Si nous conservons le même raisonnement pour le passage des corps inanimés aux corps vivants, alors, dans le prolongement conséquent du raisonnement de Bohr, il faut avancer la preuve empirique que l'observation physique exacte des atomes du corps vivant est incompatible avec les lois empiriques connues pour le comportement des corps vivants et avec les hypothèses physiques sur leur structure atomique. Tant qu'on ne dispose pas de cette preuve, tout ce qui suit du raisonnement de Bohr, c'est que dans l'état actuel de nos connaissances, le mode d'expression en termes de complémentarité est *possible*, et peut-être même *recommandable* en biologie. En revanche, quand on passe de la physique classique à la mécanique quantique, on peut conclure que le mode d'expression en termes de complémentarité est *nécessaire* dans la physique atomique.

IV. REMARQUES RÉCAPITULATIVES

Tout ce qui précède montre clairement qu'on ne peut tirer de la théorie de la complémentarité de Bohr aucun argument en faveur du libre-arbitre ou du vitalisme. Et on ne peut pas davantage en extraire une nouvelle conception du rapport entre l'objet physique et le sujet observant, si nous entendons les mots « objet » et « sujet » au sens où ils sont utilisés en psychologie empirique. Si l'on parle souvent, dans les présentations de la mécanique quantique, d'un tel nouveau rôle du sujet observant, on entend toujours le mot « sujet » en un tout autre sens. On veut toujours parler, dans ce cas, du dispositif de mesure qui peut être décrit dans les termes de la physique classique. Ce que la théorie quantique a déplacé, c'est la relation entre l'objet de la théorie atomique, l'atome ou l'électron, qui ne peut pas être décrit avec les moyens dont dispose la physique classique, et l'instrument de mesure qui peut être décrit classiquement. Le sujet observant au sens de la psychologie empirique n'a pas d'autre tâche que de lire l'instrument de mesure. L'action réciproque de l'instrument de mesure et du sujet observant peut être décrite de manière classique, tant qu'on s'en tient à la physique que nous avons développée jusqu'à aujourd'hui. La «césure» entre la description classique et la description quantique se trouve entre l'électron et l'instrument de mesure. Puisqu'elle peut être déplacée à volonté au sein de la description classique, elle peut aussi être placée entre l'instrument de mesure et l'observateur. Mais dans ce cas, on ne dit rien de nouveau puisque à l'intérieur du domaine classique, la position de la césure est arbitraire.

La grande importance qu'a la théorie de la complémentarité de Bohr pour tous les domaines de la science, et en particulier pour la logique de la science, me semble bien plutôt résider dans le fait qu'on part d'une langue générale, compréhensible et acceptée, la langue dans laquelle on parle des phénomènes de mouvement de la mécanique ordinaire. L'importance de cette langue tient à ce que tous les hommes sont d'accord sur son usage. En physique, des expressions comme «position d'une particule» prises au sens de la mécanique ordinaire figurent dans cette langue. Comme la nouvelle physique l'a montré, on ne peut pas décrire les phénomènes atomiques dans cette langue. Or Bohr a montré, dans une analyse profonde de la physique moderne, que des parties de la langue de la vie quotidienne peuvent malgré tout être conservées pour certains arrangements expérimentaux dans le domaine des phénomènes atomiques, mais des parties différentes pour des arrangements expérimentaux différents. La langue de la vie quotidienne contient donc des composants complémentaires qui peuvent être utilisés pour décrire des arrangements expérimentaux complémentaires.

Il ne fait aucun doute que cette idée est également féconde pour la syntaxe logique en général et qu'elle mérite d'être appliquée à d'autres domaines de la science.

En psychologie, on devrait également partir de la langue de la vie quotidienne et voir si l'on peut conserver des parties de cette langue lorsqu'on passe à des problèmes plus subtils. On pourrait partir, par exemple, de la « langue protocolaire » « physicaliste » de Carnap et de Neurath, et voir si des composantes de ces langues sont particulièrement appropriées pour la description de certaines situations. Peut-être la langue symbolique de la psychanalyse donne-t-elle une indication pour une telle langue particulière. La langue phénoméniste dont Carnap a souvent parlé dans ses travaux antérieurs doit sans doute être abandonnée en tant que langue universelle ; mais en tant que composante d'une langue universelle au sens de la conception de Bohr, elle pourrait fournir une description appropriée pour certaines situations expérimentales.

HANS REICHENBACH

LES TROIS TÂCHES DE L'ÉPISTÉMOLOGIE

PRÉSENTATION

Alexis Bienvenu

À quoi sert la philosophie des sciences[1] et comment procède-t-elle?

Dans «Les trois tâches de l'épistémologie», le premier paragraphe de *Experience and Prediction*[2] – son ouvrage majeur d'épistémologie générale – Hans Reichenbach (1891-1953) répond à cette question avec la plus grande clarté. La philosophie de sciences (ou plutôt, comme il l'appelle ici, l'épistémologie) sert trois buts : *décrire* les relations logiques entre les énoncés de la science; *critiquer* ces relations, c'est-à-dire en évaluer la validité; et *conseiller* les scientifiques sur les décisions à prendre relativement aux différentes manières

---

1. À vrai dire, Reichenbach n'utilise pas dans ce texte l'expression « *philosophy of science* », mais « *epistemology* ». Cependant, il n'est pas moins question, ici des différentes analyses philosophiques possibles des sciences que de la théorie de la connaissance en général. Sur ces différences, on pourra se reporter à l'introduction de P. Wagner (dir.), *Les philosophes et la science*, Paris, Gallimard, 2002.

2. *Experience and Prediction: an Analysis of the Foundations and the Structure of Knowledge*, Chicago, University of Chicago Press, 1938.

possibles d'agencer ces relations, dont l'ensemble forme le langage de la science. La philosophie procède à cette fin par analyse logique des énoncés (ou propositions) de la science.

À l'époque de la rédaction de ce livre, publié en 1938, Reichenbach se trouve dans une situation délicate. Après avoir dû s'exiler de Berlin en 1933, où il était professeur de philosophie de la physique, il est engagé pour cinq ans à l'université d'Istanbul. Mais il est peu satisfait de ses conditions de travail et cherche à gagner le monde anglo-saxon où nombre de ses collègues ont déjà émigré. Il écrit alors *Experience and Prediction* pour exposer à un large public anglophone les résultats de ses recherches antérieures en philosophie de la physique, ainsi que les résultats nouveaux qu'il en tire au sujet de la « théorie de la connaissance » en général (en allemand : *Erkenntnistheorie*), qu'il appelle désormais « épistémologie » (*epistemology*). Grâce à la médiation de Charles Morris, ce livre est publié aux Presses universitaires de Chicago dès 1938. Cette même année, Reichenbach est nommé professeur à l'Université de Californie à Los Angeles (UCLA). Il devient alors une figure de proue de la philosophie analytique des sciences.

Si la situation personnelle de Reichenbach est délicate à cette époque, les circonstances intellectuelles entourant la rédaction de ce livre sont en revanche extrêmement favorables. En effet, après les nombreuses études spécialisées qu'il a consacrées à la théorie de la relativité dans les années 1920, puis à la théorie des probabilités dans les années 1930, Reichenbach estime, après la publication de sa théorie générale des probabilités en 1935, avoir réussi à résoudre de façon rigoureuse l'ensemble des questions fondamentales qui se posent à la connaissance : leur solution générale est, selon lui, entièrement probabiliste. Toute notre connaissance, dans la mesure où elle n'est pas vide (c'est-à-dire purement formelle, ou logique) n'est que probable, irréductiblement incertaine. De là découle la solution aux questions traditionnelles de l'épistémologie empiriste : celle du critère de signification des énoncés, celle du réalisme, de la « base observationnelle », du réductionnisme, etc. *Experience and Prediction* présente méthodiquement les différentes facettes de ce probabilisme, en exposant comment il permet de sortir des impasses dans lesquelles étaient systématiquement tombés les positivistes logiques, tels Schlick et Carnap qui, trop attachés à la quête de la certitude, donc au vérificationnisme, n'ont pas pris toute la mesure du caractère irréductiblement *probabiliste* de la connaissance.

« Les trois tâches de l'épistémologie » est le premier paragraphe de l'ouvrage. Reichenbach n'expose pas encore le point de vue probabiliste défendu par la suite, car il doit d'abord indiquer quels sont ses buts et ses méthodes propres, par diffé-rence avec ceux des recherches concurrentes ou adjacentes qui ont également pris la science pour objet (la sociologie et la psychologie notamment). Ce texte est autant une exposition de sa propre conception de l'épistémologie qu'un manifeste visant à normer cette discipline. Il peut donc être lu aussi bien comme un texte symptomatique d'une certaine conception – aujourd'hui datée – du travail épistémologique, que comme un texte toujours utile pour aider à définir ce que peut être, aujourd'hui encore, le travail propre à l'épistémologie.

Ce texte assigne trois tâches à l'épistémologie : elle est « descriptive », « critique » et « consultative ». La dernière tâche peut être ramenée, explique Reichenbach, à la seconde. La seconde dépend largement des résultats de la première. C'est donc la première qui mérite le plus d'attention. Mais c'est aussi celle qui s'expose le plus aux critiques comme on va le voir. Selon Reichenbach, cette première tâche consiste à formaliser de façon rigoureuse les théories scientifiques au moyen de la logique « moderne » (post-frégéenne), et en parti-culier de la logique inductive. Ce faisant, elle se distingue en premier lieu des sciences de la nature en ce qu'elle ne produit *aucune connaissance* par elle-même, mais ne fait que *clarifier* la structure logique de la connaissance ; en second lieu, elle se distingue de la sociologie en ce qu'elle ne s'intéresse qu'au *contenu intrinsèque* des théories, non aux circonstances de leur établissement ; en troisième lieu, elle se distingue de la psychologie en ce qu'elle ne formalise que la *forme logique définitive* des théories, non les diverses démarches psychologiques qui ont conduit à leur formulation.

Ce faisant, cette conception s'expose au moins à une triple critique.

Premièrement, Reichenbach prend appui sur une distinction stricte entre la *forme* et le *contenu* de la connaissance, qui lui permet de distinguer l'épistémologie (qui ne considère que la forme du langage des théories scientifiques) des sciences elles-mêmes (qui ont en charge le contenu empirique de la connaissance). Cela revient à séparer strictement l'*a priori* de l'*a posteriori*. Or cette séparation, dans sa version stricte, a été sévèrement critiquée par la suite, notamment par Quine dans son « épistémologie naturalisée » (cf. le texte de Quine repris dans ce recueil) ; on mesure ainsi la légitimité des doutes qui planent sur la validité de cette première distinction.

Seconde difficulté : Reichenbach présuppose une distinction de principe entre les éléments *internes* et *externes* des théories, ce qui lui permet de dissocier les tâches de l'épistémologie et de la sociologie. Il accorde certes que cette distinction, pour être réelle, n'en est pas moins relativement floue (« *this distinction does not a sharp line of demarcation* » comme dit le texte). Mais il se fonde tout de même sur elle pour justifier son entreprise. D'où deux critiques possibles : non seulement Reichenbach n'indique aucun critère permettant d'opérer cette démarcation avec quelque rigueur, mais encore la pertinence même de cette distinction a été profondément remise en question, notamment par une grande partie des « études sociales des sciences », qui précisément fondent leur méthodologie sur le fait de ne pas reconnaître de différence essentielle entre les facteurs « internes » et « externes » de la production de connaissance. Or, en tenant cette distinction pour acquise, le texte de Reichenbach ne permet aucunement de contrer ces deux critiques, puisqu'il ne les envisage même pas.

Une troisième difficulté de ce texte, intimement liée à la seconde, réside dans la manière dont il caractérise la tâche de la justification *logique* des théories par différence avec celle de leur explication *psychologique*, ce qui recouvre en fait la distinction entre leurs contextes de *justification* et de *découverte*. Historiquement, deux épistémologies se sont clairement opposées, pour des raisons et à des degrés différents, à cette conception reichenbachienne : l'épistémologie anti-inductiviste de Popper et l'épistémologie historiciste de Kuhn. Popper partage avec Reichenbach l'idée qu'il est nécessaire, pour examiner les théories scientifiques, de distinguer entre ce qui est du ressort de la *logique* et ce qui est du ressort de la *psychologie*. En cela, la « logique de la découverte » qu'il propose ne s'oppose pas véritablement au « contexte de justification » de Reichenbach. Mais ce que défend Popper formerait plutôt une variante déductiviste du contexte de justification inductiviste de Reichenbach. Car ce que propose Popper est bien aussi, en quelque sorte, une entreprise de *justification* des découvertes scientifiques, puisqu'il s'agit pour lui également d'examiner « après-coup » la validité des découvertes scientifiques, et non leurs motivations psychologiques (cf. le texte de Popper dans le présent volume, tiré de la *Logique de la recherche*, p. 237). Seulement, la logique qu'il emploie pour justifier ces découvertes est une logique déductiviste de « falsification ». C'est pourquoi il s'oppose seulement *in fine*, et non en principe, au « contexte de justification » au sens de Reichenbach, pour qui la justification ne pouvait être qu'inductive. La seconde critique que nous avons mentionnée, celle opérée par Kuhn, est d'une certaine façon plus radicale puisqu'il n'y a même pas lieu selon lui, si l'on veut donner une image fidèle de la science, de distinguer nettement entre la justification *logique* et la description des facteurs *psychologiques*[1] (voire sociologiques) de l'acceptation des théories. C'est donc bien le présupposé même de la distinction entre logique et psychologie, commun à Reichenbach et à Popper, qui est alors remis en question (pour des raisons sur lesquelles nous ne pouvons pas revenir ici). Cela dit, Kuhn est resté beaucoup plus attaché à une certaine forme d'«internalisme» en philosophie des sciences que les tenants du «programme fort» en sociologie des sciences, laissant par là penser que la distinction entre le *logique* et le *psychologique* ne méritait pas d'être entièrement rejetée, mais plutôt relativisée et affinée.

Que ces trois présupposés puissent être soumis à de sérieuses critiques n'implique pas qu'ils soient entièrement indéfendables, ni qu'ils ne soient d'aucune fécondité. Bien au contraire, ils servent de point d'appui à Reichenbach pour opérer des distinctions conceptuelles d'une grande utilité. Ainsi par exemple en est-il de la distinction entre *convention* et *bifurcation*. Elle permet de distinguer entre les divergences qui ne sont qu'apparentes entre plusieurs systèmes scientifiques, et leurs divergences réelles : différentes *conventions* de langage peuvent donner lieu à des systèmes scientifiques d'allure différente mais qui expriment des mêmes contenus de connaissance, alors que les *bifurcations* entre ces systèmes, peu différentes des conventions à première vue, mènent à des prédictions empiriques correspondant à des contenus cognitifs différents. Autre exemple : la notion de *décision impliquée*, qui rend compte du fait qu'une décision théorique, même entièrement libre, implique des décisions secondaires qui lui sont logiquement associées, qui restreignent *in fine* la part de liberté laissée à certains choix théoriques dérivés, alors même

---

1. *Cf.* Th. Kuhn, «Logic of Discovery or Psychology of Research», *in* I. Lakatos, A. Musgrave (eds.), *Criticism and the Growth of Knowledge*, Cambridge, Cambridge University Press, 1972; trad. fr. «Logique de la découverte ou psychologie de la recherche?» *in* Th. Kuhn, *La Tension essentielle*, Paris, Gallimard, 1990.

qu'au départ, ils pouvaient sembler absolument libres ou conventionnels. De ce fait, tout en insistant sur la part irréductible de liberté laissée à certaines décisions relatives au choix d'un langage pour la science, Reichenbach montre qu'une part non négligeable de cet arbitraire n'est qu'apparente, et restreint ainsi fortement la portée du conventionnalisme auquel il est lui-même souvent associé.

Enfin, indépendamment de la validité de ses thèses, l'aspect qui demeure peut-être le plus marquant dans ce texte réside dans ce que l'on pourrait appeler « l'anti-dirigisme épistémologique » dont fait preuve Reichenbach en matière de révolutions philosophiques profondes. Car il distingue nettement entre les considérations strictement imposées par la logique ou les lois de la nature, et celles, nombreuses, qui sont du seul ressort de la libre « décision volontaire » du lecteur. Loin que cette marge de liberté soit restreinte à certains choix intellectuels d'importance secondaire, ce sont bien certains des choix les plus fondamentaux qui sont laissés à la libre appréciation du chercheur, telle que la détermination du « but de la science », ou même de la « signification de la signification » (c'est-à-dire la définition que l'on donne à l'expression « avoir une signification »). On peut voir là une parenté avec l'attitude de Carnap telle qu'elle est formulée par son « principe de tolérance ». Mais il semble que Reichenbach ait poussé encore plus loin cette attitude en allant jusqu'à laisser libre le choix d'une définition pour le concept de « signification » lui-même. Cela confère à l'ensemble de sa pensée une inspiration « libérale » au sens positif du terme, c'est-à-dire tolérante, bien éloignée de l'image, parfois encore répandue de l'empirisme logique comme d'un courant intellectuellement étriqué.

Indications bibliographiques

Hans REICHENBACH

Philosophie der Raum-Zeit-Lehre, Berlin, de Gruyter, 1928, trad. anglaise *The Philosophy of Space and Time*, préfacé par Carnap, New York, Dover Publications, 1958.

Wahrscheinlichkeitslehre, Leyde, A. W. Sijthoof, 1935, trad. anglaise *The Theory of Probability*, Berkeley, University of California Press, 1948.

Philosophic Foundations of Quantum Mechanics, Berkeley, University of California Press, 1944.

The Direction of Time, Berkeley, University of California Press, 1956.

Recueils

Gesammelte Werke (œuvres complètes en allemand en 9 volumes, en cours d'édition par A. Kamlah et M. Reichenbach), Wiesbaden, Vieweg., 1977.

Selected Writings, Dordrecht, Boston, D. Reidel, 2 vol., 1978.

Autres références

FRIEDMAN Michael, *Reconsidering Logical Empiricism*, Cambridge, Cambridge University Press, 1999.

PUTNAM Hilary, « Reichenbach's Metaphysical Picture », *in* Putnam, *Words and Life*, Cambridge, Mass., Harvard University Press, 1994.

SALMON Wesley C. (éd.), *Hans Reichenbach, Logical Empiricist*, Dordrecht, Boston, D. Reidel, 1979.

– (éd.), *Logic, Language, and the Structure of Scientific Theories*, Proceedings of the Carnap-Reichenbach Centennial, Pittsburgh, University of Pittsburgh Press, 1994.

SPOHN Wolfgang (éd.), *Erkenntnis Orientated : a Centennial Volume for Rudolf Carnap and Hans Reichenbach*, Dordrecht, Boston, Kluwer, 1991.

LES TROIS TÂCHES DE L'ÉPISTÉMOLOGIE *

Toute théorie de la connaissance doit partir de la connaissance comme d'un fait sociologique donné. Le système de la
connaissance tel qu'il a été édifié par des générations de
penseurs, les méthodes d'acquisition de la connaissance qui
furent employées par le passé ou qui le sont aujourd'hui,
les buts de la connaissance tels qu'ils sont exprimés par la
démarche de la recherche scientifique, le langage dans lequel
la connaissance est exprimée – tout cela nous est donné de la
même façon que n'importe quel autre fait sociologique tel que
les coutumes sociales, les habitudes religieuses ou les insti-
tutions politiques. Le matériau de base qui est à la disposition
du philosophe ne diffère pas de ce dont dispose le sociologue
ou le psychologue, puisque si la connaissance n'était pas
incarnée dans des livres, des discours et des actions humaines,
nous en ignorerions tout. La connaissance est donc une chose
très concrète; en examiner les propriétés signifie étudier les
caractéristiques d'un phénomène sociologique.

Nous appellerons *descriptive* la première tâche de l'épistémologie – tâche qui consiste à donner une description de

* Hans Reichenbach, *Experience and Prediction*, chap. 1, § 1 : « The three
tasks of epistemology », Chicago, The University of Chicago Press, 1938. La
présente traduction, établie par Alexis Bienvenu, est publiée avec l'aimable
autorisation de Mme le Pr. Maria Reichenbach.

la connaissance telle qu'elle est réellement. Il s'ensuit que
l'épistémologie forme, à cet égard, une partie de la sociologie.
Mais ce qui constitue le domaine de l'épistémologie n'est
qu'un groupe particulier des questions relatives au phénomène
sociologique « connaissance ». Ce sont des questions telles
que celles-ci : « quelle est la signification des concepts utilisés
dans la connaissance ? » ; « quelles sont les présuppositions qui
sont contenues dans la méthode de la science ? » ; « comment
savons-nous si un énoncé est vrai, et le savons-nous d'ailleurs
jamais ? » ; ainsi que de nombreuses autres questions ; et bien
que ces questions concernent le phénomène sociologique
« science », elles sont d'un type très particulier, comparées à la
forme des questions rencontrées en sociologie générale.

En quoi consiste cette différence ? On dit souvent qu'elle
consiste dans la différence entre les relations internes et les
relations externes tissées entre ces énoncés humains dont
l'ensemble est appelé « connaissance ». Les relations internes
sont celles qui font partie du contenu de la connaissance, celles
que nous devons avoir à l'esprit si nous voulons comprendre la
connaissance, tandis que les relations externes lient la connaissance avec des énoncés d'un autre genre, qui ne concernent pas
le contenu de la connaissance. L'épistémologie ne s'intéresse
donc qu'aux relations internes, alors que la sociologie, bien
qu'elle puisse en partie prendre en considération les relations
internes, les mêle toujours aux relations externes auxquelles
cette science s'intéresse par ailleurs. Un sociologue pourrait
par exemple rapporter le fait que les astronomes construisent
des observatoires géants qui renferment des télescopes afin
d'observer les étoiles et, de cette façon, la relation interne entre
les télescopes et les étoiles entrerait dans une description
sociologique. Le constat sur l'astronomie contemporaine
esquissé dans la phrase précédente pourrait être prolongé par
l'énoncé selon lequel les astronomes sont souvent amateurs de
musique, ou qu'ils appartiennent en général à la classe bour-
geoise de la société ; si ces relations n'intéressent pas l'épisté-

mologie, c'est parce qu'elles n'entrent pas dans le contenu de la science – elles sont ce que nous appelons des relations externes.

Bien que cette distinction ne fournisse pas une ligne de démarcation bien nette, nous pouvons l'utiliser comme première indication sur le dessein de nos investigations. Nous pouvons donc dire que la tâche de l'épistémologie concerne la structure interne de la connaissance, et non les caractéristiques externes qui se manifestent à un observateur qui ne tient pas compte de son contenu.

Nous devons à présent ajouter une seconde distinction qui concerne la psychologie. La structure interne de la connaissance est le système des connexions tel qu'il est suivi par la pensée. On pourrait être tenté d'inférer d'une telle définition que l'épistémologie consiste à donner une description des processus de pensée ; mais cela serait entièrement erroné. Il existe une grande différence entre le système des interconnexions logiques de la pensée et la manière dont les processus de pensée se déroulent effectivement. Les opérations psychologiques de la pensée sont des processus plutôt vagues et fluctuants ; elles ne se soumettent presque jamais aux chemins imposés par la logique et peuvent même omettre des groupes entiers d'opérations qui seraient nécessaires pour une exposition complète des questions étudiées. Cette façon de procéder vaut pour la pensée dans la vie quotidienne, tout comme pour la démarche intellectuelle d'un scientifique qui tâche de trouver des interconnexions logiques entre des idées divergentes au sujet de faits récemment observés ; le génie scientifique ne s'est jamais senti lié aux pas étroits et aux voies imposées par le raisonnement logique. Cela serait donc une vaine tentative que de vouloir construire une théorie de la connaissance qui soit à la fois logiquement complète et en stricte correspondance avec les processus psychologiques de la pensée.

La seule façon d'échapper à cette difficulté est de distinguer avec soin la tâche de l'épistémologie de celle de la psychologie. L'épistémologie ne prend pas en considération les processus de pensée dans leur déroulement effectif ; cette tâche est entièrement laissée à la psychologie. Ce que vise l'épistémologie, c'est la construction de processus de pensée qui soient conformes à la manière dont ils doivent se dérouler si on veut pouvoir les disposer en un système consistant; ou encore, la construction d'ensembles justifiables d'opérations qui puissent être intercalés entre les points de départ et d'arrivée des processus de pensée, en remplaçant les liens intermédiaires réels. L'épistémologie prend donc en considération un substitut logique plutôt que des processus réels. Pour ce substitut logique, on a introduit le terme de *reconstruction logique* [1] ; cela semble une expression appropriée pour caractériser la tâche de l'épistémologie dans sa différence spécifique avec celle de la psychologie. Maintes fausses objections et maints malentendus au sujet de l'épistémologie moderne ont leur source dans l'absence de distinction entre ces deux tâches; cela ne sera donc jamais une objection admissible à l'encontre d'une construction épistémologique que de dire que la pensée ne s'y conforme pas en réalité.

Bien que l'épistémologie soit construite sur la base d'une reconstruction fictive, nous devons conserver à son égard la notion de tâche descriptive. La construction qu'elle doit livrer n'est pas arbitraire; elle est reliée à la pensée effective par le postulat de correspondance. Elle représente même, en un certain sens, une meilleure façon de penser que la pensée effective. Lorsque nous sommes placés devant une reconstruction rationnelle, nous avons le sentiment que c'est alors seulement que comprenons ce que nous pensons; et nous admettons que la reconstruction rationnelle exprime à proprement parler ce que nous voulions dire. Qu'il existe une telle progression dans la compréhension par chacun de ses propres pensées est un fait psychologique remarquable; c'est ce même fait qui formait la base de la maïeutique de Socrate et qui est resté depuis lors la base de la méthode philosophique; son

---

1. Le terme « *rationale Nachkonstruktion* » fut employé par Carnap dans *Der logische Aufbau der Welt*, [Berlin et Leipzig, 1928] ; trad. fr. Th. Rivain, *La construction logique du monde*, Paris, Vrin, 2003.

expression scientifique adéquate est le principe de reconstruction rationnelle.

S'il fallait donner une détermination plus commode de ce concept de reconstruction rationnelle, nous pourrions dire que cette reconstruction correspond à la forme dans laquelle les processus de pensée sont communiqués à d'autres personnes, qui est à distinguer de la forme dans laquelle ils sont effectués subjectivement. Par exemple, la façon dont un mathématicien publie une nouvelle démonstration, ou un physicien son raisonnement logique relatif à la fondation d'une nouvelle théorie, correspondrait presque à notre concept de reconstruction rationnelle; et la différence bien connue entre la façon dont ce penseur a trouvé ce théorème et la façon dont il le présente devant un public peut illustrer la différence en question. J'introduirai les termes *contexte de découverte* et *contexte de justification* pour indiquer cette distinction. Par conséquent, nous devons dire que l'épistémologie ne se préoccupe que de construire le contexte de justification. Cependant, même la manière dont les théories sont présentées n'est qu'une approximation de ce que nous entendons par contexte de justification. Même sous leur forme écrite, les présentations scientifiques ne correspondent pas toujours aux exigences de la logique, ni ne suppriment les traces des motivations subjectives qui les ont suscitées. Si la présentation de la théorie est soumise à un examen épistémologique rigoureux, le verdict est encore plus défavorable. Car le langage scientifique destiné, tout comme le langage de la vie quotidienne, à des buts pratiques, contient tant de raccourcis et d'inexactitudes silencieusement tolérées qu'un logicien ne sera jamais entièrement satisfait de la forme des publications scientifiques. Notre comparaison, cependant, peut au moins indiquer la manière dont nous voulons voir des opérations justifiables remplacer la pensée, et peut aussi montrer que la reconstruction rationnelle de la connaissance appartient à la tâche descriptive de l'épistémologie. Elle est liée à la

connaissance effective de la même façon que l'exposition
d'une théorie est liée aux pensées effectives de son auteur.

Outre sa tâche descriptive, l'épistémologie se consacre à
un autre but qui peut être appelé sa *tâche critique*. Le système
de la connaissance est soumis à la critique ; il est jugé relativement à sa validité et à sa fiabilité. Cette tâche est déjà
en partie effectuée par la reconstruction rationnelle, car
l'ensemble fictif d'opérations qui est mis en place est choisi du
point de vue de la justifiabilité ; nous remplaçons la pensée
effective par des opérations telles qu'elles soient justifiables,
c'est-à-dire telles que leur validité puisse être démontrée. Mais
la tendance à rester en correspondance avec la pensée effective
doit être distinguée de la tendance à obtenir une pensée valide ;
et par conséquent nous devons distinguer la tâche descriptive
de la tâche critique. Toutes deux collaborent à la reconstruction rationnelle. Il se peut même que la description de
la connaissance conduise au résultat selon lequel certains
enchaînements de pensée ou certaines opérations ne peuvent
être justifiés ; en d'autres termes, que la reconstruction rationnelle elle-même contienne des enchaînements injustifiables,
ou qu'il ne soit pas possible d'intercaler un enchaînement
justifiable entre les points de départ et d'arrivée de la pensée
effective. Ce cas de figure montre que les tâches descriptive et
critique sont différentes ; bien que la description, au sens où
nous l'entendons ici, ne soit pas une copie de la pensée
effective mais la construction d'un équivalent, elle est
contrainte par le postulat de correspondance, et peut exposer
la connaissance à des critiques.

La tâche critique est souvent appelée *analyse de la
science* ; et puisque le terme « logique » n'exprime rien d'autre
que cela, tout au moins si nous le prenons dans un sens qui
correspond à son usage, nous pouvons parler ici de la « logique
de la science ». Les problèmes bien connus de la logique appartiennent à ce domaine ; la théorie du syllogisme a été construite
pour justifier la pensée déductive grâce à sa réduction à certains
schémas justifiables d'opérations, et la théorie moderne du

caractère tautologique des formules logiques doit être interprétée comme une justification de la pensée déductive en tant qu'elle est conçue sous une forme plus générale. La question du synthétique *a priori*, qui a joué un rôle si important dans l'histoire de la philosophie, entre aussi dans ce cadre, de même que le problème du raisonnement inductif, qui a donné naissance à mainte « enquête sur l'entendement humain ». L'analyse de la science comprend tous les problèmes fondamentaux de l'épistémologie traditionnelle ; elle figure donc au premier plan de nos considérations lorsque nous parlons d'épistémologie.

Les recherches menées au cours de notre livre appartiendront en majeure partie à ce même domaine. Cependant, avant de s'y engager, nous pouvons mentionner un résultat de caractère relativement général qui est livré par des investigations antérieures du même type – un résultat concernant une distinction sans laquelle le processus de connaissance scientifique ne peut être compris. La méthode scientifique n'est pas, à chaque étape de sa démarche, dirigée par le principe de validité ; d'autres étapes ont le caractère de décisions volontaires. C'est cette distinction qui doit être soulignée au commencement même de nos investigations épistémologiques. Que l'idée de vérité, ou de validité, ait une influence déterminante sur la pensée scientifique, est évident et a été remarqué par les épistémologues de toutes les époques. Qu'il existe cependant certains éléments de la connaissance qui ne sont pas gouvernés par l'idée de vérité mais dus à des résolutions de la volonté et qui, tout en influençant fortement l'élaboration de tout le système de la connaissance, laissent intact son statut à l'égard de la vérité, voilà qui est moins connu des chercheurs en philosophie. La présentation des décisions volontaires qui sont contenues dans le système de la connaissance fait donc partie intégrante de la tâche critique de l'épistémologie. Pour donner un exemple de décision volontaire, nous pouvons nous référer à ce que l'on appelle les *conventions*, par exemple la convention relative à l'unité de longueur, celle

relative au système décimal, etc. Mais les conventions ne
sont pas toutes si évidentes à reconnaître, et c'est parfois un
problème assez difficile que de trouver les endroits qui sont
la marque de conventions. Le progrès de l'épistémologie a
souvent été entraîné par la découverte du caractère conventionnel de certains éléments qui étaient considérés jusqu'alors
comme possédant un caractère de vérité. La découverte par
Helmholtz du caractère arbitraire de la définition de la congru-
ence spatiale, la découverte par Einstein de la relativité de
la simultanéité, signifient la reconnaissance du fait qu'une
décision devait remplacer ce qui avait été tenu pour un énoncé.
Trouver tous les points où des décisions sont impliquées est
l'une des tâches les plus importantes de l'épistémologie.

Les conventions forment une classe particulière de décisions; elles représentent un choix entre des conceptions *équivalentes*. Les différents systèmes de poids et mesures constituent un bon exemple d'une telle équivalence; ils illustrent
le fait que la décision en faveur d'une certaine convention
n'influence pas le contenu de la connaissance. De la même
manière, les exemples tirés de la théorie de l'espace et du
temps mentionnés plus haut sont à placer au rang de conventions. Il existe des décisions d'un caractère différent, qui ne
conduisent pas à des conceptions équivalentes mais à des
systèmes divergents; on peut les appeler des *bifurcations
volontaires*. Alors qu'une convention peut être comparée à un
choix entre différents chemins menant au même endroit, la
bifurcation volontaire est semblable à une bifurcation entre
des chemins qui ne se rejoindront jamais. À l'orée même de la
science se trouvent quelques bifurcations volontaires de
grande importance : ce sont des décisions relatives au but de la
science. Quel est le but de la recherche scientifique ? Cette
question n'est pas, logiquement parlant, une question de vérité
ou de fausseté, mais une question de décision volontaire, et la
décision qui est déterminée par la réponse à cette question
appartient au type « bifurcation ». Si quelqu'un nous dit qu'il
étudie la science pour son plaisir et pour remplir ses heures de

loisir, nous ne pouvons pas formuler l'objection selon laquelle ce raisonnement est un « énoncé erroné » – ce n'est aucunement un énoncé mais une décision, et chacun a le droit de faire ce qu'il veut. Nous pouvons objecter qu'une telle détermination est opposée à l'usage normal des mots, et que ce qu'il appelle le but de la science est généralement ce que l'on appelle le but d'un jeu – cela serait un énoncé vrai. Cet énoncé appartient à la partie descriptive de l'épistémologie; nous pouvons montrer que dans les livres et les discours le mot « science » est toujours associé à « découvrir la vérité », parfois aussi à « prévoir le futur ». Mais logiquement parlant, c'est une question de décision volontaire. Il est évident que cette décision n'est pas une convention car ces deux conceptions, obtenues au moyen de postulats différents concernant les buts de la science, ne sont pas équivalentes; il s'agit d'une bifurcation. Ou bien, considérez encore la question de savoir quelle est la signification d'un certain concept – par exemple la causalité, la vérité, ou la signification elle-même. Logiquement parlant, il s'agit d'une question de décision au sujet de la limitation d'un concept bien que, évidemment, la pratique de la science ait déjà pris des décisions assez précises en ce qui concerne cette limitation. Dans un tel cas, on doit examiner minutieusement la question de savoir si la décision en question est une convention ou une bifurcation. La limitation d'un concept peut être en effet de caractère conventionnel, c'est-à-dire que différentes limitations peuvent conduire à des systèmes équivalents.

Le caractère de vérité ou de fausseté appartient uniquement aux énoncés, non aux décisions. Nous pouvons cependant coordonner une décision avec certains énoncés la concernant; et surtout, il y a deux types d'énoncés qui doivent être considérés. Le premier énoncé est du type de ceux que nous avons déjà mentionnés; il énonce quelle décision la science utilise effectivement. Il appartient à l'épistémologie descriptive et il est, pour cette raison, de caractère sociologique. Nous pouvons dire qu'il énonce un *fait-objet*, c'est-à-dire un fait appartenant à la sphère des objets de la connaissance[1]; en effet, un fait sociologique appartient à ce type d'objets. La science de la nature traite évidemment de ce même type de faits. Le second énoncé concerne le fait que, logiquement parlant, il s'agit d'une décision et non d'un énoncé; on peut appeler ce genre de fait un *fait logique*. Il n'y a pas de contra-diction à parler ici d'un fait relatif à une décision; quoiqu'une décision ne soit pas un fait, son caractère décisionnel est un fait, et cela peut être exprimé dans un énoncé. Cela devient évident au vu du caractère cognitif d'un tel énoncé : l'énoncé peut être correct ou erroné et, dans certains cas, l'énoncé erroné a été affirmé pendant des siècles alors que l'énoncé correct n'a été découvert que récemment. Les exemples déjà mentionnés des théories de Helmholtz et d'Einstein sur l'espace et le temps peuvent illustrer cela. Mais le genre de fait affirmé ici n'appartient pas à la sphère des objets de science, nous l'appelons donc un fait logique. Cela constituera une des tâches qui se présentent à nous que d'analyser ces faits logiques et de déterminer leur statut logique; mais pour le moment, nous emploierons le terme « fait logique » sans plus d'explication.

La différence entre les énoncés et les décisions signale un point sur lequel la distinction entre les tâches descriptive et critique de l'épistémologie se révèle être d'une extrême importance. L'analyse logique nous montre qu'au sein du système de la science, il existe certains points au sujet desquels on ne peut poser aucune question relative à leur vérité, mais au sujet desquels une décision doit être prise; l'épistémologie descriptive nous dit quelle décision est adoptée en pratique. De nombreux malentendus et fausses prétentions de l'épisté-mologie ont ici leur origine. Nous connaissons les thèses du kantisme et du néokantisme, qui soutiennent que la géométrie euclidienne est la seule base possible de la physique; l'épis-

1. L'expression « fait objectif », prise au sens originel du mot « objectif », exprimerait la même chose; mais nous l'évitons car le terme « objectif » suggère une opposition à « subjectif », opposition qui n'exprime pas ce que nous voulons dire.

témologie moderne a montré que le problème tel qu'il est formulé dans le kantisme est mal construit, puisqu'il implique une décision que Kant n'a pas aperçue. Nous connaissons les controverses au sujet de la « signification de la signification » ; leur caractère passionné est dû à la conviction qu'il existe une signification absolue de la signification qu'il nous faut découvrir, alors que la question ne peut être posée qu'en rapport au concept de signification qui est en usage dans les sciences, ou qui est présupposé dans certaines connexions. Mais nous ne voulons pas anticiper la discussion de ce problème, et lorsque nous traiterons ultérieurement de ce point nous expliquerons plus en détail notre distinction entre constats et décisions.

Le concept de décision nous conduit à assigner une troisième tâche à l'épistémologie. Il existe de nombreux cas où les décisions de la science ne peuvent être déterminées précisément, les mots ou les méthodes employés étant trop vagues ; il en existe d'autres pour lesquels deux décisions différentes, voire plus, sont à l'œuvre, se mêlant et interférant au sein du même contexte, brouillant les investigations logiques. Le concept de signification peut servir d'exemple ; des exemples plus simples apparaissent dans la théorie de la mesure. La tâche concrète de la recherche scientifique peut laisser de côté les exigences de l'analyse logique ; l'homme de science ne respecte pas toujours les exigences du philosophe. Il arrive, par conséquent, que les décisions présupposées par la science effective ne soient pas clarifiées. Dans un tel cas, ce sera la tâche de l'épistémologie que de suggérer une proposition au sujet d'une décision ; nous parlerons alors de la *tâche consultative* de l'épistémologie comme étant sa troisième tâche. Cette fonction de l'épistémologie peut se révéler d'une grande valeur pratique, mais il faut garder clairement à l'esprit que ce qui doit être fourni ici est une proposition et non une détermination ayant un caractère de vérité. Nous pouvons indiquer les avantages de la décision ainsi proposée, et nous pouvons l'utiliser lors de la discussion de questions s'y rapportant ; mais jamais nous ne pouvons exiger un accord avec notre proposition au sens où nous pouvons l'exiger pour des énoncés dont nous avons prouvé la vérité.

Il existe cependant, au sujet des faits, une question qui doit être considérée en même temps que la proposition de décision. Le système de la connaissance est interconnecté de façon telle que certaines décisions sont liées les unes aux autres; une décision en implique donc une autre et, bien que nous soyons libres de choisir la première, nous ne sommes plus libres à l'égard des suivantes. Nous appellerons *décisions impliquées* le groupe des décisions qui sont entraînées par une certaine décision. Pour donner un exemple simple : la décision prise pour le système anglais de mesure conduit à l'impossibilité d'additionner selon les règles techniques du système décimal les nombres qui expriment des mesures; par conséquent, renoncer à ces règles serait une décision impliquée. Un exemple plus complexe : la décision exprimée par le fait d'adopter la géométrie euclidienne en physique peut conduire à l'apparition de forces étranges, des «forces universelles» qui ont pour effet de distordre tous les corps dans la même proportion, et peut conduire à des inconvénients encore plus grands en ce qui concerne le caractère continu de la causalité [1]. La découverte d'interconnexions de ce genre est une tâche importante de l'épistémologie, car les relations entre les différentes décisions sont fréquemment occultées par la complexité du sujet; ce n'est qu'en associant à une proposition qui se rapporte à une décision le groupe des décisions qui sont impliquées que cette proposition devient complète.

La découverte de décisions impliquées appartient à la tâche critique de l'épistémologie, puisque la relation entre les décisions est du type que nous avons appelé «fait logique». Nous pouvons donc ramener la tâche consultative de l'épistémologie à sa tâche critique par l'emploi de la procédure systématique suivante : nous renonçons à faire une proposition, mais à la place nous présentons une liste de toutes les

---

1. Cf. *Philosophie der Raum-Zeit Lehre*, Berlin, De Gruyter, 1928, § 12.

décisions possibles, chacune étant accompagnée de ses décisions impliquées. Nous laissons ainsi le choix à notre lecteur après lui avoir montré toutes les connexions effectives auxquelles il est tenu. C'est une sorte de panneau indicateur logique que nous dressons : pour chaque chemin, nous indiquons quelle est sa direction en même temps que toutes les directions qui lui sont connectées, et nous laissons au promeneur le soin de prendre la décision quant à la route à suivre dans la forêt de la connaissance. Et peut-être le promeneur sera-t-il plus reconnaissant pour un tel panneau indicateur qu'il ne l'aurait été pour un conseil lui suggérant de s'engager sur un certain chemin. Dans le cadre de la philosophie moderne des sciences, il existe un mouvement qui porte le nom de *conventionnalisme;* il tente de montrer que la plupart des questions épistémologiques ne comportent pas de questions à caractère de vérité, mais doivent être tranchées par des décisions arbitraires. Cette tendance, surtout en la personne de son fondateur Poincaré, possède un mérite historique puisqu'elle a conduit la philosophie à faire ressortir les éléments volontaires du système de la connaissance, éléments qui avaient été négligés auparavant. Cependant, lors de son développement ultérieur, cette tendance a largement outre-passé ses propres bornes en exagérant fortement la part qui, dans la connaissance, revient aux décisions. Les relations entre différentes décisions ne furent pas aperçues, et la tâche de réduire au minimum la part d'arbitraire en mettant au jour des interconnexions logiques entre les décisions arbitraires fut oubliée. Le concept de décision impliquée peut donc être considéré comme une digue édifiée contre le convention-nalisme extrême ; il nous permet de séparer la part arbitraire du système de la connaissance de son contenu substantiel, de distinguer la part subjective de la part objective de la science. Les relations entre les décisions ne dépendent pas de notre choix, mais elles sont imposées par les règles de la logique, ou par les lois de la nature.

Il s'avère même que l'exposition des décisions impliquées permet de trancher de nombreuses querelles relatives au choix de certaines décisions. Certaines décisions fondamentales jouissent d'une acceptation presque universelle ; si nous réussissons à montrer que l'une des décisions en débat est impliquée par une décision fondamentale de ce genre, l'acceptation de cette décision débattue sera assurée. Les décisions fondamentales de ce genre sont, par exemple, le principe selon lequel les choses de même type doivent recevoir les mêmes noms, ou le principe selon lequel la science doit fournir des méthodes pour prévoir le futur autant qu'il est possible (une demande qui peut être reçue même si l'on assigne également d'autres tâches à la science). Je ne veux pas dire par là que ces décisions fondamentales doivent être présupposées et retenues pour chaque développement de la science ; je veux simplement dire que ces décisions sont, de fait, généralement retenues, et que de nombreuses querelles au sujet de décisions sont seulement dues à ce qu'on n'aperçoit pas l'implication qui conduit des décisions fondamentales à la décision en question.

On peut cependant libérer la part objective de la connaissance de ses éléments volontaires par la méthode de réduction qui transforme la tâche consultative de l'épistémologie en une tâche critique. Nous pouvons énoncer cette connexion sous la forme d'une implication : si vous choisissez cette décision, vous êtes alors obligé d'accepter cet énoncé, ou cette autre décision. Cette implication, prise dans son ensemble, est exempte d'éléments volontaires ; c'est la forme dans laquelle la part objective de la connaissance trouve son expression.

FRIEDRICH WAISMANN

LA VÉRIFIABILITÉ

PRÉSENTATION
Delphine Chapuis-Schmitz

Le texte de Waismann présenté ici a pour origine un symposium sur la notion de vérifiabilité qui s'est tenu à Londres en 1945. Dans cet article, Waismann répond à la première contribution de ce Symposium, dont l'auteur, M. MacKinnon, critiquait une position vérificationniste dite « forte », qui consiste à soutenir qu'un énoncé cognitif implique certains énoncés d'observation biens déterminés. Contre cela, Waismann propose une nouvelle interprétation de la vérification, et par conséquent de la nature de notre connaissance, aussi bien scientifique qu'ordinaire, en réévaluant la façon dont on doit concevoir le lien entre nos énoncés cognitifs et notre expérience du monde. Cela le conduit à défendre une position empiriste nuancée, qui prend en compte à la fois les multiples facettes de l'expérience et la fluctuation de nos usages linguistiques.

> L'empirisme est, en réalité, non pas un corps de propositions, mais plutôt une attitude critique, et ce qu'on appelle le "principe de vérification" n'est rien de plus qu'une maxime conçue

pour guider notre activité philosophique lors de la clarification du contenu d'un énoncé[1].

Ce texte fut rédigé par Waismann lors de la seconde période de sa vie. Né à Vienne en 1896, il poursuit des études de mathématiques et de physique à l'université de Vienne, puis commence sa carrière comme enseignant en mathématiques, avant de devenir, au début des années 1920, le secrétaire de Moritz Schlick. Ce poste donne une impulsion décisive à son activité philosophique : Waismann devient membre du cercle de Vienne ; Schlick et lui-même rencontrent Wittgenstein à intervalles réguliers entre 1927 et 1935, lors d'entretiens d'une grande importance pour chacun des trois. Waismann est également chargé par Schlick de rédiger un ouvrage qui permette une diffusion plus large des idées de l'auteur du *Tractatus logico-philosophicus*, puis de sa seconde philosophie. La réalisation de cette tâche fut loin d'être aisée et connut de multiples rebondissements[2]. Notons qu'à partir de 1935, Wittgenstein rompt définitivement toute collaboration avec Waismann. Après l'assassinat de Schlick en 1936, la situation politique se dégrade fortement en Autriche, et lors de l'*Anschluss* en 1938, Waismann est contraint de s'exiler. Il rejoint Cambridge, où il est invité par la « Moral Science

---

1. Friedrich Waismann, « Verifiability », *Proceedings of Aristotelian Society*, Supplementary Vol. XIX, 1945, p. 134.

2. Le fruit des efforts de Waismann sera annoncé maintes fois à la publication, mais ne sera publié que de façon posthume, en 1965, dans une traduction anglaise établie à partir du *Nachlass*, sous le titre *Principles of Linguistic Philosophy*. La version allemande de ce texte *Logik, Sprache, Philosophie* ne fut publiée quant à elle qu'en 1976, aux éditions Reclam. Notons que si ce livre est grandement influencé par Wittgenstein, il reste cependant une œuvre originale qui témoigne d'une grande capacité de systématisation et de synthèse. On trouvera un exposé plus détaillé des péripéties de ce livre dans les ouvrages suivants : G. H. Reitzig, Introduction à *Was ist logische Analyse*, Frankfurt a. M., 1973 ; A. Quinton, Introduction aux *Philosophical Papers* de Waismann, Dordrecht, Boston, 1977 ; G. Baker, Introduction aux *Dictées de Wittgenstein par Waismann et pour Schlick*, Paris, P.U.F., 1997.

Faculty » à occuper un poste de professeur pendant quelques mois ; il s'établit ensuite définitivement à Oxford, où il enseigne la philosophie des mathématiques et la philosophie des sciences jusqu'à sa mort, en 1959.

Il apparaît ainsi que Waismann est l'un des rares philosophes a avoir participé à la fois à la formation continentale et à la formation anglaise de la philosophie analytique. Les articles qu'il a rédigés lors des quinze dernières années de sa vie, dont « La vérifiabilité », sont remarquables en ce qu'ils témoignent de la tentative d'articuler les idées de deux sources de la philosophie analytique que l'on a souvent considérées comme incompatibles, le positivisme logique et la philosophie du langage ordinaire. « La vérifiabilité » est un exemple frappant : il joue un rôle charnière dans le passage de l'une à l'autre.

Ce texte de Waismann permet de plus une excellente mise au point sur les multiples acceptions possibles de la notion de vérification, et ce précisément parce que la position qu'il adopte ici face à une certaine lecture du critère vérificationniste est le fruit des diverses influences qu'a connues sa pensée. L'objectif fédérateur du cercle de Vienne, qui consistait à mettre en place la vérification comme critère fixe, permettant de délimiter strictement une certaine classe d'énoncés, ceux de la science, par rapport aux pseudo-énoncés de la métaphysique, était familier à Waismann. Il faut cependant noter que même une interprétation forte de ce critère laisse ouverte la possibilité de divergences profondes, comme en témoigne le débat au sein du cercle de Vienne sur la nature et le statut des énoncés d'observation, ou énoncés protocolaires. Par conséquent, en 1945, ce n'est pas l'idée même de vérification que Waismann rejette : il critique bien plutôt les interprétations fortes de cette notion, ainsi que les conséquences qu'une telle interprétation peut avoir en ce qui concerne la possibilité de délimiter un modèle-type pour nos énoncés cognitifs.

Notons que c'est dans une conférence sur la notion de probabilité, donnée par Waismann à Prague en 1929, que ce critère apparaît pour la première fois sous sa forme désormais bien connue : « le sens d'une proposition est la méthode de sa vérification »[1]. Cependant, Waismann se démarque déjà dans ce texte d'un usage strictement positiviste de ce critère, pour privilégier une approche qui insiste sur la clarification des règles présidant à nos usages linguistiques.

En critiquant dans « La vérifiabilité » l'idée qu'il existe des relations logiques déterminées et contraignantes nous permettant de traduire un énoncé sur un objet matériel en un énoncé sur des *sense-data*, une loi de la nature en des énoncés d'observation, ou encore un énoncé psychologique en un énoncé portant sur le comportement d'une personne donnée, Waismann rejette la possibilité de construire, à partir d'une classe d'énoncés d'observation fondamentaux, la connaissance comme système d'énoncés liés entre eux par des lois logiques strictes. C'est notamment le modèle de l'*Aufbau*[2] de Carnap qui est implicitement visé ici.

Waismann ne nie pas qu'il existe certaines relations logiques entre nos énoncés, mais il propose de prendre en considération la malléabilité et la « porosité » de nos usages linguistiques, contre une attitude qui consisterait à les unifier sous des principes théoriques. Waismann renvoie ici, dans l'esprit d'une « philosophie linguistique », à la structuration de notre langage. Nos énoncés appartiennent à des strates

---

1. « Der Sinn eines Satzes ist die Methode seiner Verifikation ». La conférence, donnée lors du premier Congrès pour la Théorie de la Connaissance et les Sciences Exactes, fut publiée en 1930 dans *Erkenntnis* 1, repris *in* G. H. Reitzig (éd.), *Was ist logische Analyse*, Francfort-Main, 1973 ; trad. anglaise *in* F. Waismann, *Philosophical Papers*, A. Quinton (éd.), Dordrecht, Boston, Reidel, 1977. Waismann soumet dans ce texte la notion de probabilité à une analyse philosophique qui aura une grande importance pour les débats ultérieurs sur cette question, et sur laquelle Carnap s'appuiera dans son ouvrage de 1950 : *Logical Foundations of Probability*, Chicago, Chicago University Press, 1950.

2. Carnap, *Der logische Aufbau der Welt*, 1928, *cf.* trad. cit. Th. Rivain.

distinctes, entre lesquelles subsistent des relations lâches, non contraignantes : une loi de la nature ne pourra jamais être, à proprement parler, ni vérifiée ni falsifiée par un énoncé d'observation, car on a affaire à deux strates distinctes du langage, qui sont reliées entre elles par un ensemble de facteurs diversifiés. Ainsi, une loi ne peut être que « renforcée » ou « affaiblie » par un énoncé d'observation. Il subsiste néanmoins des relations logiques clairement définies et déterminables à l'intérieur d'une même strate, par exemple celle des énoncés de la mécanique classique. Il apparaît de ce fait que la position de Waismann, loin d'être simplement critique, cherche à atteindre un équilibre entre ses différentes sources d'inspiration.

On peut souligner par ailleurs une claire parenté entre la notion de « strates du langage » et celle de « jeux de langage », que l'on doit au second Wittgenstein. Comme nous l'avons indiqué, une grande partie de la vie intellectuelle de Waismann fut consacrée à l'élucidation de la pensée parfois obscure et toujours mouvante de Wittgenstein : il en gagna une grande familiarité avec la pensée de cet auteur, et cela donna lieu à des formulations particulièrement originales de cette pensée. L'idée que tous nos concepts empiriques ont une texture ouverte, invoquée par Waismann comme cause majeure de l'impossibilité d'une vérification conclusive, est également à rapprocher du rejet par le second Wittgenstein de l'idée du langage comme calcul.

La notion de texture ouverte vise en effet à exprimer le fait qu'un concept empirique ne peut jamais être défini de façon stricte et définitive, car il est toujours possible que surviennent des circonstances imprévues, lors desquelles nous serons confrontés de façon nouvelle à la question de l'usage de nos concepts, et donc à celle de leur sens, sans pouvoir faire appel à des règles toutes prêtes. Autrement dit, la grammaire de nos concepts empiriques – et c'est d'une compréhension wittgensteinienne de la grammaire qu'il s'agit – ne se réduit pas à un ensemble de règles déterminées par avance, en raison même de la multiplicité imprévisible de l'expérience, à laquelle nos règles ne pourront donc jamais se conformer de façon définitive.

Cela a pour conséquence, sur le plan épistémologique, l'impossibilité de réduire la connaissance factuelle à un schéma fixe et rigide que l'on puisse poser comme déterminé par avance selon des principes théoriques. Sur le plan de la philosophie du langage, l'idée de la texture ouverte des énoncés empiriques et de la porosité de la signification à l'usage est la première et plus claire expression de l'idée, largement développée en philosophie du langage aujourd'hui, d'une sensibilité du sens à l'usage. Elle marque également le début d'une mise en cause de la notion de sens qui se poursuivra dans le cadre de la philosophie d'Oxford.

La méthode spécifique suivie par Waismann et sa conception de l'analyse philosophique doivent par ailleurs beaucoup à l'influence du climat anglais. Son analyse des concepts de « réalité », « connaissance », « fait », etc., témoigne de sa familiarité avec une méthode d'analyse qui cherche à rendre justice à la variété des situations d'usage de nos énoncés ordinaires. Sa méthode argumentative est également typique de la philosophie du langage ordinaire, en ce qu'elle procède par exemples et non pas par systématisation théorique : il fait appel notamment à la mécanique quantique pour témoigner de l'impossibilité de réduire la connaissance à un schéma causal ; et il oppose à la recherche d'un schéma fixe de la connaissance, telle que Kant a pu l'entreprendre (mais aussi l'adversaire direct de Waisamnn dans ce texte : MacKinnon), la subtilité des interprétations que l'on peut donner de cette théorie physique, qui combine des traits déterministes et indéterministes.

Là encore, Waismann ne nie pas, dans la lignée du cercle de Vienne, que la connaissance doive obéir à certains principes. Mais ceux-ci ne sont pas strictement contraignants, et ne peuvent l'être, ce qui se manifeste dans l'impossibilité d'en donner une formulation précise. Le choix des lois scientifiques, loin d'être soumis à notre simple arbitraire, est influencé par exemple par le climat de pensée d'une époque. Tout comme l'usage de nos mots ne peut être réduit à un ensemble de règles logiques fixées par avance, puisque les circonstances jouent un rôle déterminant pour cet usage, de même la connaissance scientifique ne peut être réduite à des facteurs qui relèvent du contexte de justification ; sa compréhension implique de faire également appel au contexte de découverte. Le pouvoir de contrainte des règles est ainsi mis en cause au plan épistémologique comme au plan linguistique, et le principe empiriste de vérification connaît, plutôt qu'une réfutation, une extension inattendue.

« La vérifiabilité » met ainsi en évidence une continuité méconnue entre ce qu'on a coutume d'appeler la première et la seconde philosophie analytique, entre l'épistémologie viennoise et la philosophie d'Oxford. Comme l'a fait Quine d'une autre façon dans « Deux dogmes de l'empirisme » (1951), Waismann prolonge l'empirisme dans la subtilité même de la critique qu'il en donne : les faits sont inséparables du langage, précisément parce que le sens de nos énoncés s'aiguise au contact de notre perception des aspects multiples et changeants de la réalité.

Indications bibliographiques

Friedrich WAISMANN

Was ist logische Analyse ?, Gerd H. Reitzig (éd.), Frankfurt a. Main, Athenäum, 1973.

Philosophical Papers, Brian Mac Guinness (éd.), avec une introduction par Anthony Quinton, Dordrecht, Boston, Reidel, 1977.

The Principles of Linguistic Philosophy, (éd.), R. Harré, Londres-Melbourne-Toronto, Macmillan, 1965.

Logik, Sprache, Philosophie, G. P. Backer, B. MacGuiness, J. Schulte
(eds.), Stuttgart, Reclam, 1976.

Autres références

AUSTIN John L., « The Meaning of a Word », *in* Austin, *Philosophical
Papers*, J. O. Urmson et G. J. Warnock (eds.), Oxford, Clarendon
Press, 1961, p. 23-43.

BAKER Gordon, SOULEZ Antonia (eds.), *Dictées de Wittgenstein à
Waismann et pour Schlick*, Paris, P.U.F., 1997.

CARNAP Rudolf, HAHN Hans, NEURATH Otto, « La conception
scientifique du monde. Le Cercle de Vienne », 1929, *in* A. Soulez
(éd.), *Le Manifeste du Cercle de Vienne et autres écrits*, Paris,
Vrin, 2010.

SCHLICK Moritz, « Meaning and Verification », 1936, repris *in*
H. L. Mulder et B. van de Velde-Schlick (eds.), *Philosophical
Papers*, vol. 2, Dordrecht, Reidel, 1979.

McGUINESS Brian (éd.), *Wittgenstein et le Cercle de Vienne*, trad. fr.
G. Granel, Mauvezin, TER, 1991.

LA VÉRIFIABILITÉ *

I

Lorsque nous réfléchissons à une phrase telle que « la signification d'un énoncé est la méthode de sa vérification », nous devrions, avant toute chose, être entièrement au clair sur ce que nous voulons dire par l'expression « méthode de vérification ». D'un point de vue logique, nous ne nous intéressons pas aux différentes activités qui sont en jeu dans l'acte de vérifier un énoncé. Qu'avons nous alors à l'esprit quand nous parlons de ce genre de choses ? Prenons un exemple : supposez qu'il y ait devant moi une boule de métal et que je doive déterminer si elle est électriquement chargée. Pour cela, je relie la boule à un électroscope et je regarde si les feuilles d'or s'écartent. L'énoncé (*s*) « les feuilles d'or de l'instrument s'écartent » décrit la vérification de l'énoncé (*p*) « la boule est chargée ». Or, qu'est-ce que je fais au juste quand je décris la vérification de l'énoncé *p* ? J'établis une connexion entre deux

* Friedrich Waismann, « Verifiability », in *Proceedings of the Aristotelian Society*, Supplementary volume 19, 1945, p. 119-150. Reprint *in* Anthony Flew (éd.), *Essays in Logic and Language*, First Series, Oxford, Basil Blackwell, 1951. La présente traduction, réalisée par Delphine Chapuis-Schmitz et Sandra Laugier, est publiée avec l'aimable autorisation des éditions Basil Blackwell.

énoncés, en déclarant que l'un (*s*) doit suivre de l'autre (*p*). Autrement dit, je pose une *règle d'inférence* qui me permet de passer de l'énoncé « la boule est électriquement chargée » à un autre qui décrit une situation observable. Ce faisant, je relie l'énoncé en question à un autre, je l'insère dans un système d'opérations, je l'incorpore au langage, bref *je détermine la façon dont il doit être utilisé*. En ce sens, le fait d'indiquer la vérification d'un énoncé est une part importante du fait d'indiquer son usage, ou, pour le dire autrement, le fait d'expliquer sa vérification est une contribution à sa grammaire.

Dans la vie quotidienne, nous comprenons les phrases sans nous inquiéter beaucoup de la façon dont elles sont vérifiées. Nous les comprenons parce que nous comprenons chacun des mots qui y figurent et saisissons la structure grammaticale de la phrase prise comme un tout. La question de la vérification ne survient que lorsque nous rencontrons une nouvelle sorte de combinaison de mots. Si quelqu'un devait nous dire par exemple qu'il possède un chien capable de penser, dans un premier temps nous ne comprendrions pas vraiment ce dont il parle, et nous lui poserions un certain nombre de questions. Supposez qu'il ait décrit en détail le comportement du chien dans certaines circonstances, nous dirions alors « ah, maintenant nous vous comprenons, c'est cela que vous appelez penser ». Il est inutile de s'enquérir de la vérification de phrases telles que « le chien aboie », « il court », « il est joueur », etc., car les mots sont ici employés, pourrait-on dire, de façon *normale*. Mais lorsque nous disons « le chien pense », nous créons un nouveau contexte, nous sortons des limites du langage ordinaire, et la question se pose alors de savoir ce que signifie une telle suite de mots. Dans des cas de ce genre, expliquer la vérification c'est expliquer la signification, et changer la vérification c'est changer la signification. À l'évidence, signification et vérification *sont* liées – alors pourquoi le nier ?

Mais quand je dis que l'énoncé *p* est lié aux énoncés s_1, $s_2 \ldots s_n$ qui décrivent des données permettant de l'établir, je *ne* dis *pas* que *p* est *identique* à s_1, s_2 … s_n ni à leur conjonction. Cela ne serait vrai que si s_1, s_2 … s_n ou leur conjonction impliquait *p*. Or qu'en est-il? Il *peut* y avoir des énoncés qui ne sont rien de plus que des abréviations pour tout ce qui est déployé dans leur vérification. Cependant, il y a d'autres genres d'énoncés pour lesquels cela n'est certainement pas vrai. Des discussions récentes sur le phénoménalisme, par exemple, tendent à montrer qu'aucune conjonction ou disjonction d'énoncés de *sense-datum*, aussi complexe soit-elle, n'implique l'existence ou la non-existence d'un objet matériel déterminé. S'il en va bien ainsi, un énoncé portant sur un objet matériel, bien qu'il *soit* connecté avec des énoncés de *sense-datum*, n'en est pas une simple abréviation : il a au contraire un statut logique qui lui est propre, et n'équivaut à aucune fonction de vérité des autres énoncés. Je pense que le résultat de ces discussions est correct pour l'essentiel, et je souhaiterais pouvoir ajouter quelques mots pour rendre mon propos tout à fait clair.

L'échec du phénoménalisme à traduire un énoncé portant sur un objet matériel en termes de *sense-data* n'est pas dû, comme on l'a suggéré, à la pauvreté de notre langage, auquel manque le vocabulaire nécessaire pour décrire tous les infimes détails de l'expérience sensible; il n'est pas dû non plus aux difficultés inhérentes à la production d'une combinaison *infinie* d'énoncés de *sense-datum* – même s'il est possible que tout cela y contribue. Cet échec est dû pour la plus grande part à un facteur qui, bien que très important et vraiment tout à fait évident, n'a jamais, à ma connaissance, été remarqué : la « texture ouverte »[1] de la plupart de nos concepts empiriques. Voici ce que je veux dire : supposez que je doive vérifier un énoncé tel que « il y a un chat dans la pièce d'à-côté »; supposez que j'aille jusqu'à cette pièce, que j'ouvre la porte,

---

1. Je dois ce terme à M. Kneale : il me l'a suggéré comme traduction de l'expression allemande que j'ai inventée : *Porosität der Begriffe*.

regarde à l'intérieur et voie réellement un chat. Cela suffit-il à prouver mon énoncé? Ou bien est-ce que je dois en plus toucher le chat, le caresser et le faire ronronner? Et à supposer que j'aie fait tout cela, puis-je être alors tout à fait certain que mon énoncé était vrai? Nous nous trouvons ici confrontés à toute la batterie bien connue des arguments sceptiques qui ont été accumulés depuis l'Antiquité. Que devrais-je dire par exemple si cette créature venait ultérieurement à grandir jusqu'à devenir gigantesque? Ou si elle montrait un comportement étrange que l'on n'observe pas d'habitude chez les chats : si par exemple on pouvait la faire renaître de ses cendres dans certaines conditions, alors que ce serait impossible avec les chats normaux? Dirai-je dans ce genre de cas qu'une nouvelle espèce de chats est apparue? Ou que c'était un chat aux propriétés extraordinaires? Supposez encore que je dise « mon ami est là-bas ». Qu'en serait-il si en m'approchant pour lui serrer la main il disparaissait soudain? « Ce n'était donc pas mon ami, mais une sorte d'hallucination. » Mais supposez que je le voie à nouveau quelques secondes plus tard, que je puisse prendre sa main, etc. Alors? « Mon ami était donc bien là, et sa disparition était une sorte d'hallucination. » Mais imaginez qu'après quelques temps il disparaisse (ou semble disparaître) à nouveau – que vais-je dire alors? Avons-nous des règles prêtes pour toutes les possibilités imaginables?

Un exemple de la première sorte tend à montrer que nous pouvons penser à des situations dans lesquelles il nous serait impossible de déterminer avec certitude si une chose est un chat ou un autre animal (ou un *djinn*). Un exemple de la seconde sorte montre que nous pouvons envisager certaines circonstances dans lesquelles il nous serait impossible de déterminer avec certitude si une chose est réelle ou hallucinée. Le fait que dans de nombreux cas, il n'y ait rien de tel qu'une vérification concluante est lié au fait que la plupart de nos concepts empiriques ne sont pas délimités dans toutes les directions possibles. Supposez que je rencontre un être qui ressemble à un homme, qui parle comme un homme, se comporte comme un homme, et ne mesure pas plus d'un empan : dirai-je que c'*est* un homme ? Et qu'en est-il du cas où une personne est si vieille qu'elle se souvient du roi Darius ? Diriez-vous qu'elle est immortelle ? Y a-t-il rien de tel qu'une définition exhaustive, qui laisse enfin et une fois pour toutes notre esprit en paix ? « Mais n'y a-t-il pas des définitions exactes, au moins dans les sciences ? ». Voyons cela. Il semble que la notion d'or soit définie avec une précision absolue, par exemple par le spectre de l'or, avec ses lignes caractéristiques. Mais que diriez-vous si l'on découvrait une substance qui ressemble à de l'or, qui passe avec succès tous les tests chimiques pour l'or, et qui émet pourtant une nouvelle sorte de radiation ? « Mais de telles choses n'arrivent pas ». C'est vrai ; mais elles *pourraient* se produire, et cela suffit à montrer que nous ne pouvons jamais entièrement exclure la possibilité qu'une situation imprévue se présente, dans laquelle il faudrait que nous modifiions notre définition. Quoi qu'on fasse, aucun concept n'est limité d'une manière telle qu'il n'y ait plus de place pour aucun doute. Nous introduisons un concept et nous le limitons dans *certaines* directions ; nous définissons par exemple l'or par opposition à d'autres métaux comme les alliages. Cela suffit pour ce dont nous avons maintenant besoin, et nous ne cherchons pas plus loin. Nous avons tendance à *ne pas voir* le fait qu'il y a toujours d'autres directions dans lesquelles le concept n'a pas été défini. Et si nous le faisions, il nous serait facile d'imaginer des conditions qui rendraient nécessaires de nouvelles limitations. Bref, il n'est pas possible de définir un concept comme l'or avec une précision absolue, c'est-à-dire de façon à ce que tous les coins et recoins soient colmatés pour empêcher l'entrée du doute. Voilà ce que l'on entend par texture ouverte d'un concept.

Le *vague* doit être distingué de la *texture ouverte*. D'un mot qui est effectivement utilisé de façon fluctuante (comme « tas », ou « rose »), on dit qu'il est vague. Un terme comme

« or », bien que son usage effectif puisse ne pas être vague, est non-exhaustif, ou a une texture ouverte, dans la mesure où nous ne pouvons jamais combler tous les espaces possibles par lesquels le doute pourrait s'infiltrer. La texture ouverte est donc quelque chose comme *la possibilité du vague*. On peut remédier au vague en donnant des règles plus rigoureuses ; cela est impossible pour la texture ouverte. Une autre façon d'énoncer cela serait de dire que les définitions des termes ouverts sont *toujours* corrigibles ou amendables.

La texture ouverte est une caractéristique tout à fait fondamentale de la plupart des concepts empiriques (mais non de tous), et c'est cette texture qui nous empêche de vérifier de façon concluante la plupart de nos énoncés empiriques. Prenez n'importe quel énoncé d'objet matériel. Les termes qui y figurent sont non-exhaustifs, ce qui signifie que nous ne pouvons pas prévoir complètement toutes les conditions possibles dans lesquelles ils seront utilisés. Il restera toujours une possibilité, si faible soit-elle, pour que nous ayons négligé une chose ou une autre qui peuvent être pertinentes pour leur usage. Et cela veut dire que nous ne saurions prévoir complètement toutes les circonstances possibles dans lesquelles l'énoncé est vrai, ni celles dans lesquelles il est faux. Il restera toujours une marge d'incertitude. Ainsi, l'absence de vérification concluante a pour cause directe la texture ouverte des termes concernés.

Cela a une conséquence importante. Les phénoménalistes ont essayé de traduire en termes d'expérience sensible ce que nous voulons dire par un énoncé portant sur un objet matériel. Or, une telle traduction ne serait possible que si l'on pouvait définir de façon complète les termes d'un tel énoncé. C'est en effet seulement dans ce cas que nous pourrions décrire complètement toutes les données possibles qui rendraient l'énoncé vrai ou faux. Puisque cette condition n'est pas remplie, le programme du phénoménalisme tombe à plat, et par conséquent, les tentatives pour analyser les chaises et les tables et les ramener à des schémas de *sense-data* – ce qui est devenu une sorte de sport national dans ce pays – sont vouées à l'échec. Des remarques similaires valent pour certains énoncés psychologiques tels que « c'est une personne intelligente » ; ici c'est encore à cause de la texture ouverte d'un terme comme « intelligent » que l'on ne peut réduire l'énoncé à une conjonction ou à une disjonction d'énoncés spécifiant la façon dont un homme se comporterait dans telles et telles circonstances.

C'est peut-être une vague conscience de ce fait qui a poussé Locke à insister sur la substance corporelle, et Berkeley sur la substance mentale. En dissipant leur brouillard métaphysique, nous pouvons reformuler ce qui semble être le noyau de vérité dans leurs conceptions, en disant qu'un énoncé portant sur un objet matériel ou un énoncé psychologique ont une logique qui leur est propre et, pour cette raison, ne peuvent être réduits au niveau d'autres énoncés.

Mais il y a une raison plus profonde à tout cela, et elle consiste dans ce que je me hasarde à appeler l'*incomplétude essentielle* d'une description empirique. Donnons de plus amples explications : s'il fallait que je décrive ma main droite, que je tiens en l'air, je pourrais en dire différentes choses : je pourrais énoncer sa taille, sa forme, sa couleur, sa texture, les composants chimiques de ses os et de ses cellules, et j'ajouterais peut-être encore d'autres détails. Mais aussi loin que j'aille, je n'atteindrai jamais un point où ma description sera complète : d'un point de vue logique, il est toujours possible de l'étendre en ajoutant un détail ou un autre. Toute description se déploie pour ainsi dire dans un horizon de possibilités ouvertes : aussi loin que j'aille, j'emporterai toujours cet horizon avec moi. On peut opposer ce cas à d'autres, dans lesquels la complétude peut être atteinte. Si, en géométrie, je décris un triangle en donnant par exemple ses trois côtés, la description est *complète* : on ne peut rien ajouter qui ne soit déjà inclus dans ces données, ou qui ne les contredise. Ou encore, il y a un sens auquel on peut dire qu'une mélodie est complètement décrite dans la notation musicale (en faisant abstraction, pour le moment, de la question de son interprétation); on peut décrire dans une notation géométrique un motif sur un tapis, considéré comme ornement; et dans ce cas aussi il y a un sens où l'on peut dire que la description est complète. (Je ne parle pas du tapis *physique*, mais de son modèle). La même chose s'applique à une partie d'échecs : on peut la décrire coup par coup du début à la fin. De tels cas servent seulement à faire ressortir par contraste la nature d'une description empirique : il n'y a rien de tel que la complétude dans le cas où je décris ma main droite ou le caractère d'une personne; je ne peux jamais épuiser tous les détails, ni prévoir toutes les circonstances possibles qui me feraient modifier ou retirer mon énoncé. (Cela, Leibniz l'avait déjà vu lorsqu'il disait qu'on ne peut jamais venir à bout des propriétés d'aucune chose réelle qui est toujours une image de l'Esprit Infini).

La situation ici décrite est directement en rapport avec la texture ouverte des concepts. Un terme est défini quand on a décrit le genre de situation dans lequel il sera employé. Supposons un instant que nous soyons capables de décrire complètement des situations, sans rien omettre (comme pour les échecs), nous pourrions alors donner une liste exhaustive de toutes les circonstances dans lesquelles le terme sera employé, de sorte que rien ne soit laissé au doute. Autrement dit, nous pourrions construire une *définition complète* : un modèle de pensée qui anticipe et règle une fois pour toutes chacune des questions d'usage possibles. Puisqu'en fait nous ne pouvons jamais éliminer la possibilité qu'émerge un facteur imprévu, nous ne pouvons jamais être tout à fait sûrs d'avoir inclus dans notre définition tout ce qui devrait l'être; et, par conséquent, le processus de définition et d'affinage d'une idée continuera sans jamais atteindre son point final. Autrement dit, toute définition se déploie dans un horizon ouvert. Quoi que l'on fasse, la situation restera toujours la même : aucune définition d'un terme empirique ne recouvrira toutes les possibilités. Il en résulte que l'incomplétude de nos vérifications est ancrée dans l'incomplétude de la définition des termes impliqués, et l'incomplétude de la définition dans celle de la description empirique. C'est l'une des raisons pour lesquelles un énoncé *p* portant sur un objet matériel *ne* peut *pas* être vérifié de façon concluante, ni se résoudre en des énoncés $s_1, s_2 \ldots s_n$ qui décrivent les données qui permettent de l'établir. (Une telle réduction est souvent possible en mathématiques : on *peut* ainsi traduire, sans perte de sens, un énoncé portant sur des nombres rationnels en énoncés portant sur des nombres entiers ; mais ici on a à la fois description complète, définition complète, démonstration et réfutation concluantes).

Un mot encore. Pourquoi un énoncé d'expérience ne peut-il pas, en règle générale, être vérifié de façon concluante ? Est-ce parce que je ne peux jamais épuiser la description d'un objet matériel ou d'une situation, puisque je peux toujours y ajouter quelque chose – quelque chose qu'il est possible, en principe, de prévoir ? Ou bien est-ce en raison de la possibilité que survienne quelque chose de tout à fait nouveau et imprévu ? Dans le premier cas, bien que je connaisse tous les tests, il se peut néanmoins que je sois incapable de les effectuer, disons par manque de temps. Dans le second cas, je ne peux même pas être sûr de connaître tous les tests qui pourraient être requis ; autrement dit, la difficulté consiste à énoncer de façon exhaustive ce que serait une vérification dans ce cas. (Pouvez-vous prévoir toutes les circonstances qui transformeraient un fait putatif en une illusion ?). Voici à présent la réponse à notre question : *ces facteurs se combinent tous deux* pour empêcher qu'aucune vérification ne soit concluante. *Mais ils jouent un rôle très différent.* À cause du premier facteur, nous ne pouvons jamais finir notre travail lors de la vérification d'un énoncé. Mais c'est le second qui est responsable de la texture ouverte de nos termes, si caractéristique de toute connaissance factuelle. Pour voir cela plus clairement, comparez avec la situation en mathématiques : ici, il se peut qu'un théorème soit indécidable, disons l'hypothèse de Goldbach selon laquelle tous les nombres pairs peuvent être représentés comme la somme de deux premiers, parce qu'il nous est impossible de parcourir tous les nombres entiers pour tester l'hypothèse. Mais cela ne contredit en rien la texture *fermée* des concepts mathématiques. S'il n'y avait rien de tel que la possibilité (toujours présente) qu'émerge quelque chose de nouveau, il ne pourrait rien y avoir de tel que la texture ouverte des concepts; et s'il n'y avait rien de tel que la texture ouverte des concepts, la vérification ne serait incomplète qu'au sens où elle ne pourrait jamais être achevée (comme dans le cas de Goldbach).

En résumé : en règle générale, un énoncé d'expérience ne peut pas être vérifié de manière concluante, et ce pour deux raisons :

1) à cause de l'existence d'un nombre illimité de tests ;

2) à cause de la texture ouverte des termes impliqués.

Ces deux raisons correspondent à deux sens différents de l'« incomplétude ». Le premier est lié au fait que je ne peux jamais clore la description d'un objet matériel ou d'une situation. Il m'est toujours possible, par exemple, de regarder ma table depuis de nouveaux points de l'espace, sans jamais épuiser toutes les possibilités. Le second sens (qui est beaucoup plus intéressant) est dû au fait que notre connaissance factuelle est incomplète selon une autre dimension : il est toujours possible que quelque chose d'imprévu se produise. Cela peut encore vouloir dire deux choses différentes :

a) que je connaisse une expérience totalement nouvelle, telle que je ne peux même pas l'imaginer à présent ;

b) que l'on fasse une nouvelle découverte qui affecterait dans sa totalité notre interprétation de certains faits.

Un homme né aveugle et qui acquerrait par la suite l'expérience de la vue offrirait une illustration du premier cas. Une illustration du second cas serait le changement provoqué par la découverte d'un nouvel agent de la nature, tel que l'électricité. Dans ce cas, nous voyons bien que les données de l'observation sont liées d'une façon nouvelle et imprévue, qu'on peut alors, pour ainsi dire, suivre de nouvelles lignes dans le champ de l'expérience. Nous pouvons donc dire plus précisément que la texture ouverte des concepts est ancrée dans cette incomplétude particulière de notre connaissance factuelle que je viens d'esquisser.

Ce que j'ai dit modifie plus ou moins l'exposé de la vérification que je viens de donner. J'ai dis qu'en indiquant la méthode de vérification, nous posons une règle (ou des règles) d'inférence. Nous devrions pourtant sérieusement douter que ce soit effectivement le cas. Si un énoncé portant sur un objet matériel impliquait un énoncé de *sense datum*, s'il l'impliquait en un sens strictement *logique*, la prémisse serait alors annulée en même temps que la conclusion ; ou encore, pour le dire autrement : une seule instance négative suffirait à réfuter la prémisse. Supposez que quelqu'un m'ait dit : « Regarde, c'est ton ami là-bas, il est en train de traverser la rue ». Si maintenant je regardais dans la direction indiquée sans parvenir à voir la personne qui est mon ami, est-ce que je dirais que l'énoncé a été réfuté sans l'ombre d'un doute ? Il se peut qu'il y ait des cas où je puisse dire cela. Mais il y en a d'autres dans lesquels je ne penserais certainement pas que l'énoncé a été ainsi réfuté sur la foi d'un simple coup d'œil (par exemple s'il se trouvait que j'attendais mon ami à ce moment-là, ou que j'aie reçu une lettre de lui me disant qu'il arriverait à cette heure-là, etc.). On parvient toujours à expliquer une discordance entre un énoncé portant sur un objet matériel et une expérience sensible isolée au moyen d'une hypothèse auxiliaire : je n'ai pas regardé attentivement, il se trouve qu'à ce moment précis mon ami était derrière une autre personne, il venait d'entrer sous un porche, et ainsi de suite, pour ne rien dire de théories plus fantaisistes. Je ne peux jamais exclure la possibilité que le jugement soit vrai, bien que les données qui permettent de l'établir aillent dans le sens opposé.

Quiconque regarde ces faits sans préjugé approuvera, je crois, la conclusion qu'une expérience sensible unique n'exclut jamais à strictement parler un énoncé portant sur un objet matériel, au sens où la négation de p exclut p. Cela signifie qu'aucun énoncé de *sense-datum* s ne peut jamais entrer *en conflit logique aigu* avec un énoncé portant sur un objet matériel p. Autrement dit, p. $\sim s$ ne représente jamais une *contradiction* au sens où cela est le cas pour p. $\sim p$. À la lumière de cette remarque, il ne nous est plus possible d'adhérer à l'idée que p implique s. Comment faudrait-il alors que nous formulions la «méthode de vérification» – c'est-à-dire la connexion entre une proposition p et les énoncés $s_1, s_2 \ldots s_n$ qui servent à l'établir? Je propose de dire que les énoncés de données $s_1, s_2 \ldots s_n$ *soutiennent* la proposition p ou la *mettent en doute*, qu'elles la *renforcent* ou l'*affaiblissent*, ce qui ne signifie pas qu'elles la prouvent ou l'infirment strictement.

Il y a une analogie frappante avec cela dans la relation entre une loi de la nature L et certains énoncés d'observation $s_1, s_2 \ldots s_n$, analogie qui peut nous aider à clarifier la situation. On dit souvent que les énoncés d'observation *découlent* de la loi (celle-ci étant considérée comme une sorte de prémisse universelle). Puisque l'on peut dériver d'une loi un nombre illimité de conséquences, l'idéal de vérification complète est bien sûr inatteignable, alors qu'il semble au contraire qu'une seule contre-observation suffise à renverser la loi. Cela aurait pour conséquence que bien qu'une loi ne puisse pas être strictement vérifiée, elle pourrait être strictement réfutée, ou qu'elle ne puisse être décidée que dans un sens[1]. Mais cela n'est pas réaliste. Quel astronome abandonnerait les lois de Kepler sur la force d'une seule observation? En fait, si on décelait une anomalie dans le comportement d'une planète, on essaierait

---

1. K. Popper, *Logik der Forschung*; *Logique de la recherche*, trad. fr. du chapitre 1, dans le présent volume, p. 237; *La Logique de la découverte scientifique*, trad. fr. d'après la version anglaise, 5e éd., Paris, Payot, 1973.

d'abord d'expliquer le phénomène par les moyens les plus variés (par exemple par la présence de masses pesantes inconnues, de frottements avec des gaz raréfiés, etc.). C'est seulement si l'édifice d'hypothèses ainsi érigé est trop peu étayé par l'expérience, s'il devient trop complexe et artificiel, s'il ne satisfait plus notre exigence de simplicité, ou si, à nouveau, une meilleure hypothèse se présente à nous, comme la théorie d'Einstein, que nous nous résoudrions à abandonner ces lois. Et même dans ce cas, la réfutation ne serait pas définitivement valide : il pourrait toujours s'avérer qu'une certaine circonstance ait échappé à notre attention, et qu'une fois prise en considération, elle jette une lumière différente sur l'ensemble. L'histoire des sciences présente effectivement des cas (Olaf Römer, Le Verrier) où l'échec apparent d'une théorie s'est transformé par la suite en victoire totale. Qui peut dire qu'une telle situation ne se reproduira pas ?

À nouveau, ce qui vient ici à l'esprit avec force est que la relation entre un énoncé et ce qui sert à le vérifier a été représentée de façon trop grossière dans le passé ; que c'était une erreur de la décrire en des termes logiques comme « implication » ; qu'une loi n'est pas un genre d'énoncé universel dont découlent des énoncés particuliers ; que sa logique est encore inexplorée, et qu'elle pourrait bien prendre la forme de règles selon lesquelles les données de l'observation augmentent ou diminuent le poids de vérité de la loi – s'il m'est permis d'employer une telle expression. Quoi qu'il en soit, le simple fait qu'une unique observation contraire $\sim s$ puisse toujours être réconciliée avec une loi générale L grâce à quelque hypothèse auxiliaire montre que la vraie relation entre une loi et ce qui sert à l'établir par l'expérience est beaucoup plus compliquée que ce qu'on en dit d'habitude, et ne s'y accorde que de façon superficielle.

On dira que cela vient de la manière trop simple dont nous avons présenté la chose. En réalité, l'énoncé d'observation s ne découle pas uniquement de L, mais de L plus un certain nombre de prémisses supplémentaires qui souvent ne sont pas énoncées de façon explicite. De sorte que si l'observation *s* que nous attendions ne se réalise pas, nous pouvons dire que l'une quelconque des autres prémisses est fausse.

Cela serait parfaitement correct si l'on pouvait énoncer le système de prémisses de façon précise et exhaustive dans chaque cas particulier. Mais cela est-il possible ? Pouvons-nous jamais être certains de connaître toutes, vraiment toutes les conditions dont dépend le résultat de l'expérimentation même la plus simple ? À l'évidence, non ; ce qui est énoncé n'est qu'une *partie* des conditions, à savoir celles, par exemple, qui peuvent être isolées dans la technique expérimentale et soumises à notre volonté, ou celles qui peuvent facilement être passées en revue, etc. Les autres se fondent en une masse indistincte : la supposition vague que « la situation est normale », qu'« il n'y a aucun facteur de perturbation », ou toute autre façon dont nous pourrions faire allusion à la possibilité qu'interviennent des conditions imprévues. La relation entre *L* et *s*, quand on l'énonce de façon exacte, est alors la suivante : étant données telles ou telles lois L_1, L_2 ... L_m, telles ou telles conditions initiales et conditions limites c_1, c_2 ... c_n, et *en l'absence de tout autre facteur de perturbation*, telle et telle chose se produira. Et il faut souligner ici que derrière les mots en italique se dissimule une présupposition que l'on ne peut pas décomposer en énoncés clairs et distincts. Quand nous déduisons effectivement une conséquence à partir d'une loi physique, nous ne faisons jamais usage de cette prémisse : elle ne fait jamais partie du corps de prémisses, elle n'entre pas dans le processus de déduction. Mais alors, il ne faudrait pas du tout l'appeler prémisse ; voilà un genre de prémisse très étrange : on n'en fait jamais usage ! En fait, ce que l'on veut dire par là, c'est seulement qu'en cas de conflit entre théorie et observation, nous *chercherons* des facteurs de perturbation, tout en nous sentant libres d'adhérer à la théorie. La question n'est *pas* de savoir si un certain système d'hypothèses est suffisamment complet – c'est là une question de fait qui doit être laissée à l'expert; la question est plutôt de savoir s'il y a un *critère* qui nous assure qu'un système de prémisses est complet. À cela, il n'y a pas de réponse; non, c'est bien plus que cela, nous ne pouvons même pas concevoir un tel critère; nous ne pouvons pas imaginer une situation dans laquelle un physicien nous dirait: «bien, j'ai terminé mon travail; j'ai maintenant découvert la dernière loi de la nature, et il n'y a rien d'autre à trouver». Mais si cela est dépourvu de sens, il est inutile d'insister en disant: «*si* toutes les conditions dans l'univers, et *si* toutes les lois qui les gouvernent nous étaient connues, alors … ». Puisque les régions frontalières de notre connaissance sont toujours enveloppées d'un nuage de poussière – duquel peut émerger quelque chose de nouveau – nous restons avec le fait que *s* n'est pas une conséquence logique stricte de *L* plus les conditions initiales. Dire que la classe de prémisses n'est pas «fermée» et que *par conséquent* la conclusion manque de rigueur, et dire que *s* n'est *pas* une conséquence logique des prémisses dans la mesure où elles sont énoncées, cela revient à mon avis au même. Voilà tout ce que je voulais dire.

Tout cela tend à suggérer que la relation entre une loi de la nature et les données qu'on y relie, ou entre un énoncé portant sur un objet matériel et un énoncé de *sense-datum*, ou encore entre un énoncé psychologique et les données portant sur le comportement d'une personne, est plus lâche qu'on ne l'avait imaginé jusqu'à présent. Si cela est correct, il semble que l'application de la logique soit limitée en un sens important. Nous pourrions dire que les relations logiques connues ne peuvent valoir qu'entre des énoncés appartenant à un domaine *homogène;* ou que les liaisons déductives ne s'étendent jamais au-delà des limites d'un tel domaine.

Nous pourrions par conséquent nous donner pour tâche de disposer les énoncés de notre langage en strates distinctes, en regroupant dans une même strate tous les énoncés liés par des relations logiques clairement appréhendées. C'est de cette manière que les théorèmes de la mécanique, par exemple, sont organisés en un système dont les éléments ont des relations logiques réciproques bien connues, et où il est toujours possible de décider quelle relation existe entre deux théorèmes – si l'un est la conséquence de l'autre, s'ils sont équivalents, indépendants, ou en contradiction l'un avec l'autre. De même, quand un physicien décrit certaines données d'observation (comme la position d'une aiguille sur sa jauge), ses énoncés sont dans des relations mutuelles exactement définies. Ainsi, une aiguille sur une graduation ne peut pas être en même temps en face de 3 et de 5 : nous avons ici une relation d'exclusion stricte. Par contre, aucun énoncé de la mécanique ne peut jamais entrer sérieusement en conflit logique avec un énoncé d'observation, et cela implique qu'il n'existe aucune relation du genre de celles qui nous sont fournies par la logique classique entre ces deux types d'énoncés. Tant que nous en restons aux énoncés d'une seule strate, toutes les relations de la logique restent valides. Le vrai problème survient là où deux strates de ce genre entrent pour ainsi dire en contact : c'est le problème de ces zones de contact qui devrait aujourd'hui attirer l'attention du logicien. Dans ce contexte, nous pouvons parler du relâchement des chaînes d'inférence qui conduisent des énoncés d'une strate à ceux d'une autre ; la connexion n'est plus contraignante – en raison de l'incomplétude de toutes nos données.

Vous noterez que c'est à ce fait que l'on peut souvent faire remonter la naissance des difficultés philosophiques. (Pensez comme il est déroutant d'affirmer ou de contester l'énoncé « le sol n'est pas solide », car il appartient à deux strates tout à fait distinctes.) Les lignes de fracture des strates du langage sont marquées par des problèmes philosophiques : le problème de la perception, de la vérification, de l'induction, celui de la relation entre le corps et l'esprit, et ainsi de suite.

Vous aurez remarqué que j'ai utilisé le terme « incomplétude » en des sens très différents. En un sens, nous pouvons dire de la description d'un objet matériel qu'elle est incomplète ; en un autre sens, nous pouvons dire cela de notre connaissance des conditions limites dans un champ de force. Il y a un sens auquel nous disons qu'une liste de lois de la nature est toujours incomplète, et un autre sens auquel même notre connaissance des agents de la nature l'est. Et l'on pourrait aisément trouver d'autres sens. Ils se combinent tous, à différents degrés, pour créer ce que j'ai appelé la texture ouverte des concepts et le relâchement des inférences.

L'incomplétude, aux sens évoqués, est la marque de la connaissance empirique par opposition à la connaissance *a priori* telle que les mathématiques. En fait, c'est le critère par lequel nous pouvons distinguer des langages parfaitement *formalisés* construits par des logiciens, de langages *naturels* tels qu'ils sont utilisés pour décrire la réalité. Dans un système formalisé, l'usage de chaque symbole est gouverné par un nombre défini de règles, et de plus, on peut énoncer de façon complète toutes les règles d'inférence et les procédures. En raison de l'incomplétude qui pénètre la connaissance empirique, une telle exigence ne peut être remplie par aucun des langages que nous pouvons utiliser pour l'exprimer.

Qu'il y ait une étroite relation entre contenu et vérification, c'est une idée importante que les empiristes ont mise au jour. Il faut seulement faire très attention à la façon dont on formule cette relation. Loin d'identifier la signification d'un énoncé avec les données qui lui servent de fondement, la conception que j'ai tenté d'esquisser conduit à une sorte de théorie du langage à plusieurs niveaux, dans laquelle « chaque type d'énoncé a son propre type de logique ».

II

Dans la deuxième partie de son article, M. MacKinnon tient beaucoup à relier les notions de réalité et de causalité en n'admettant comme réels que les objets (ou événements, ou processus) qui satisfont les conditions de la causalité. Ce qu'il dit est « que le genre de la pensée discursive … se révèle être une décision résolue … de n'admettre comme réel que ce qui manifeste quelque raison de son occurrence ». Cela fait partie de la doctrine de Kant selon laquelle rien de ce qui ne s'est pas conformé à certaines formes *a priori* de notre intuition et de notre entendement ne peut jamais devenir objet de notre connaissance. Une telle tentative, si elle réussissait, aurait une importance énorme. Pensez combien il serait miraculeux, en utilisant cette méthode, d'en déduire la causalité, les prémisses de l'induction, ainsi que d'autres choses plaisantes – j'allais presque dire de les *pro*duire hors de ce chapeau de magicien appelé Argument Transcendental. Comme il serait réconfortant de croire que nous connaissons la nature de l'espace et du temps de part en part, de sorte que nous serions capables d'énoncer les principes de la géométrie sans craindre d'être jamais désavoués par l'expérience. Comme il serait rassurant de dire que la nature *doit* obéir à des lois causales – et ainsi de suite, vous connaissez la chanson. Le seul problème, c'est de savoir si la Nature se conformera à Kant. Vous réaliserez qu'on ne peut plus accepter aujourd'hui, à l'âge de la mécanique quantique, une telle confiance en soi. M. MacKinnon nous dit que « nous manifestons une réticence à admettre le hasard complet » (au fait, que veut-il dire par là ?) « et le discontinu comme objectivement réels ». Mais nos protestations, quelle que soit la force avec laquelle nous les martelons, ne serviraient à rien si la Nature voulait vraiment nous mettre en défaut. Les mots qu'a employés M. MacKinnon énoncent précisément le genre de situation auquel nous avons été confrontés dans la physique moderne : les choses se produisent sans raison. M'autorisez-vous à dire quelques mots à ce sujet ?

Certains pensent que les physiciens n'ont tout simplement pas réussi à découvrir des lois qui nous donnent le pourquoi des choses qui se produisent dans le monde atomique, et ils ont bon espoir que quelqu'un aura un jour l'éclair de génie qui le rendra capable de combler les lacunes de la mécanique ondulatoire ; ce jour-là, celle-ci deviendra une théorie entièrement déterministe. Mais qu'ils réalisent l'ampleur du clivage qui nous sépare du bon vieux temps ! L'espoir qu'ils chérissent se fonde sur une illusion : on a prouvé[1] que la structure de la mécanique quantique est telle qu'aucune loi supplémentaire, susceptible de rendre déterministe la théorie tout entière, ne peut y être ajoutée ; car si cela était possible, nous serions empêtrés dans des contradictions, en raison du principe d'incertitude. (La situation est en fait plus compliquée, mais ce n'est pas le lieu d'entrer dans ces considérations). Nous sommes donc confrontés à ce dilemme : la mécanique quantique est *soit* consistante, *soit* déterministe ; impossible d'avoir les deux à la fois. La fissure dans le mur du Déterminisme est définitive, et il n'y a pas moyen de sortir de cette situation.

Pour Kant, la causalité est une forme inéluctable que la nature de notre entendement impose sur tout matériau donné. S'il en était ainsi, il serait inconcevable – contraire aux conditions de l'expérience possible – de jamais rencontrer un événement qui ne soit pas conforme au principe de causalité. Les phénomènes quantiques ont cependant contraint les physiciens à s'écarter de ce principe, ou mieux, à le *restreindre*, tout en en conservant le torse. Bien que le sort d'un seul électron ne soit pas gouverné par des lois causales, (la particule étant libre de bouger, par exemple de « sauter » à sa guise pour entrer en collision avec des ondes lumineuses), le

---

1. Voir par exemple J. V. Neumann, *Mathematische Grundlagen der Quantenmechanik*.

comportement de millions d'électrons est statistiquement prévisible. Ce n'est pas exactement comme si la mécanique quantique nous mettait face au rêve de chaos d'un mathématicien, rêve devenu réalité. Car il y a, comme je l'ai dit, un aspect causal dans la nouvelle théorie : certaines ondes liées au mouvement des particules, les ondes de de Broglie, obéissent à des lois « causales » strictes. C'est-à-dire que la propagation de ces ondes est gouvernée par une équation différentielle, du genre ancien et respectable que l'on trouve dans la physique des champs classique. Par conséquent, étant données les conditions initiales et les valeurs au-delà des frontières d'une région durant un certain intervalle de temps, nous pouvons prédire la propagation des ondes avec une précision absolue. C'est exactement ce qu'accomplit n'importe quelle théorie causale. Ce qui est nouveau cependant, c'est l'interprétation que nous devons donner de ces ondes : elles forment des sortes de « nuages probabilistes », dont la densité en chaque point a pour signification la probabilité de l'occurrence d'une particule. Nous ne pouvons donc déduire de la théorie que des *énoncés de probabilité* concernant la présence d'une particule en un lieu donné à un temps donné. On peut tester un tel énoncé, non pas en faisant une expérience unique comme l'observation d'un seul électron dans un microscope, mais en répétant l'expérience un grand nombre de fois, ou en observant un grand nombre d'électrons et en établissant la valeur moyenne de toutes les données ainsi obtenues. Nous ne pouvons par conséquent pas dire où se trouvera exactement un certain électron, mais seulement avec quelle probabilité, c'est-à-dire dans quel pourcentage de cas, nous pouvons nous attendre à le trouver en un certain endroit. Autrement dit, on ne peut utiliser la théorie que pour prédire le *comportement moyen* des particules. Tel est l'aspect statistique de la théorie.

En résumé : la mécanique quantique n'est ni une théorie de type causal, déterministe, ni une théorie indéterministe, quoi qu'on puisse vouloir entendre par là. La nouvelle physique combine des traits déterministes et indéterministes. Ce qui est déterministe, c'est la loi de la propagation des ondes de de Broglie. C'est-à-dire que la propagation de ces ondes est *déterminée causalement* d'une façon assez semblable à la propagation des ondes électromagnétiques dans la théorie classique par exemple. Ce qui est indéterministe, c'est *l'interprétation* de ces ondes, c'est-à-dire leur connexion avec les faits d'observation. On ne peut donner une telle interprétation qu'en termes statistiques, et toute tentative pour l'interpréter différemment, de façon à réintroduire la causalité, ne conduirait qu'à un conflit avec d'autres parties bien établies de la théorie. Nous obtenons donc ce curieux résultat : la causalité vaut pour les ondes de de Broglie, qui ne sont rien de plus qu'une représentation purement symbolique et formelle de certaines probabilités, alors que les particules elles-mêmes n'obéissent à aucune loi causale.

Pour finir, j'ajouterai ceci : s'il était possible de répéter exactement la même expérience, et de réunir exactement les mêmes conditions, le résultat serait à chaque fois différent. Le principe « mêmes causes – mêmes effets » n'est donc plus valable. *Lasciate ogni speranza...*

Mais la mécanique quantique ne pourrait-elle pas être remplacée un jour par une théorie meilleure satisfaisant notre exigence d'explication causale ? Certainement ; aucune théorie n'est sacro-sainte ni infaillible. Cependant, là n'est pas la question. Ce qui compte, ce n'est pas de savoir si la mécanique quantique donne une image vraie de la réalité, mais seulement si elle en donne une image *acceptable*, et cela fait peu de doute. Kant pensait que la science s'effondrerait tout simplement s'il n'y avait rien de tel que la causalité. Or, la chose importante qui est apparue, c'est qu'il est *possible* de construire une théorie d'après des principes différents, et qu'il est *légitime* de s'écarter de la causalité, sans que la science ne meure ou ne se suicide pour autant. Cela suffit à récuser toute prétention kantienne à considérer la causalité comme une forme *indispensable* de notre connaissance du monde. Si Kant avait eu raison, nous ne pourrions même pas *envisager* des idées telles que celles qui sont défendues par les physiciens aujourd'hui. Abandonner la causalité, même en partie, cela signifierait nous priver de la condition même d'acquisition de la connaissance ; ce qui aurait pour seul résultat une confusion totale. Mais il n'en est pas ainsi. Bien que la causalité ait été sérieusement limitée, la mécanique quantique est un outil utile. Kant n'avait pas prévu les formes possibles des lois physiques : en mettant trop l'accent sur le schème de la causalité, en prétendant qu'il a un statut *a priori*, il a restreint de façon excessive le champ de la recherche.

Il me semble que la conclusion qu'il faut titrer de ce qui précède est la suivante : même si l'on trouvait un jour que la mécanique quantique est en défaut et qu'elle est supplantée par une autre théorie, elle offre néanmoins une *image possible* du monde matériel. Cette image n'est ni contradictoire ni inintelligible, bien qu'elle ne soit peut-être pas le genre d'image auquel nous sommes habitués. C'est en tout cas une hypothèse qui donne des résultats et qui remplit son but par sa fécondité, c'est-à-dire en conduisant à de nouvelles découvertes. Nous ne pouvons pas dire si elle contient la vérité ultime (pas plus que dans le cas des théories déterministes). Seule l'expérience peut produire des données contre elle. Mais le fait même que nous *puissions* nous tourner vers l'expérience est significatif : en faisant cela nous reconnaissons que la mécanique quantique, et par conséquent les limites de la causalité, *peuvent* être testées dans l'expérience. De ce fait, toute tentative pour élever le principe de causalité au statut d'une vérité nécessaire est inconciliable avec la situation telle qu'elle est apparue en science. Peu importe que la mécanique quantique tienne bon ou qu'elle doive subir certaines modifications, le simple fait que la construction d'une telle théorie soit légitime devrait clore le débat : cela prouve que l'argument de Kant est fondé sur une illusion.

Le moment où l'homme apprit à poser la question « pourquoi ? » fut sans doute une étape importante. Mais l'homme fit également un grand pas lorsqu'il apprit à laisser tomber cette question. Mais même en quittant la mécanique quantique pour me tourner vers le monde ordinaire des sens, je ne parviens toujours pas à voir aucune raison d'accepter la position de Kant. Il est vrai que pour pouvoir nous orienter dans le monde, nous devons présupposer qu'il s'y trouve une sorte d'ordre, de façon à ce que nous puissions anticiper le cours des événements et agir en conséquence. Ce que je ne parviens pas à voir, cependant, c'est pourquoi cet ordre devrait être strictement *causal*. Supposons, pour les besoins de l'argument, que les objets qui nous entourent manifestent un comportement ordonné *en moyenne* ; alors le monde peut encore être un endroit vivable. Supposons, par exemple, que le comportement des chaises et le support qu'elles nous fournissent puissent être prévus à peu près avec la même précision que le comportement des candidats conservateurs et réformistes en période électorale ; ne pourrions-nous pas en faire exactement le même usage ? Ou supposons qu'elles se conduisent comme nos meilleurs amis – ils ne nous laisseront jamais tomber, ça non ; et pourtant, on ne sait jamais – alors, pour autant que je sache, ce serait tout à fait suffisant pour tous nos buts pratiques. Et quant à nos buts théoriques – et bien, allez chez le scientifique, et vous entendrez la triste histoire des ruses de la nature. Je ne vois pas pourquoi un tel monde ne serait pas possible.

Cela me conduit au sujet qui intéresse tant M. MacKinnon : y a-t-il des conditions *nécessaires* qui doivent être remplies pour que nous accédions à la connaissance du monde extérieur ? Je propose de laisser tomber pour le moment la question de la causalité et d'aborder le problème sous un angle plus large. Commençons par quelques observations sur les termes « réalité » et « connaissance ».

Dans son article, M. MacKinnon parle à plusieurs reprises du « réel », de la « réalité », il demande par exemple si l'on peut admettre le « hasard complet » comme étant « objectivement réel ». Il reproche à Berkeley de ne pas avoir « affronté la question des règles qui déterminent l'appartenance ou la non-appartenance à la réalité ; en conséquence de quoi, nous dit-il, sa théorie de la connaissance a des faiblesses ». Dans un autre passage, il évoque la « tâche de contraindre l'actuel à se dévoiler ». Mon sentiment est qu'il parle comme s'il y avait un domaine clairement délimité, appelé « le réel » ou « l'actuel », qui impliquerait que l'une des tâches du philosophe serait de le définir avec précision. Malheureusement, la croyance en l'existence d'un tel domaine est très faible. Je ne nie pas un instant qu'un mot comme « réalité » soit précieux, il l'est sans aucun doute. Il suffit de considérer des expressions comme « une tautologie ne dit rien sur la réalité », « les mathématiques pures ne concernent pas la réalité », « en réalité, ce n'est pas Smith que j'ai vu, mais son frère ». Il serait stupide de placer un tel mot dans un *Index Prohibitorum Verborum*, comme si c'était un péché de l'utiliser. C'est un mot très commode, et s'il n'était pas déjà en usage, il faudrait l'inventer. Par contre, quand un philosophe l'examine de près, l'extrait de son contexte et se demande : « mais qu'*est*-ce que la réalité ? », il réussit à s'acculer lui-même à une position qui est bien peu commode. Car il est étonnamment facile de poser un grand nombre de questions plus ou moins embarrassantes ; par exemple « la force élastique présente dans un ressort est-elle réelle ? ». Je suppose que certains répondront par « oui », et d'autres par « non ». Le fait est qu'il n'y a tout simplement pas de règles fixes qui gouvernent l'usage de ce mot. Pour continuer, on peut demander : « est-ce qu'un champ magnétique est quelque chose de réel ? », « et l'énergie ? et l'entropie ? ». Et je pourrais encore demander : « la capacité de ma mémoire est-elle réelle ? », « le génie d'une personne, l'esprit d'une époque, la beauté d'un jour de printemps sont-ils réels?». Nous commençons à voir maintenant à quel point cette idée se perd dans l'indétermination. Ce que nous devons comprendre, c'est qu'un tel mot est utilisé à de nombreux niveaux différents et avec de nombreuses nuances de signification. Il est *systématiquement ambigu*. En même temps, il y a une sorte de ressemblance de famille entre tous ces usages, et c'est pourquoi nous les désignons par un seul mot.

La même chose s'applique à un verbe comme « exister ». Nous utilisons ce mot en de nombreux sens différents : nous pouvons dire, par exemple d'une image de la mémoire, d'une image persistante sur la rétine, d'une image réfléchie dans un miroir, ou encore d'un objet matériel qu'ils « existent ». Nous pouvons dire aussi d'un déplacement d'onde dans un espace à plusieurs dimensions, d'une loi de la nature, ou d'un nombre satisfaisant certaines conditions, qu'ils « existent ». Et il est tout à fait évident que nous utilisons ce mot dans chacun de ces cas selon des critères totalement différents. Nous avons donc à nouveau un cas d'ambiguïté systématique.

Prenons à présent le terme « connaissance ». La distinction entre connaissance directe et connaissance par description est familière pour tout le monde. Mais cette division n'est pas assez fine. Quand je connais quelque chose directement, ce peut être en des sens très différents, comme lorsque je dis « je connais le sucré » (voulant dire par là que le goût sucré m'est familier), « je connais la misère », « je le connais », « je connais ses écrits ». Dans cette série, nous nous éloignons progressivement du simple contact direct. Dans un cas comme « je connais ses intentions », il n'est pas sûr que je puisse dire cela sans avoir fait moi-même l'expérience d'une intention de ce genre. De plus, il y a des cas qui n'appartiennent à aucun des deux groupes ; ainsi quand je dis par exemple « je connais le français », « je connais la manière dont il faut s'y prendre avec cet homme ». Nous pouvons aussi parler de connaissance par description en différents sens. Comparez le cas d'un reporter qui a pris connaissance d'une certaine affaire secrète avec celui d'un scientifique qui prétend détenir la connaissance de la nature. Est-ce le même sens de connaître ? Et notez qu'il y a encore de subtiles différences dans ce dernier cas. Comparez la connaissance de l'histoire de certains oiseaux, fondée sur l'observation, avec la connaissance de l'histoire de notre système solaire, fondée sur une certaine hypothèse ; ou encore la connaissance d'une loi de la nature de type causal, avec la connaissance d'une loi statistique. La mécanique quantique conduit à un grand nombre de prédictions, bien qu'elle se fonde sur l'hypothèse que le comportement des électrons (et autres particules) est soumis au hasard. Pour cette raison, les physiciens n'hésitent pas à faire l'honneur d'accorder aux lois nouvellement découvertes le statut de connaissance, alors que M. MacKinnon pense que « nous concédons le titre "inintel-ligible" à tous les domaines … où de telles lignes (causales) n'ont pas été tracées ». Bien, je ne discuterai pas ce point ; mon seul but est d'attirer l'attention sur le fait que l'usage réel n'est pas stable, qu'il y a un grand nombre de types de connaissance différents, et qu'en parlant de connaissance *en général*, nous risquons de ne pas apercevoir les différences très importantes qu'il y a entre eux. Supposez que quelqu'un ait vaguement conscience de la direction suivie par l'histoire, est-ce que j'appellerai cela connaître, ou non ? Pouvez-vous tracer une ligne de démarcation nette entre l'endroit où finit une conscience vague de ce type et celui où commence la vraie connaissance ? La connaissance telle qu'elle nous est fournie par la mécanique quantique était inconnue il y a deux ou trois décennies. Qui peut dire quelles formes de connaissance peuvent apparaître dans le futur ? Pouvez-vous anticiper tous les cas possibles dans lesquels vous pouvez souhaiter utiliser ce terme ? Dire que la connaissance est incarnée dans des propositions vraies ne vous conduit pas beaucoup plus loin, car il y a un grand nombre de structures différentes que l'on appelle « propositions » – différentes, parce qu'elles sont vérifiées en différents sens du mot, et gouvernées par différents ensembles de règles logiques. (Soit dit en passant, l'échec à tracer une ligne nette entre ce qui est doué de sens et ce qui ne l'est pas est dû au fait que ces termes sont eux-mêmes systématiquement ambigus, tout comme le terme « vérifiable »).

Il existe un groupe de mots tels que « fait », « événement », « situation », « cas », « circonstance », qui se comportent d'étrange manière. On pourrait dire des mots de cette sorte qu'ils servent de porte-manteaux : c'est merveilleux tout ce que vous pouvez y accrocher (« le fait que — »). Dans cette mesure, ils sont très pratiques ; mais dès que l'on se concentre sur eux et que l'on demande par exemple « qu'*est*-ce qu'un fait ? », ils révèlent une tendance à se dissoudre. L'aspect porte-manteaux est de loin le plus important de tous. C'est exactement comme dans le cas du mot « réalité » : en réalité, par exemple, « en réalité » est un adverbe.

De même, il y a de nombreux types de faits différents, de nombreux types d'énoncés différents qu'on appelle « empiriques », de nombreuses choses différentes qu'on appelle « expérience », et il y a de nombreux sens différents pour la communication et la clarté.

Si je dois maintenant apporter une contribution au thème principal de ce colloque, c'est-à-dire à la question de savoir s'il y a des *conditions nécessaires* pour *acquérir une connaissance de la réalité* – que vais-je pouvoir répondre ? Connaissance de la réalité ! De *quelle* sorte de réalité et de *quelle* sorte de connaissance s'agit-il ? En tant que logicien, je suis tenu de dire que les notions de réalité et de connaissance sont systématiquement ambiguës et, en outre, qu'elles sont à chaque niveau extrêmement vagues et nébuleuses. Je ne suis même pas vraiment au clair sur ce qu'est une condition, sans parler d'une « condition nécessaire ». Comme toutes ces idées sont discutables ! Comment peut-on attendre de moi que je réponde à une question qui ne consiste qu'en une série de points d'interrogation ?

III

Mes critiques ont été jusqu'à présent principalement négatives. Pour conclure, je voudrais faire part de quelques suggestions constructives. Mais avant cela, je dois vous avertir que je ne vois absolument aucune raison de renoncer à l'un des droits les plus fondamentaux de l'homme, le droit de dire des non-sens. À présent je crois que je peux continuer.

Les gens ont tendance à croire qu'il y a un monde de faits opposé à un monde de mots qui décrivent ces faits. Cette idée ne me satisfait pas vraiment. Prenez un exemple. Nous avons l'habitude de voir la couleur comme une « qualité » des objets, ce qui veut dire que la couleur ne peut pas subsister par elle-même, mais doit être inhérente à une chose. Cette conception naît de la façon dont nous nous exprimons. Quand on utilise un adjectif pour exprimer la couleur, on la conçoit comme un attribut des choses, c'est-à-dire comme quelque chose qui ne peut pas avoir d'existence indépendante. Ce n'est pourtant pas la seule façon de concevoir la couleur. Il y a des langues comme le russe, l'allemand, l'italien qui utilisent des verbes pour exprimer la couleur. Si nous devions imiter cet usage en français, en admettant des formes telles que « le ciel bleut », nous serions alors confrontés à cette question : est-ce que je veux parler du même fait quand je dis « le ciel bleut » et « le ciel est bleu » ? Je ne pense pas. Nous disons « le soleil brille », « les bijoux étincellent », « la rivière miroite », « les fenêtres reluisent », « les étoiles scintillent », etc. Autrement dit, dans le cas des phénomènes de brillance, nous faisons usage d'un mode d'expression verbal. Or, en exprimant les phénomènes de couleur par des verbes, nous les rapprochons des phéno-mènes de brillance ; et de ce fait, nous ne modifions pas seule-ment notre façon de parler, mais aussi notre façon toute entière d'appréhender la couleur. Nous *voyons* à présent le bleu différemment – un indice du fait que le langage affecte notre mode d'appréhension tout entier. Dans le mot « bleuant », nous avons clairement conscience d'un élément actif, verbal. Pour cette raison, « être bleu » n'est pas tout à fait équivalent à « bleuant », parce que cette expression manque de ce qui est spécifique au mode d'expression verbal. Le ciel qui « bleut » est vu comme quelque chose qui produit sans arrêt du bleu – il irradie du bleu, pour ainsi dire ; le bleu ne lui est pas inhérent comme une simple qualité, mais il est bien plutôt ressenti comme la pulsation vitale du ciel. Il y a la vague suggestion qu'une force opère derrière le phénomène. Il est difficile de ressentir cela en français ; peut-être cela vous aiderait-il de comparer ce mode d'expression avec la façon de peindre des impressionnistes, qui est au fond une nouvelle façon de voir : l'impressionniste voit dans la couleur une manifestation immédiate de la réalité, un agent libre qui n'est plus lié au choses.

Il y a donc différents moyens linguistiques d'exprimer la couleur. Lorsqu'on le fait au moyen d'adjectifs, la couleur est conçue comme un attribut des choses. Apprendre un tel langage implique pour tous ceux qui le parlent d'avoir l'habitude de voir la couleur comme une « qualité » des objets. Cette conception s'incorpore ainsi à leur image du monde. Le mode d'expression verbal détache la couleur des choses : il nous permet de voir la couleur comme un phénomène ayant une vie propre. Adjectifs et verbes représentent donc deux mondes de pensée différents.

Il y a aussi une manière adverbiale de parler de la couleur. Imaginez un langage riche en expressions pour toutes les nuances de brillance, mais sans adjectif de couleur. Les couleurs y sont en règle générale ignorées, et *quand* elle sont exprimées, c'est en ajoutant un adverbe au mot qui spécifie le type de brillance. Ainsi, les gens qui utilisent cette sorte de langage diraient : « la mer miroite dorément au soleil », « les nuages du soir chatoient rougement », « là, dans la profondeur, une ombre luit vertement ». Dans de telles expressions, la couleur perdrait sa dernière trace

d'indépendance et serait réduite à une simple modification de
la brillance. Tout comme nous ne pouvons pas dire dans notre
langue « c'est très », mais seulement quelque chose comme
« c'est très brillant », nous ne pourrions pas dire dans la langue
considérée « c'est bleuâtre », mais seulement par exemple « ça
brille bleuâtrement ». Il y a peu de doute qu'en raison de ces
circonstances, les locuteurs d'un tel langage trouveraient très
difficile de voir les couleurs comme une qualité des choses.
Pour eux, ce ne serait pas les *choses* qui sont colorées : la
couleur résiderait plutôt dans la brillance, comme elle
rayonne, s'assombrit et change – preuve qu'ils verraient le
monde avec des yeux différents.

« Mais n'est-il pas tout de même vrai de dire que j'ai la
même expérience à chaque fois que je regarde le ciel ? ». Vous
seriez plus ennuyés si l'on vous demandait : « quand vous
regardez une image énigmatique et que vous y voyez une
figure, avez-vous la même expérience qu'avant, quand vous
ne la voyiez pas ? ». Vous pourriez peut-être dire que vous
voyiez les mêmes lignes, bien qu'arrangées à chaque fois de
façon différente. Or, qu'est-ce qui correspond au juste à cet
arrangement différent dans le cas où je regarde le ciel ? On
pourrait dire que nous avons conscience du bleu, mais que
cette conscience est elle-même teintée et colorée par l'arrière-
plan linguistique tout entier qui fait ressortir, ou affaiblit et
cache certaines analogies. En ce sens, le langage affecte la
façon tout entière dont nous prenons conscience d'un fait : le
fait s'articule pour ainsi dire différemment. En soutenant que
vous *devez* avoir la même expérience à chaque fois que vous
regardez le ciel, vous oubliez que le terme « expérience » est
lui-même ambigu, selon qu'on considère par exemple qu'il
inclut ou bien qu'il exclut toute la variété d'analogies
qu'entraîne un certain mode d'expression.

Considérez encore ce cas : supposez qu'il y ait un certain
nombre de langues *A*, *B*, *C* …, dans chacune desquelles une
proposition est utilisée suivant une logique légèrement diffé-

rente. Par conséquent, une proposition dans le langage *A* n'est pas une proposition tout à fait au même sens qu'une proposition dans le langage *B*, etc. Et de plus, ce que décrit un énoncé dans le langage *A*, c'est-à-dire, si vous voulez, le « fait », n'est pas un fait au même sens qu'un fait décrit dans le langage *B*, etc. Cela tend à montrer que ce que nous appelons un fait dépend du médium linguistique à travers lequel nous le voyons.

J'ai observé que lorsque l'horloge sonne dans la nuit et que, déjà à moitié endormi, je suis trop fatigué pour compter les coups, je suis saisi par l'impression que la série ne s'arrêtera jamais, comme si elle allait continuer, coup après coup, en une procession interminable et sans fin. Tout cela disparaît dès que je *compte*. Compter me libère, pour ainsi dire, de l'obscurité informe qui plane sur moi. (Cela n'est-il pas une parabole du rationnel ?). Il me semble que l'on pourrait dire ici que compter *modifie* la qualité de l'expérience. Mais est-ce le même fait que je perçois quand je compte et quand je ne compte pas ?

Supposez encore qu'il y ait une tribu dont les membres comptent « un, deux, trois, quelques, beaucoup ». Supposez qu'un homme de cette tribu dise, en regardant un vol d'oiseaux, « quelques oiseaux », alors que je dirais « cinq oiseaux » – est-ce le même fait pour lui et pour moi ? Si, dans un cas de ce genre, je passe à un langage ayant une structure différente, je ne peux plus décrire « le même » fait, mais seulement un autre fait qui ressemble plus ou moins au premier. Quelle est alors la réalité objective que le langage est censé décrire ?

Ce qui s'oppose en nous à une telle suggestion, c'est le sentiment que le fait est là objectivement, quelle que soit la manière dont nous l'exprimons. Je perçois quelque chose qui existe et je le mets en mots. Il semble s'ensuivre qu'un fait est quelque chose qui existe indépendamment du langage, et avant lui ; le langage sert simplement de moyen de communication. Ce que nous risquons de ne pas apercevoir, ici, c'est que la façon dont nous voyons un fait – c'est-à-dire ce que nous soulignons et ce que nous négligeons – c'est *notre* travail. « Les rayons du soleil tremblant sur le flot des marées » (Pope). Ici, un fait est quelque chose qui émerge d'un arrière-plan, et qui prend forme sur lui. Cet arrière-plan peut être, par exemple, mon champ visuel ; quelque chose qui éveille mon attention se détache de ce champ, est placé en ligne de mire et appréhendé au moyen du langage ; voilà ce que nous appelons un fait. Un fait est remarqué ; et en étant remarqué il devient un fait. « N'était-ce donc pas un fait avant que vous ne le remarquiez ? ». C'en était un, s'il est vrai que j'*aurais pu* le remarquer. Dans un langage où il n'y a que la série de nombres « un, deux, trois, quelques, beaucoup », un fait comme « il y a cinq oiseaux » ne peut pas être perçu.

Pour rendre ce que je veux dire encore plus clair, considérons un langage dans lequel la description ne prend pas la forme de phrases. Une carte, un langage d'images, un film, une notation musicale fourniraient des exemples d'une telle description. On ne devrait pas considérer une carte, par exemple, comme une conjonction d'énoncés isolés, dont chacun décrit un fait séparé. Car quelle est, diriez-vous, la limite d'un fait ? Où commence l'un et où finit l'autre ? Si nous pensons à des descriptions de ce type, nous ne sommes plus tentés de dire d'un pays, d'une histoire racontée dans un film, ou d'une mélodie, qu'ils doivent consister en « faits ». Ici, nous commençons à voir à quel point l'idée selon laquelle le monde est un amas de faits est source de confusion – comme si c'était une sorte de mosaïque faite de petites pierres colorées. La réalité est indivise. Ce que nous avons à l'esprit, c'est peut-être que le *langage* contient des unités, à savoir des *phrases*. En décrivant la réalité, en utilisant des phrases, nous y traçons pour ainsi dire des lignes, nous en délimitons une partie, et ce qui correspond à une telle phrase, nous l'appelons un fait. Autrement dit, le langage est le couteau avec lequel nous découpons les faits. (Cette présentation est simplificatrice car elle ne prend pas en considération les énoncés *faux*).

La réalité n'est donc pas constituée de faits au sens où une plante est faite de cellules, une maison de briques, une pierre de molécules. Si vous voulez une comparaison, un fait est présent, plutôt, au sens où un caractère se manifeste sur un visage. Je n'invente pas le caractère avant de le lire sur le visage ; non, le caractère est en quelque sorte écrit sur le visage, mais personne ne dirait pour autant qu'un visage est « constitué » de traits qui symbolisent tel ou tel caractère. Tout comme nous devons interpréter un visage, nous devons interpréter la réalité. Les éléments d'une telle interprétation sont déjà présents dans le langage sans que nous en ayons conscience, par exemple dans des matrices telles que les notions de chosité, de causalité, de nombre, ou encore dans la façon dont nous exprimons la couleur, etc.

Remarquer un fait, cela peut être comparé au fait de voir un visage dans un nuage, une figure dans un arrangement de points, ou au fait de prendre soudain conscience de la solution d'une énigme picturale : on voit un complexe d'éléments comme un, on y lit une sorte d'unité, etc. Le langage nous fournit un moyen de comprendre et de catégoriser, et différents langages catégorisent différemment.

« Mais remarquer un visage dans un nuage, ce n'est certainement pas l'inventer ? ». Bien sûr que non ; seulement il se pourrait que vous ne le remarquiez pas si vous n'aviez pas déjà eu l'occasion de voir des visages humains ailleurs. Cela n'éclaire-t-il pas ce en quoi consiste l'acte de remarquer des faits ? Pas un instant je ne voudrais dire que je les *invente ;* il se pourrait cependant que je sois incapable de les percevoir si je n'avais pas certaines matrices de compréhension toutes prêtes, à portée de main. Ces formes, je les emprunte au langage. Le langage *contribue* donc *à la formation et participe à la constitution* d'un fait ; ce qui ne signifie évidemment pas qu'il *produise* ce fait.

Je n'ai traité jusqu'à présent que des situations de perception. Cela ne satisfera pas M. MacKinnon, j'en ai bien peur. Ce qu'il veut savoir, c'est s'il y a des conditions *générales* de la possibilité de la connaissance factuelle. Nous avons vu quelques-unes des illusions qu'implique une telle question. Cependant, nous pouvons nous demander s'il y a des règles méthodologiques qui nous guident dans l'acquisition de la connaissance. Tout ce que je peux espérer faire ici, c'est donner quelques indications.

L'empiriste adopte une attitude qui consiste à laisser parler les faits par eux-mêmes. Très bien, c'est là son credo, mais qu'en est-il de son travail? Souvenez-vous qu'une théorie scientifique n'est jamais une imitation servile de certains traits de la réalité, une réplique passive, inerte. C'est essentiellement une *construction* qui reflète notre propre activité à un degré plus ou moins élevé. Quand nous représentons par exemple un certain nombre d'observations faites en laboratoire par un nombre correspondant de points, et que nous les relions par une courbe, nous supposons en règle générale que la courbe est continue et analytique. Une telle supposition va bien au-delà de toute expérience possible. Il y aura toujours une infinité d'autres courbes possibles qui s'accordent tout aussi bien avec les faits. La totalité de ces courbes est contenue dans une certaine bande étroite. Le traitement mathématique ordinaire substitue une loi exacte aux données floues de l'observation, et déduit des conclusions mathématiques strictes à partir de ce type de lois. Cela montre qu'il y a un élément de convention inhérent à la formulation de toute loi. La façon dont nous sélectionnons une loi particulière parmi une infinité de lois possibles montre que nous sommes guidés dans notre construction théorique de la réalité par certains principes, que nous pouvons appeler *principes régulateurs*. Si l'on me demandait quels sont ces principes, je tenterais de les énumérer comme suit :

1) La simplicité ou l'économie – l'exigence que les lois soient aussi simples que possible.

2) Les exigences suggérées par les réquisits du symbolisme que nous utilisons – par exemple, que la courbe représente une fonction analytique, afin que certaines opérations mathématiques comme la différentiation puissent être effectuées aisément.

3) Des principes esthétiques (« l'harmonie mathématique » telle que l'envisageaient Pythagore, Kepler ou Einstein), bien qu'il soit difficile de dire quels sont ces principes.

4) Un principe qui régule la formation de nos concepts, afin que le plus grand nombre possible d'alternatives deviennent décidables. Cette tendance est incarnée dans la structure entière de la logique aristotélicienne, et particulièrement dans la loi du tiers exclu [1].

5) Il y a un facteur supplémentaire, insaisissable et des plus difficiles à préciser : une simple tonalité de pensée qui, sans être explicitement formulée, se répand dans l'air d'une période historique et inspire ses figures de proue. C'est une sorte de champ qui organise et dirige les idées d'une époque. (La période de Descartes à Newton, par exemple, était animée par une croyance instinctive en un Ordre des Choses accessible à l'esprit humain. Bien que les penseurs de cette époque aient essayé de restituer cette tonalité de pensée dans un système rationaliste, ils ont échoué : car l'étincelle vivante du rationalisme est irrationnelle).

Voilà je pense quelques-uns des principes régulateurs. La formulation de certains d'entre eux est très vague, et cela est délibéré : ce ne serait pas une bonne politique que de réduire à des règles fixes l'harmonie mathématique, l'accord avec l'arrière-plan tout entier d'une époque, etc. Il est préférable qu'ils aient une certaine élasticité. On pourrait peut-être

---

1. J'ai donné un exposé plus détaillé de cela dans mon article sur « Les logiques alternatives », *Proceedings of the Aristotelian Society*, 1945-1946.

décrire le principe 5) comme une condition pour faire – et pour manquer – des découvertes.

Aucun de ces principes n'est *indispensable*, aucun ne nous est imposé par la nature de notre entendement. Kant a tenté de condenser la tonalité de pensée de l'époque newtonienne en des règles strictes – en des *conditions nécessaires* de la connaissance factuelle. Avec quel succès ? On peut en juger par les développements ultérieurs : la croyance en des jugements synthétiques *a priori* est vite devenue une sorte de frein pour la recherche, décourageant des lignes d'approche comme la géométrie non-euclidienne, et plus tard les lois non-causales en physique. Que cela serve d'avertissement.

Les auteurs en histoire de la philosophie ont tendance à prêter attention de façon trop exclusive à un aspect seulement : les idées explicitement formulées ; ils examinent soigneusement leur trame, mais ne prennent pas en considération la tonalité de pensée qui donne à ces idées leur vitalité. La signification profonde du rationalisme, par exemple, repose sur le fait qu'il correspond à la *pratique* du scientifique, et le conforte dans la croyance qu'il *est capable* de parvenir au fond des choses, pourvu qu'il s'en donne vraiment la peine. Mais lentement et graduellement, le climat mental change, et une philosophie peut alors ne plus se trouver en harmonie avec son temps.

Je ne pense pas un seul instant que ce que j'ai dit soit une réfutation décisive de Kant. D'un autre côté, vous pouvez réfuter et tuer une théorie scientifique ; une philosophie ne meurt jamais que de sa belle mort.

INDEX DES NOMS

TABLE DES MATIÈRES

DANS LA MÊME COLLECTION

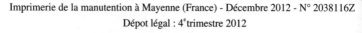

Imprimerie de la manutention à Mayenne (France) - Décembre 2012 - N° 2038116Z
Dépot légal : 4ᵉ trimestre 2012